U0636539

管理学

理论与实务

Management:
Theories and Practices

主　编　杨娅婕
副主编　庄嘉琳　管彦芳

云南大学出版社
YUNNAN UNIVERSITY PRESS

图书在版编目（CIP）数据

管理学：理论与实务/杨娅婕主编. -- 昆明：云
南大学出版社，2010（2014 重印）
ISBN 978 - 7 - 5482 - 0178 - 6

Ⅰ.①管…　Ⅱ.①杨…　Ⅲ.①管理学—教材　Ⅳ.
①C93

中国版本图书馆 CIP 数据核字（2010）第 142538 号

管理学：理论与实务

杨娅婕　主编

策划编辑：蔡红华
责任编辑：石　可
责任校对：何传玉
封面设计：刘　雨
出版发行：云南大学出版社
印　　装：昆明研汇印刷有限责任公司
开　　本：787mm×1092mm　1/16
印　　张：17.25
字　　数：350 千
版　　次：2010 年 8 月第 1 版
印　　次：2014 年 2 月第 3 次印刷
书　　号：ISBN 978 - 7 - 5482 - 0178 - 6
定　　价：29.00 元

地　　址：云南省昆明市翠湖北路 2 号云南大学英华园内（邮编：650091）
发行电话：0871 - 5031071　5033244
网　　址：http：//www.ynup.com
E - mail：market@ynup.com

前　　言

　　管理学是一门专门研究各种社会组织管理活动的基本规律和一般方法的学科，是实践性和应用性很强的学科。它以研究管理的一般问题为己任，以组织的管理活动为研究对象，致力于研究管理者如何有效地管理其所在的组织，并以有效的方式实现组织的预期目标。

　　作为多年从事管理学教学和研究的教师，编写一本通俗易懂、实用性强的管理学教材，使其既能调动学生们的学习兴趣，有利于教师教学，又便于学生自学；既能给学生清晰地提供管理学的基本理论、知识、方法、技能等内容，又能体现理论与实践相结合，且贴近现实，成为我们的愿望。本着这样的想法，我们编写了《管理学——理论与实务》这本书。

　　本书的三大特点：

　　1. 强调基础性

　　强调对管理学基础知识的系统了解，并将关键概念采用黑体字加以显现。在每章末列出相应的阅读书目，增加学生的阅读量，引导学生进一步学习，以加深对管理知识的理解。

1

2. 注重实践性和应用性

每章附有案例分析，让学生在真实的场景下，一方面增强对具体管理实践的感性认识和体会管理的要领，另一方面培养将所学的管理学的基本理论和方法应用于分析和解决实际问题的能力。

3. 突出可读性

在叙述的语言上尽量通俗易懂、生动流畅，在正文中尽量改变单一的文字叙述方式，较多采用图表的表达方式，增强内容的直观性和可理解度。

本书的编写大纲和体例由杨娅婕设计。本书的第1章、第2章、第3章、第4章由杨娅婕编写；第5章、第8章和第9章由庄嘉琳编写；第6章由纳敏、蔡红华编写；第7章由管彦芳编写；第10章、第11章由夏昇编写；第12章由杨宇明、蔡红华编写。全书由杨娅婕负责统稿和定稿。

本书在写作过程中参考了大量国内外的专著、教材和论文，还参考了许多期刊、网站上的资料和文章，因数量很多，难以一一列举，在此特向这些文献的作者和传媒机构表示衷心的感谢！

由于我们的知识水平和掌握的资料有限，书中难免存在不当和疏漏之处，敬请专家和读者批评指正。

编　者

2010 年 5 月

目　　录

第 1 章

管理概论

【学习目的和要求】

1. 掌握管理的基本内涵，了解管理的性质与作用。
2. 熟悉管理的基本职能及它们之间的相互关系。
3. 区分不同层次的管理者，了解管理者在组织中扮演的不同角色。
4. 掌握管理者应具备的基本管理技能，清楚管理技能与管理层次之间的关系。
5. 了解管理学研究的对象、内容和方法。
6. 讨论在当今竞争日益激烈的全球化环境下管理者所面临的主要挑战。

1.1 管理的概念、性质和作用

管理是人类各种活动中最重要的活动之一，人们对管理的需要是普遍存在的。各类组织，如企业、学校、社会团体、政府机关乃至家庭都需要管理。可以说，管理是伴随着组织的出现而产生的。

管理学是一门综合性的学科，它是从管理实践中产生和发展起来的，是由一系列原理、理论、方法和技巧等组成的体系。本书讲的管理侧重于"工商管理"，但是，管理的基本原理和方法等不仅适用于各类工商企业，也适用于其他类型的组织。

1.1.1 管理的概念

人们给管理下过多少不同的定义无从考证，可以说几乎每一本管理学教科书都给管理下过一个不同的定义，也就是说，不同的学者从不同的角度来解释管理。

例如：孔茨（Harold Koontz）和韦里克（Heinz Weihrich）认为，"管理就是设计并保持一种良好环境，使人在群体里高效率地完成既定目标的过程"。这两位学者认为这一定义需要展开为以下方面：①作为管理人员，需要完成计划、组织、人事、领导、控制等管理职能；②管理适用于任何一个组织机构；③管理适用于组织的各级管理人员；④所有管理人员都有一个共同的目标：创造盈余；⑤管理关系到组织的效率与效益。

西蒙（Herbert A. Simon）认为，"管理就是决策"。这一定义十分强调决策在管理中的作用。决策贯穿于管理的全过程和管理的所有方面，管理者进行计划、组织、控制等工作，其过程说到底都是由决策的制订和决策的执行两大部分活动所组成的。由于决策渗透于管理的所有职能中，管理者在某种程度上也被称做决策者。

穆尼（James D. Mooney）认为，"管理就是领导"。该定义的含义是，任何组织中的一切有目的的活动都是在不同层次的领导者的领导下进行的，组织活动的有效性，取决于领导者工作的有效性，所以管理就是领导。

在我国，一个得到许多学者认同的定义是：**管理**是指管理者在特定环境下对组织的各类资源进行有效的计划、组织、领导和控制，以便实现组织目标的过程。这一概念包含着以下四层含义：

（1）管理是为实现组织目标服务的，是一个有意识、有组织的群体活动过程。

（2）管理的过程由一系列相互关联的基本职能所构成。这些基本职能包括计划、组织、领导和控制等。

（3）管理的对象是组织的各类资源，管理的有效性集中体现在它是否使组织花最少的资源投入，取得最大的、合乎需要的产出。

（4）管理是在一定环境下展开的，管理者应善于发现环境为组织提供的机会和构成的威胁。

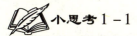小思考 1-1

下列几项活动中，不属于管理活动的是（　　　）

A. 部队中的班长与战士谈心

B. 企业的总会计师对财务部门进行检查

C. 钢琴家制订自己的练习计划

D. 医院的外科主任主持会诊

【答案】C

1.1.2 管理的性质

一、管理的自然属性和社会属性

管理的自然属性是指管理要处理人与自然的关系，要合理组织生产力，故也称做管理的生产力属性。管理是一切共同活动所要求的，是适应社会生产力发展和社会分工发展的要求产生的，是社会协作过程本身的要求。马克思曾经在《资本论》中指出："一切规模较大的直接社会劳动或共同劳动都或多或少地需要指挥，以协调个人的活动，并执行生产总体的运动——不同于这一总体的独立器官的运动——所产生的各种一般职能。一个单独的提琴手是自己指挥自己，一个乐队就需要一个乐队指挥。"事实上，一切人类的共同活动，小至一个乐队的演奏，大到整个国家的经济建设，管理都是其顺利进行的必要条件，而且共同活动的规模越大，管理就越显得重要。管理的这种自然属性是由生产力发展水平和人类活动的社会化程度决定的，是一种客观存在，与生产方式、社会制度无关。

管理的社会属性是指管理要处理人与人之间的关系，要受一定生产关系、政治制度和意识形态的影响和制约。管理的社会属性通常也称做管理的生产关系属性。例如管理权属于谁？管理的目的是什么？管理的基本方式是什么？这些问题的答案归根到底要反映社会制度的性质。本质上，管理从来就是为统治阶级、为生产资料的占有者服务的。管理不能不是一定社会生产关系的反映，国家的管理、企业的管理、各种社会组织的管理概莫能外。在资本主义条件下，管理体现了资本主义的生产关系。随着社会环境的变化，资本主义企业管理的社会属性也有所变化，表现在：①经理阶层的产生，使生产资料的所有权与经营权发生分离；②中产阶级的产生，他们拥有股票，参与管理；③国家垄断资本主义的产

生，国家干预经济；④社会公众与消费者对企业的影响和权力日益扩大。这说明资本主义企业管理的社会属性已经多元化了，但并没有从根本上改变资本的剥削性和独裁性，只不过它把蛋糕做得更大了。我国管理的社会属性要求把握一点，即坚持中国特色社会主义制度。社会主义的根本任务是发展生产力，以满足人民日益增长的物质文化生活需要。

二、管理的科学性和艺术性

在管理学界，多数人认为管理作为一门学科，既有科学性的一面，也有艺术性的一面。管理学之所以被认为是一门科学，其理由主要有以下几点：

首先，管理具有系统性。管理经过长期的发展和演变，已不是零散的、个别或局部经验的总结，而是形成了一整套反映管理过程客观规律的、合乎逻辑的理论体系以及管理的方法和技术。管理者可以运用这些理论、方法和技术解释管理工作中过去的和现有的变化，并预测未来的变化，可以用从许多自然科学学科中借鉴来的方法定义、分析和度量各种现象，等等。管理学借用了许多学科的理论、知识和方法，这些学科包括经济学、社会学、人类学、心理学、数学、计算机科学、系统科学、哲学等。

其次，管理具有很强的实践性。管理是从实践中产生并发展起来的一门学科，它所包含的知识都是人们在实践中所获得的经验的总结，它的直接目的就是要有效地去指导实践。另外，一个合格的管理者不仅要掌握管理学的基本理论、方法和技术，而且要在实践中不断积累经验，学会在实践中灵活运用管理的理论、方法和技术。

再次，管理具有发展性。把管理作为一门学问来研究大约已有 100 多年的时间，但管理学仍可算是一门年轻的学科，还有很大的发展空间，还需要在发展中不断充实、修正和完善，使之能更有效地指导实践。

值得一提的是，虽然我们认为管理学已具备了科学的特点，但它却不是一门精确的科学。管理学中几乎不存在什么定理或法则（Laws），甚至连"原理"或"原则"（Principles）这样的词汇也用得越来越少。这主要是因为影响组织运行和管理的环境因素太多，而且很多是不可控因素。管理可以通过科学的方法来学习和研究，但人们控制和解释管理过程中干扰变量的能力仍然较弱，并且不能像精确科学那样进行严格的实验。

管理者要想达到预期的管理目的，就必须灵活、巧妙地运用管理的理论、方法和技术，这就是管理艺术性的一面。管理者熟记管理的理论、方法和技术，不一定就能有效地进行管理。其重要原因是管理的主要对象是人，要解决的是环境、人和事物相适应的问题，而不同的人的素质与心理特点是迥然不同的，环境和任务也是在不断变化的。管理者要善于理解人，会审时度势，能合理地运用经验，这些都属于管理的艺术。

当然，从理论上讲，管理的科学性与管理的艺术性是统一的、互补的，在管理实践中，这两者也不是相互对立和相互排斥的，片面强调任何一方面都可能导致管理的失败。如果只讲管理的科学性，而不讲管理的艺术性，难免导致僵化管理；相反，只讲管理的艺术性，而不讲管理的科学性，则难免犯经验主义错误，缺乏进一步提升管理水平的潜力。因此，现代管理者应当努力实现这两方面的有机结合，在系统学习管理理论知识的同时，注意掌握创造性地运用管理理论知识的技巧和技能。

1.1.3 管理的作用

美国 IBM 公司创始人托马斯·沃森（Thomas J. Walson）曾经用一个故事深入浅出地说明了管理的作用：一个美国男孩子第一次弄到一条长裤，穿上一试，裤子长了一些。他请奶奶帮忙把裤子剪短一点，可奶奶说，眼下的家务事太忙，让他去找妈妈。而妈妈回答他，今天她已经同别人约好去打桥牌。男孩子又去找姐姐，但是姐姐有约会，时间就要到了。这个男孩非常失望，担心明天穿不上这条裤子，他就带着这种心情入睡了。奶奶忙完家务事，想起了孙子的裤子，她就去把裤子剪短了一点；姐姐约会回来后心疼弟弟，也把裤子剪短了一点；妈妈打完桥牌回来后又把裤子剪去一截。可以想象，第二天早上大家会发现这种出发点虽然正确但却没有协调的活动所造成的恶果。

在美国，每天都有数千家新企业开业，但几年后这些企业中 50% 以上会倒闭。20 世纪 80 年代初，美国邓白氏公司（Dun and Bradstreet, Inc.）曾经公布过导致企业失败的原因，如表 1-1 所示。

表 1-1　美国企业失败的原因

失败的百分比	失败的原因
44%	企业管理者无能
17%	缺乏管理经验
16%	经验失衡
15%	缺乏行业经验
1%	疏忽
1%	欺诈或灾害
6%	原因不详

资料来源：*Dun and Bradstreet. The Business Failure Record.* New York：1981：12.

美国企业失败的首要原因是一些管理者（尤其是企业创始人）在体力、智力等方面都达不到成功管理一个企业的要求。确保一个企业正常运行，不仅要求管理者投入足够的时间和精力，而且要求管理者具备决策所需的智力。企业失败的第二个原因是管理者缺乏必要的管理经验。例如企业创办人可能是一位技术专家，但对如何管理一个企业却一窍不通。导致企业失败的第三个原因是管理者管理经验的不平衡。企业高层管理者需要在采购、生产、营销、财务、人事等方面都具备一定的管理经验。导致企业失败的另一个重要原因是管理者对自己所在的行业以及自己生产的产品或服务不太了解。

从表1-1中我们可以看出，美国一些企业失败，其主要原因都直接或间接与管理相关。20世纪90年代，我国有关机构也对我国企业亏损的原因进行了调查。结果发现我国企业亏损大多数也是由于经营管理不善造成的。

组织的各类资源（人力、时间、资金、物资、技术、信息等）通常是短缺的，组织为了有效地实现其目标，就必须对其有限的资源进行管理。同时，组织活动涉及许多方面的个人和群体，他们各自的利益需要管理者通过管理来加以协调。可以说，管理决定着组织的效率（产出与投入之比）和效益（目标的达成度）。

管理的重要作用伴随着组织规模的扩大和作业活动的复杂化而愈加明显。当今时代，有人把科学、技术和管理称为社会文明的三大支柱，三者缺一不可；也有人把先进的科学技术和先进的管理形象化地比作是社会经济高速发展的两个"轮子"。

实例 1-1

少挣 25 元，让我学会了管理

"少挣25元，让我学会了管理"，中国最大的网游代理商九城公司的老总朱骏回忆早年创业史时说。那时候，他和几个同学进了5件夹克衫，每件20块，在淮海路边上摆摊，每件卖25块。结果卖出去4件，却被小偷偷走了一件。他和同学在外面忙了一天一分钱也没赚到，全部在给小偷打工。

通过这件事情，朱骏学到了一条非常重要的经商之道："无论干什么，管理都非常重要，那个时候正是因为我们只把眼睛盯在了简单的卖东西上面，盯在了钱上面，才会疏于管理，才会让小偷有可乘之机。所以，无论干什么都要将管理放在第一位，没有好的管理就不可能有好的效益。"

资料来源：改编自 http://baike.baidu.com.

6

1.2 管理的职能

1.2.1 管理职能的基本内涵

管理职能是指管理系统所具有的功能和职责。人们对管理职能的认识，经历了漫长的历史过程。20世纪初，法国工业家亨利·法约尔（Henri Fayol）在他的代表作《工业管理与一般管理》中率先系统地提出了管理的五大职能，即计划、组织、指挥、协调和控制。继法约尔之后，许多管理学者对管理职能继续进行深入探讨，提出了不同的观点。经过多年的争论，目前，人们对管理职能的认识已经基本统一，认为管理具有四个基本职能，即计划、组织、领导、控制。管理者通过执行这四项基本职能以实现组织目标，如图1-1所示。

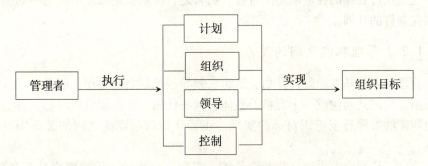

图1-1 管理的四项基本职能

一、计划职能（Planning）

计划职能是指管理者对将要实现的目标和应采取的行动方案作出选择及具体安排的活动过程，简言之，就是预测未来并制订行动方案。其主要内容涉及：分析内外环境、确定组织目标、制订组织发展战略、提出实现既定目标和战略的策略与作业计划、规定组织的决策程序等。任何组织的管理活动都是从计划出发的，因此，计划职能是管理的首要职能。

二、组织职能（Organizing）

组织职能是指管理者根据既定目标，对组织中的各种要素及人们之间的相互关系进行合理安排的过程，简言之，就是建立组织的物质结构和社会结构。其主要内容包括：设计组织结构、建立管理体制、分配权力、明确责任、配置资源、构建有效的信息沟通网络等。

三、领导职能（Leading）

领导职能是指管理者为了实现组织目标而对被管理者施加影响的过程。管理

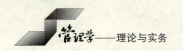

者在执行领导职能时，一方面要调动组织成员的潜能，使之在实现组织目标过程中发挥应有作用；另一方面要促进组织成员之间的团结协作，使组织中的所有活动和努力统一和谐。其具体途径包括：激励下属、对他们的活动进行指导、选择最有效的沟通渠道解决组织成员之间以及组织与其他组织之间的冲突等。

四、控制职能（Controlling）

在执行计划的过程中，由于环境的变化及其影响，可能导致人们的活动或行为与组织的要求或期望不一致，出现偏差。为了保证组织工作能够按照既定的计划进行，管理者必须对组织绩效进行监控，并将实际工作绩效与预先设定的标准进行比较。如果出现了超出一定限度的偏差，则需及时采取纠正措施，以保证组织工作在正确的轨道上运行，确保组织目标的实现。管理者运用事先确定的标准，衡量实际工作绩效，寻找偏差及其产生的原因，并采取措施予以纠正的过程，就是执行管理的控制职能的过程。简言之，控制就是保证组织的一切活动符合预先制订的计划。

1.2.2 管理职能之间的关系

管理的四项基本职能，计划、组织、领导、控制之间是相互联系、相互制约的关系。它们共同构成一个有机的整体，其中任何一项职能出现问题，都会影响其他职能的发挥乃至组织目标的实现。正确认识四项职能之间的关系应当把握两点：

第一，从理论上讲，这些职能是按一定顺序发生的。计划职能是首要职能，因为管理活动首先从计划开始，而且计划职能渗透在其他各种职能之中，或者说，其他职能都是为执行计划职能即实现组织目标服务的。为了实现组织目标和保证计划方案的实施，必须建立合理的组织机构、权力体系和信息沟通渠道，因此产生了组织职能；在组织保证的基础上，管理者必须选择适当的领导方式，有效地指挥、调动和协调各方面的力量，解决组织内外的冲突，最大限度地提升组织效率，于是产生了领导职能；为了确保组织目标的实现，管理者还必须根据预先制订的计划和标准对组织成员的各项工作进行监控，并纠正偏差，即实施控制职能。可见，管理过程是先有计划职能，之后才依次产生了组织职能、领导职能和控制职能，体现出管理过程的连续性。

第二，从管理实践来考察，管理过程又是一个各种职能活动周而复始地循环进行的动态过程。例如，在执行控制职能的过程中，往往为了纠正偏差而需要重新编制计划或对原有计划进行修改完善，从而启动新一轮管理活动。

1.3 管理者

1.3.1 管理者的概念

在任何组织中都有一些人通过执行计划、组织、领导、控制等职能，带领其他人为实现组织目标而共同努力，即从事管理活动，这些人就是**管理者**。

一般而言，不管组织的性质如何、规模大小，所有管理者执行的基本职能都大致相同，即构建并维持一种体系，使在这一体系中共同工作的人能够用尽可能少的资源消耗，完成既定的工作任务，或在资源消耗一定的情况下，创造出更多的产品或提供更多的服务。尽管如此，管理者们总是因其各自所在的组织类别和所做的具体工作不同而处于不同的地位和层级，担任不同的管理职务，掌握不同的权力，承担不同的管理责任。据此，可以将管理者简单地划分为三个层次，即高层管理者（top manager），例如处于组织最高领导层的公司总裁、副总裁、总监、总经理等，他们主要负责战略的制订与组织实施；中层管理者（middle manager），例如项目经理、地区经理、部门经理等，他们直接负责或协助基层管理人员及其工作，在组织中发挥承上启下的作用；基层管理者（first‑line manager），主要是指监工、领班、班组长等，他们处于作业人员之上的组织层次中，主要负责管理作业人员及其工作。由不同管理者构成的管理者层次，如图1–2所示。

图1–2 组织中管理者的层次

9

小思考 1-2

在一场胜败攸关的与敌交锋中，某炮兵连长亲自充当阻击炮手，英勇无比地发挥了他在前些年炮兵生涯中超群的炮击本领。战斗终于以胜利结束。不想在庆功会上这位一心等待嘉奖的炮兵连长竟得到了撤职处分。

你怎样看待炮兵连长得到的这个处分？（　　　）

A. 炮兵连长没有培养出杰出的炮手

B. 炮兵连长过分邀功自傲，激怒了该军领导

C. 该军领导因不了解炮兵连长的表现而错误地处分了他

D. 炮兵连长的英勇战斗行动不符合军事指挥官的职责要求

【答案】D

1.3.2 管理者的角色

在一个组织中，管理者的角色是一个社会角色。1955 年，美国著名管理大师彼得·F. 德鲁克（Peter F. Drucker）率先提出了"管理者角色"的概念。他认为，管理是一种无形的力量，这种力量是通过各级管理者体现出来的，所以管理者扮演着三种角色：管理一个组织、管理管理者、管理工人和工作。20 世纪 60 年代末期，管理学家亨利·明茨伯格（Henry Mintzberg）进一步提出，管理者扮演着 10 种不同的但却是高度相关的角色（表 1-2）对这 10 种角色进行了描述和举例，这些角色可以归纳为三种类型，即人际角色、信息角色和决策角色。

表 1-2　管理者角色的描述与举例

角色		描述	举例
人际关系方面	代表人	象征性的首脑，必须履行许多法律性或社会性的例行义务	迎接来访者，签署法律文件（如大学校长签署毕业文凭）
	领导者	负责激励和动员下属，负责人员配备、培训等	有下属参与的所有活动
	联络者	与外界关系网保持联系，以获取信息和好处	通过电话、信件、会议等与外部保持联系
信息方面	监听者	寻求和接受各种有关信息（其中许多是即时的），以便彻底了解组织和环境；作为组织内部和外部信息的神经中枢	通过阅读期刊和报告、谈话等形式，了解顾客需求变化、竞争者的计划等

续　表

角色		描述	举例
信息方面	传播者	将从外部和内部人员那里获得的信息传递给内部其他成员	举行信息交流会，或通过正式的报告、备忘录或电话联系的方式，与内部其他管理人员交换意见
	发言人	向外界发布有关组织的计划、政策、行动、结果等信息	与供应商和顾客交谈，向媒体发布信息
决策方面	企业家	寻求组织和环境中的机会，发现新的想法，制订"改进方案"以发起变革，监督某些方案的策划	制订战略，检查会议决议执行情况，开发新产品、新项目
	混乱处理者	当组织面临重大的、意外的危机时，负责采取补救措施	解决内部的冲突和纠纷，采取措施应付环境危机
	资源分配者	负责分配组织中的人、财、物资源	调度、询问、授权，从事涉及预算的各种活动和安排下属的工作
	谈判者	作为组织的代表从事重要的谈判	与工会谈判，与供应商、客户谈判

资料来源：斯蒂芬·P. 罗宾斯：《管理学》，中国人民大学出版社 2004 年版，第 10 页。

一、人际关系方面的角色

　　人际关系方面的角色涉及管理者与其他人的关系，包含三个具体的角色，即代表人、领导者和联络者。代表人这一角色指所有的管理者都要从事本部门或组织中礼仪性的和象征性的活动，如签发各种文件、接待来访者等等。所有管理者又都是领导者，这一角色包括招聘、激励、培训、奖励和惩罚员工等。联络者这一角色是指管理者在不同的人群中充当联络员。明茨伯格把这种角色说成是与提供信息的来源接触，这些来源可以是组织内部的，也可以是组织外部的。例如，人事经理从销售经理那里获得信息属于内部联络关系，而人事经理与外部的人才招聘机构发生联系时，他就有了外部联络关系。

二、信息方面的角色

　　信息方面的角色指所有的管理者在一定程度上都要从外界收集和接受信息。管理者在信息方面扮演着三个明显而又具体的角色，即监听者、传播者和发言人。监听者指管理者需要从许多不同的来源寻找信息，如通过阅读报刊和与他人谈话来了解市场情况、竞争对手的情况以及组织或部门所需要的其他信息。传播者角色是指将信息传递给组织中的上级领导、同级人员和下属，也就是说能让组织成员分享信息，即在组织中起着信息沟通渠道的作用。当管理者代表组织向外

11

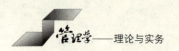

界表态时，他们扮演的就是发言人的角色。

三、决策方面的角色

决策方面的角色涉及的是管理者必须作出选择并采取行动的事件或活动，这类角色又包含四个具体的角色，即企业家、混乱处理者、资源分配者和谈判者。企业家角色是指发动变革，管理者必须考虑到组织的未来的目标以及如何实现这些目标。在组织活动过程中，人与人之间、部门与部门之间不可避免地会发生一些矛盾、纠纷和冲突，外部环境中可能产生与组织不利的突发事件，从而给组织带来不利影响，甚至造成一些混乱，管理者必须善于处理这些矛盾、纠纷和冲突，驾驭混乱的局面，这就是管理者所扮演的混乱处理者的角色。资源分配者角色指的是管理者负有分配人力、物资财务和时间资源的责任，管理者应确保组织有限资源分配的合理性。最后，当管理者代表组织或自己的部门与其利益相关者（如客户、供应商、金融机构、工会等）进行讨价还价商定成交条件时，他们扮演的就是谈判者的角色。

1.3.3 管理者的技能

在实际工作中，是否能够有效地执行管理职能，取得预期管理效果，在很大程度上取决于管理者是否真正掌握了管理的基本技能。罗伯特·卡兹（Robert L. Katz）曾在《哈佛商业评论》中发表了一篇题为《能干的管理者应具有的技能》的论文，指出管理者需要三种基本技能，即技术技能、人际技能和概念技能。任何管理者，不管其所处的管理位置如何，或多或少都要具有这三种技能，如图 1-3 所示。卡兹的观点是对管理者所需技能的高度概括，且较为准确，因而得到广泛的认同。

管理者的层次	管理者所需要的技能		
高层管理者	概	人	技
中层管理者	念技	际技	术技
基层管理者	能	能	能

图 1-3 管理的层次与管理技能之间的关系

一、技术技能

技术技能是指运用工具、程序、技术和技巧等来完成一项特定的任务的能力，如工程师的设计能力、会计师编制和分析财务报表的能力、医生的医术、教师的授课能力、律师起草法律文件的能力等。管理者越是熟练地掌握技术技能，越能够有效地指导下属工作，也就越能得到下属的尊重和信任。所以，管理者都应当掌握技术技能，但一般情况下，管理层次越低，越需要具有较强的技术技能，因为基层管理者直接与一线的普通员工打交道，直接接触到具体的技术问题，需要为本部门的员工提供技术指导和帮助，一个基层管理者不具备较强的专业技术能力是很难胜任工作的；而技术技能对高层管理者的重要性则相对小一些，因为他们较少直接接触具体的日常工作。

技术技能对于各种层次管理的重要性可以用图1－3来表示。由图看出，技术技能对于基层管理者最重要，对于中层管理者较重要，对于高层管理者较不重要。

二、人际技能

人际技能又称人际交往技能，指的是与人共事、与人打交道的能力。具体说来，包括：观察人、理解人、掌握人的心理规律的能力；人际交往，融洽相处，与人沟通的能力；了解并满足下属需要，进行有效激励的能力；善于团结他人，增强向心力、凝聚力的能力；正确地指挥和指导下属有效开展工作的能力；等等。人际技能是所有管理者都必须具备的重要技能，这种技能对每一层次的管理者都是同样重要的，因为各层次的管理者都必须与上下左右进行有效的沟通，相互配合，共同实现组织的目标。

人际技能对于各种层次管理的重要性可以用图1－3来表示。由图看出，人际技能对于所有层次管理者的重要性相同。

三、概念技能

概念技能又称观念技能，是指管理者对事物的洞察、分析、判断、抽象和概括的能力。简言之，就是指管理者综观全局，把组织看成一个整体，认清左右形势的重要因素及其相互关系，据此准确地分析问题、有效地解决问题的抽象概括能力。当今社会，决策对于组织的生存与发展至关重要，而概念技能又是影响决策能力与水平的重要因素，拥有出色的概念技能，可以使管理者作出更科学、更合理的决策，所以，管理者必须具备并不断提高自身的概念技能。在一个组织中，越是处于高层管理位置上的管理者，在决策中所起的作用越大，应该具有越强的概念技能。

概念技能对于各种层次管理的重要性可以用图1－3来表示。由图看出，概念技能对于高层管理者最重要，对于中层管理者较重要，对于基层管理者较不重要。

实例 1-2

<h2 style="text-align:center">数字的威力</h2>

查尔斯·施瓦布是美国著名企业家，他下属的一个工厂的工人总是完不成定额。为此，施瓦布换了好几任厂长也不奏效，于是他决定亲自处理这件事。

他来到工厂的厂长办公室询问此事，厂长答道："我劝说工人们，骂过他们，还以开除他们相威胁，但全然于事无补。他们仍然完不成自己的定额。"

"那么，你领我到厂里看看吧。"

来到工厂场地时，正值白班工人要下班，夜班工人即将接班。施瓦布问一个白班工人："你们今天一共炼了几炉钢？"

工人回答："6炉。"

施瓦布默默地拿起一支粉笔，在一块小黑板上写了一个"6"字，再巡视了一下工厂就回去了。

夜班工人上班了，看到黑板上出现了一个"6"字，十分好奇，忙问门卫是什么意思。

"施瓦布今天来这里"，门卫说，"他问白班工人炼了多少炉，知道是6炉后，他就在黑板上写了这个数字。"

第二天早晨，施瓦布又来到工厂，特意看了看黑板，看到夜班工人把"6"换成了"7"，十分满意地离开了。

白班工人第二天早班上班都看到了"7"。一位爱激动的工人大声叫到："这意思是说夜班工人比我们强，我们要让他们看看并不是那么回事。"当他们晚上交班时，黑板上出现了一个巨大的"10"字。

就这样，两班工人竞争起来，这个落后的工厂很快超过了其他工厂。

施瓦布仅仅用了一个小小的"6"字就改变了工厂的面貌，解决了打骂甚至开除威胁都办不到的事情。施瓦布的高明之处，在于他掌握了工人们的心理规律，唤起了工人们的竞争意识。

1.4 管理学

1.4.1 管理学的研究对象及内容

管理学是系统研究管理活动的基本规律、基本原理和一般方法的科学，它是以公共管理、企业管理等管理的共性作为研究对象的。具体地说，管理学的研究对象及内容包括以下三个方面：

一、管理学研究管理的本质和管理的规律

管理的本质包括：管理的科学性、艺术性；管理的二重性；计划、组织、领导、控制等管理职能；管理的职能、管理者的角色与技能等。管理的规律即管理活动的发展变化规律。应该指出，管理学研究管理的本质及规律，是着眼于企业管理、公共管理等各类管理的共性，即一切管理活动都具有的本质和规律，而一般不涉及各类管理的个性。从这一角度来说，管理学着重研究管理的普遍原理。

二、管理学从实践出发研究管理思想和管理理论的发展史

管理学要研究管理活动的起源与发展，管理思想、管理理论及方法的起源与发展过程，透视不同时期的管理内容、管理流派、管理方法体系，揭示管理理论发展的历史进程。在这方面，管理学与作为独立学科的管理思想史有密切联系。

三、管理学从生产力、生产关系和上层建筑三个方面研究管理问题

在生产力方面，管理学主要研究生产力诸要素相互间的关系，即如何合理组织生产力的问题，包括：组织如何根据组织目标获取人力、物力、财力、信息等各类资源；如何合理配置和使用这些资源，以使其为实现组织目标充分发挥作用；在生产关系方面，管理学主要研究如何正确处理组织中人与人之间的相互关系，如何实现人与人之间的有效沟通，如何激励组织成员，调动其工作的积极性；在上层建筑方面，管理学主要研究组织的结构与机制，如各类组织结构形式及运行等、维系组织运行的规章及制度、组织及管理者的社会责任和管理道德等。

1.4.2 管理学的研究方法

一、归纳法和演绎法

归纳法和演绎法是两种正好相对的认识事物的逻辑推理方法。归纳法就是通过对客观事实的一系列典型事物或经验进行观察和研究，研究事物之间的因果关系，从中找出事物发展变化的一般规律，也就是从特殊到一般的推理研究方法。在管理学研究中，归纳法的应用最为广泛，因为管理过程十分复杂，影响管理活

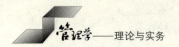

动的相关因素极多，并且相互交叉，人们所能观察的往往只是综合结果，很难把各个因素的影响程度分解出来，所以大量的管理问题都只能用归纳法进行实证研究。演绎法与归纳法正好相反，它是在运用归纳法找出一般规律的基础上，再由一般到特殊，运用基本结论或基本模型来研究个别现象的推理研究方法。在管理学研究中，演绎法的应用也十分广泛，同时这种方法不仅适用于管理学领域，而且适用于各种预测和公共政策研究领域。在管理学研究中，归纳法和演绎法一般是结合运用，先运用归纳法研究得出一般结论，并在此基础上运用这些基本结论来研究特殊管理问题，即个案研究，同时运用演绎法得出的结论进一步验证、修订或补充原来的一般结论，从而保证最终得出正确的结论。

二、历史研究方法

历史研究方法是研究问题的重要方法，它是通过对历史现象的考察、分析，认识研究对象的产生、发展过程，从而从中总结出规律性的结论，并在此基础上预测事物的发展变化趋势。管理学运用历史研究方法研究管理问题主要从两大方面进行：一是从管理活动的起源与发展来分析研究什么是管理、管理产生的原因、管理与组织的关系、管理与环境的关系、管理的职能、管理的性质、管理者的职责与角色等，并从中找出管理的特点和规律，以建立管理的体系框架；二是从管理思想的起源与发展来研究管理问题，即从历代管理理论研究者和实践者关于管理问题的论述或研究结论来分析、研究管理的职能等诸问题，揭示管理的特点和规律。应该说，目前阶段人们关于管理学基本框架及体系的认识主要是运用历史研究方法得出的，人们对管理理论认识的不断深化、新管理理论及思想的不断涌现以及管理职能的不断延伸和拓展，也主要得益于历史研究方法。

三、比较研究方法

比较研究方法也是科学研究中常用的一种研究方法。它是通过对两种及其以上事物间的比较、鉴别，发现并分析其异同，分辨出一般性和特殊性之处，从而加深对事物及其发展变化规律的认识，并得出全面正确的结论。在管理学中，对管理学各流派的分析和比较、对管理实践中各种不同类型或不同国家的组织中的管理问题的分析和比较都运用的是比较研究方法。同时也正因为比较研究方法的运用，才促进了管理学各流派之间的相互交融、相互借鉴，并不断推动和促进管理学的发展和繁荣。

四、案例研究方法

案例研究方法，有的也称实验法，是指通过对某一典型案例的分析和研究，从中总结管理的规律，分析、研究和揭示管理问题。管理中的许多问题，特别是微观组织内部的一些管理问题，都可以用案例研究方法进行研究。例如，管理学的创始人泰罗（Frederick W. Taylor）正是通过大量的实验及对具体事件的分析，提出了定额管理、标准化作业等管理思想；美国著名的"霍桑试验"也是案例研究方法的典范。这种方法的最大优点是能够体现理论联系实际的原则，使得管理理论及思想的形成能够建立在坚实的实践基础之上。当然，这种方法也有其固有的弱点，就是有时案例是十分复杂的，影响因素极多，通过此案例研究得出的结论往往不一定适合别的案例，即结论存在较大的局限性。

1.5 全球化环境下对管理的挑战

组织是一个开放的系统，组织与所处的环境发生着持续的相互作用。不同的和变化的环境要求管理者采用不同的管理方式，不存在简单的和普遍适用的管理原则。

21世纪是一个剧变的时代，人类世界的变化从来没有像今天这样快，因特网的发展将世界各地的人和公司有效地联系起来，个人和公司之间的交易越来越多地通过电子商务进行，在计算机和信息技术的强烈驱动下，许多公司都已加入国际化进程中，全球化的快速发展给组织管理带来了新的挑战。

今天，不能了解和适应全球环境变化的管理者会发现自己是逆潮流而动的，他们的组织很可能失掉竞争力，并由此衰落下去。全球化环境下给组织带来的挑战主要体现在四个方面：建立竞争优势，维护道德规范，管理多样性的员工队伍，以及利用信息技术和电子商务。

一、建立竞争优势

竞争优势是一个组织因为能够比竞争者更有效率、更有效益地生产或提供社会需要的产品或服务，从而在绩效上胜出对手的能力。竞争优势的四个组成部分就是卓越的效率、质量、速度、灵活性和创新，还有对顾客的回应，如图1-4所示。

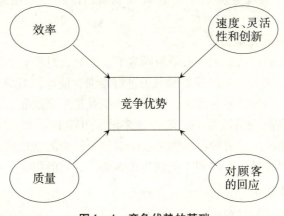

图1-4 竞争优势的基础

1. 提高效率

凡能在生产产品或提供服务上减少资源（例如劳动力和原材料）的消耗，组织就可以提高其效率。在当今竞争的环境中，组织一直在寻找有效利用资源的新方法。许多组织对员工进行新技能、新技术的培训，以使他们能够适应高度计算机化生产现场的工作需要。跨岗位培训有助于员工获得完成多种任务的技能，而自我管理团队等协同工作的新办法则可使员工更好地发挥其技能。诸如这些，都是提高生产率的重要措施。

2. 提高质量

许多组织将为市场不断提供优质产品和服务作为企业的生命线来抓。19 世纪 60 年代许多组织开始从日本学习和引进全面质量管理（TQM）。在全面质量管理活动中，员工被分到不同的质量控制小组中去，负责探寻有助于完成自身工作的新的、更好的方法，并对自己生产的产品的质量加以监督和评价。今天许多组织学习 ISO9000 质量管理标准，建立和完善质量保证体系，并将其作为建立组织竞争优势的重要方面。

3. 提高速度、灵活性和创新

公司要在竞争中胜出取决于它们的速度和灵活性，即及时地改进或调整应对竞争者行动的工作方法。拥有快速反应能力和灵活性的公司便是机敏的竞争者，其管理者具有良好的计划和组织能力，能够谋划在先，然后迅速集中有关资源对正在变化的环境作出反应。

创新，是指开发顾客需要的、新型或改进型的产品和服务的过程，或指开发更好的生产产品或提供产品和服务方法的过程。管理者必须创造出一个鼓励员工创新的组织环境。一般而言，小规模的群体和团队容易推出创新成果。管理层要分权给团队成员，让他们对自己的工作活动负责，并创建一种鼓励创新的组织文化。管理上最难办的任务就是了解并管理创新，以及创造出鼓励创新的工作环境。

4. 加大对顾客的回应力度

组织是以自己的产品和服务去争取顾客的，因此，对所有的组织（尤其是服务型组织）来说，至关重要的就是对员工进行培训，使他们对顾客的需要作出快速和有效的回应。例如，零售商店、银行和医院就是完全依靠员工在合理收费的基础上为顾客提供高质量服务的。随着许多国家（美国、加拿大、英国等）进入以服务业为主的经济发展阶段，服务业中对员工行为的管理越来越重要。许多组织授权给一线服务员工，以利于他们为顾客提供优质的服务。

二、维护道德规范

在动用组织资源的过程中，所有层级的管理者都身受提高组织绩效水平的沉重压力。例如，高层管理者要受到来自股东方面的压力。股东当然希望整个组织的绩效水平高、股票价格上涨、利润收入情况良好，从而能够多分红。反过来，高层管理者可能对中层管理者施加压力，要他们找到利用组织资源的新方法，探索提高效率或质量的新途径，推出吸引新顾客和实现更多收入的新举措。

提高绩效的压力对于企业自身是有益的，这是因为压力可促使管理者进一步审视组织的工作方法，并激励管理者去发现新的更好的计划、组织、领导与控制的方法。然而，太大的压力也会产生负面效应，有可能导致管理者与组织内外的个人或群体打交道时做出不合乎道德规范的行为。例如，一家大型零售连锁公司的采购经理可能为了降低部分成本而买回一批不合格的商品。当管理者的行为不合乎道德规范时，某些个人或群体有可能获得短期的收益，但从长远来看，其所在组织以及有关的人员都将为此付出代价。

三、管理多样性的员工队伍

管理者面对的另一个挑战就是：认识到以公正、平等的态度对待员工的必要性。员工队伍的年龄、性别、种族、宗教信仰、性倾向和社会经济背景，都对管理者提出新的挑战。管理者必须制订出合法、公正且不歧视任何组织成员的雇用程序和办法。例如，为有效开发和利用多样性员工队伍的才能，就必须对包括女性和少数群体员工在内的所有员工提供平等的晋升机会。管理者也必须认识到，在一支多样性的员工队伍中蕴藏着有利于绩效提高的各种可能因素，比如说可有效利用的不同类别员工身上的技能和经验。

认识到多样性员工队伍价值的管理者不只是投资开发员工的技能和能力，还会把员工的表现与报酬挂起钩来。他们是善于提高组织长远绩效的管理者。今天，越来越多的组织认识到人是组织中最为宝贵的资源，在全球竞争环境中开发和保护人力资源是一个重大的挑战。

四、利用信息技术和电子商务

管理者的又一个挑战是高效率地利用信息技术和电子商务。计算机控制的制造和信息系统领域的新技术正在不断地被开发出来，从而使员工能够以新的方式与他人沟通。例如，在自我管理团队中，先进的计算机信息系统把团队成员的活动连接起来，每个团队成员都可知道其他成员正在做些什么。这种协调功能有助于提高工作质量和加快创新的步伐。微软、IBM、联想、海尔等公司都十分重视对信息系统的利用，并构建了自己高效的管理信息系统。

☞管理故事

袋鼠和笼子

一天，动物园管理员发现袋鼠从笼子里跑出来了，于是开会讨论，一致认为是笼子的高度过低。所以，他们决定将笼子的高度由原来的 10 米加高到 20 米。结果第二天他们发现袋鼠还是跑到外面来，所以他们又决定再将高度加高到 30

米。没想到隔天居然又看到袋鼠全跑到外面，于是管理员们大为紧张，决定一不做二不休，将笼子的高度加高到 100 米。一天长颈鹿和几只袋鼠们在闲聊，"你们看，这些人会不会再继续加高你们的笼子？"长颈鹿问。"很难说。"袋鼠说："如果他们再继续忘记关门的话！"

管理心得：事有"本末"、"轻重"、"缓急"，关门是本，加高笼子是末，舍本而逐末，当然就不得要领了。管理是什么？管理就是先分析事情的主要矛盾和次要矛盾，认清事情的"本末"、"轻重"、"缓急"，然后从重要的方面下手。

■ 本章小结

管理是一种社会现象，是指管理者在特定环境下对组织的各类资源进行有效的计划、组织、领导和控制，以便实现组织目标的过程。管理活动具有双重属性，它一方面与社会化大生产相联系，具有自然属性；另一方面又与生产关系相联系，具有社会属性。管理还是科学性与艺术性的有机统一，具有计划、组织、领导、控制等职能。管理的主体是管理者，在管理中扮演着复杂的角色，处于组织不同层级的管理者需要具有相应的管理技能。明确管理学的研究对象及内容，了解管理学的研究方法，是学习和研究管理学的前提。全球化环境下给组织带来的挑战主要体现在四个方面：建立竞争优势，维护道德规范，管理多样性的员工队伍，以及利用信息技术和电子商务。

■ 关键概念

管理　管理者　技术技能　人际技能　概念技能　管理学　竞争优势

■ 思考题

1. 什么是管理？你怎样理解管理的含义？你的任课教师是管理者吗？

2. 美国管理学家德鲁克指出："发展中国家并不是发展上落后，而是管理上落后。"你如何理解这句话？

3. 管理的职能是什么？如何理解各管理职能之间的关系？

4. 为什么说管理既是一门科学，又是一门艺术？

5. 为什么很多人认为管理是一门不精确的科学？你对这一问题有何见解？

6. 说明管理的三项基本技能，解释不同层次管理者对所需管理技能的侧重面。

■ 案例分析

寻觅瞬间商机

2002 年 11 月 7 日，美国举行的第 54 届总统选举，候选人布什与戈尔得票数十分接近，由于佛罗里达州计票程序引起双方争议，结果新总统迟迟不能产生。对此原拟发行新千年美国总统纪念币的香港威廉造币公司，面对美国总统难产的政治危机灵机一动，化危机为商机，利用早已备好的布什和戈尔的雕版像，抢先推出"美国总统难产纪念银币"，全球限量发行90 000枚。银币为纯银铸造，直径3英寸半，不分正反面，一面是小布什肖像，一面是戈尔肖像，每枚订购价79美元。结果，短短几天工夫，纪念银币很快被订购一空，该公司利用美国总统难产危机，狠赚了一笔。

问题：

作为高层管理者所应具备的管理技能是什么？

■ 补充阅读书目

1.［美］斯蒂芬·P. 罗宾斯. 管理学. 7版. 孙健敏，黄卫伟等，译. 北京：中国人民大学出版社，2004.

2. 黄锐，高颖. 管理是什么. 北京：中国经济出版社，2004.

3.［美］彼得·德鲁克. 管理的实践. 齐若兰，译. 北京：机械工业出版社，2006.

4. 朱镕基. 管理科学，兴国之道. 光明日报. 1996 – 09 – 18.

第 2 章

管理理论的产生与发展

■ 学习目的和要求
2.1 中国早期的管理思想
2.2 西方早期的管理思想
2.3 西方古典管理理论
2.4 西方现代管理理论
■ 本章小结
■ 关键概念
■ 思考题
■ 案例分析
■ 补充阅读书目

【学习目的和要求】

1. 了解中国和西方早期的管理思想。
2. 熟悉西方古典管理理论。
3. 理解现代管理理论。
4. 解释"管理丛林"现象。

管理理论来自管理实践，管理的知识与理论体系，是在人类长期的社会实践中逐渐构建起来的。先于系统管理理论出现的是一些在总结管理经验的基础上形成的管理概念和管理思想，它们在一定程度上反映了人类对管理实践的初步了解和认识。19 世纪末 20 世纪初以来，随着人类社会的发展和生产力水平的提高，人们越来越有条件利用科学的思维方式和先进的技术手段，对前人的管理经验和管理思想进行归纳、提炼，通过系统地总结管理的客观规律，建立了管理理论体系，这些理论又反过来对人们的管理实践发挥重要的指导和推动作用，并在实践中得到发展和完善。考察管理理论的历史，它的产生与发展大体经历了早期管理思想的产生、古典管理理论的形成、现代管理理论的发展等重要阶段。本章着重介绍各阶段有代表性的管理思想和管理理论，以便从整体上展示管理思想与理论的演进过程。

2.1 中国早期的管理思想

2.1.1 中国早期的管理实践

中国许多世界著名的伟大工程，展示了高超的工程管理水平。万里长城始建于公元前 200 多年，动用人力几十万，历经许多朝代，其中明长城东起河北省山海关，西止甘肃省嘉峪关，横跨 7 个省、市、自治区，绵延 6 700 多公里。这样宏大的工程必须靠严密的组织、完善的管理才能得以完成；都江堰水利工程，集防涝、排洪、灌溉于一身，其以导治涝的设计思想和工程管理令人叫绝。在漫长的封建社会中，我国建立了高度集权的行政管理体制，特别在人才的选拔录用方面，建立了较完善的科举制度。兵马俑、赵州桥、应县木塔等伟大的建筑和艺术，堪称产品质量和工艺管理的杰作。

> **实例 2 - 1**
>
> ### 丁渭工程
>
> 宋真宗时期，因皇城失火，宏伟的昭君宫被烧毁，大臣丁渭受命全权负责宫殿的修复。这是一项浩大的工程，需要解决很多问题，特别是运输问题。丁渭提出了一个巧妙的"一箭三雕"方案：先在宫殿前的街道挖沟，用取出的泥土烧砖烧瓦；再把京城附近的汴水引入沟渠中，形成一条运河，用船把各地的木材石料等建筑材料运至宫前；最后沟渠撤水，把碎砖烂瓦和建筑垃圾就地回填，修复了原来的街道。结果，不仅"省费以万亿计"，而且还大大加快了工程进度。

> 这个蕴涵着运筹学思想的方案合理、高效地同时解决了就地取土、运输和清理废料三个问题，是中国古代管理实践的典型范例。
>
> 资料来源：沈括：《梦溪笔谈》。

2.1.2 中国早期的管理思想

中国是世界四大文明古国之一，有着光辉灿烂的民族文化，并在长期的社会实践中，形成了许多优秀的管理思想和管理实践。《论语》、《孙子兵法》、《三国演义》、《资治通鉴》等著作中的管理思想，备受世界各国管理学界的重视。遗憾的是，我国的管理思想与实践缺少系统的整理和提炼，没有像西方那样形成系统的理论。

我国学者周三多将中国古代的管理思想归纳为如下九大要点：

一、顺"道"

顺"道"意指管理要顺应客观规律。《管子》一书认为自然界和社会都有自然的运动规律："天不变其常，地不易其则，春秋夏冬，不更其节。"万物按自然之"轨"运行，对人丝毫不讲情面。"万物之于人也，无私近也，无私远也"，你的行为顺从于它，它必"助之"，你的事业就会"有其功"，"虽小必大"；你若逆它，它对你也必"违之"，你必"怀其凶"，"虽成必败"，"不可复振也"。司马迁在《史记》中也把社会经济活动视为由各个个人为了满足自身的欲望而进行的自然过程。对于社会自发的经济活动，他认为，国家应顺其自然，少加干预。"故善者因之"顺应客观规律，符合其"道"，乃治国之善政。"顺道"，或者"守常"、"守则"、"循轨"，是中国传统管理活动的重要指导思想。

二、重 人

重人是中国传统管理的一大特点。这包括两个方面：一是重人心向背，二是重人才归离。得民是治国之本，欲得民必先为民谋利。在先秦的思想家中，孔子提倡"行仁德之政"，"因民之所利而利之"，"修文德以来之"，"使天下之民归心"，"近者悦，远者来"。《管子》一书提倡，"政之所兴，在顺民心；政之所废，在逆民心"，国家必须"令顺民心"，"从民所欲，去民所恶"，乃为"政之宝"。

求贤若渴，表示对人才的尊重，并把能否得贤能之助，视为关系国家兴衰和事业成败的关键。在《吕氏春秋》中就认为"得贤人，国无不安；……失贤人，国无不危"。诸葛亮在总结汉朝的历史经验时也提出："亲贤臣，远小人，此先汉之所以兴隆也；亲小人，远贤臣，此后汉之所以倾颓也。"《晏子春秋》则把对人才的"贤而不知"，"知而不用"，"用而不任"，视为国家的"三不祥"，其害无穷。

三、人　和

"和"就是调整人际关系，讲团结，上下和，左右和。对治国而言，和能兴邦；对治理民众而言，和能生财。故我国历来把天时、地利、人和看成事业成功的三要素。孔子说："礼之用，和为贵。"《管子》说："上下不和，虽安必危。""上下和同"是事业成功的关键。古人还认为，求和的关键在于当权者，只有当权者严于律己，严禁宗派，不任私人，公正无私，才能团结大多数。《管子》提出"无私者容众"，要求君王切不可有"独举"、"约束"、"结纽"这些宗派行为，不可"以爵禄私有爱"，要严禁"党而成群者"。

四、守　信

治国要守信，办企业要守信。信誉是人们之间建立稳定关系的基础，是国家兴旺和事业成功的保证。孔子说："君子信而后劳其民。"他对弟子注重四教：文、行、忠、信。《管子》十分强调取信于民，提出国家行政应遵循一条重要原则："不行不可复。"该书认为："言而不可复者，君不言也；行而不可再者，君不行也。见言而不可复，行而不可再者，有国者之大禁也。"

商品质量、价格、交货期，以至借贷往来，都要讲究一个"信"字。我国从来有提倡"诚工"，"诚贾"的传统，商而不诚，苟取一时，终致瓦解，成功的商人多是商业信誉度高的人。

五、利　器

生产要有工具，打仗要有兵器，中国历来有利器的传统。孔子说："工欲善其事，必先利其器。"《吕氏春秋》也认为，使用利器可达到"其用日半，其功可使倍"的效果。中国古代的四大发明（造纸术、印刷术、指南针、火药）及其推广，极大地推动了社会经济、文化和世界文明的发展，并使"利器说"成为中国管理思想的重要内容。

六、求　实

实事求是，办事从实际出发，是思想方法和行为的准则。儒家提出"守正"原则，即看问题不要偏激，办事不要过头，也不要不及，"过犹不及"，过了头，超越客观形势，犯冒进错误；不及于形势又错过时机，流于保守。两种偏向都会坏事，应该防止。《管子》还认为，凡事应量力而行，"动必量力，举必量技"，"不为不可成，不求不可得"，"量力而知攻"，"不知任，不知器，不可"，"妄行则群卒困，强进则锐士挫"。《管子》还提出了"时空"原则，即办事要注意时间（时机）和地点等客观条件。"事以时举"，"动静"，"开阖"，"取予"，"必因于时也，时而动，不时而静"。不顾时间的变化，用老一套的办法，不注意"视时而立仪"，"审时而举事"，必然招致失败。空间不同，政策措施也应有异，

不可将老一套办法到处运用。"以家为乡，乡不可为也；以乡为国，国不可为也；以国为天下，天下不可为也。"

七、对　策

对策即在治军、治国、治理民众等一切竞争和对抗活动中，都必须统筹谋划，正确研究对策，以智取胜，古语"运筹帷幄之中，决胜千里之外"，就是关于对策的形象描述。《孙子兵法》认为，"知彼知己，百战不殆；不知彼而知己，一胜一负；不知彼，不知己，每战必殆"。《管子》主张："以备待时"，"事无备则废"，治国必须有预见性，备患于无形，"唯有道者能备患于无形也。"中国古代有许多优秀的对策实例，如田忌和齐王赛马的故事，《三国演义》中的赤壁之战、空城计，孙膑的"减灶骄敌"，等等，都是系统运筹的结果。

八、节　俭

节俭意指用钱节省。孔子主张"节用而爱人，使民以时"，墨子说："其财用节，其自养俭，民富国治。"荀子也说道："强本而节用，则天不能贫，……本荒而用侈，则天不能使之富。"纵观历史，凡国用有度，为政清廉，不伤财害民，则会国泰民安；反之，凡国用无度，荒淫奢费，横征暴敛，必滋生贪官污吏，招致天下大乱。

九、法　治

我国的法治思想起源于先秦法家和《管子》，后来逐渐演变成一整套法制体系，包括田土法制、财税法制、军事法制、人才法制、行政管理法制、市场法制等等。如韩非等人认为要严刑峻法："设而不犯，犯而必诛"；要奖罚分明："诱以重赏，赏且信；威以重罚，罚且必，使人怀德畏威。"

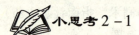小思考 2-1

儒家文化源远流长，战场上倡导"先礼后兵"。基于这种观点，在今天的商战中哪一种观点与这种思想一致呢？（　　）

A. 先发制人

B. 先入为主

C. 先义后利

D. 先下手为强

【答案】C

2.2 西方早期的管理思想

2.2.1 西方早期管理思想的产生

系统的管理理论最先产生于西方国家，这些管理理论经历了一个由萌芽到观念再到思想最后形成理论的漫长的发展过程，因此，要掌握管理理论的发展脉络，首先要了解作为其基础的早期管理思想的产生与发展过程。在西方，18 世纪产业革命以前，管理思想处于一种萌芽状态，仅仅以观念的形式存在于人类的管理实践之中。18 世纪中叶以后的产业革命，把管理实践和管理思想推到了一个历史的新阶段。为适应手工业生产向机器生产转变、以手工业为基础的资本主义工场向采用机器的资本主义工厂制度过渡的形势发展的需要，一些经济学家在著作中越来越多地涉及管理问题，很多实业家也潜心于总结管理经验，研究探讨管理问题，于是出现了一系列早期管理思想。这些思想和观点为后来管理理论的产生与发展奠定了重要的基础。本节主要介绍具有代表性的西方早期管理思想。

2.2.2 西方早期典型的管理思想

一、亚当·斯密的管理思想

亚当·斯密（Adam Smith，1723—1790）是英国古典政治经济学家，他不仅第一个系统地论述了古典政治经济学，同时也对管理思想的发展作出了重大贡献。1776 年斯密在其著名论著《国民财富的性质和原因的研究》（即《国富论》）中提出的劳动分工观点和"经济人"观点，对系统的管理理论的产生和发展具有深刻影响。

1. 劳动分工的观点

斯密认为，劳动分工是致使劳动生产率提高的重要因素，原因是：①分工节约了由于工作转换而损失的时间；②重复同一作业可以使工人提高劳动的熟练程度，增进技能；③由于分工，使作业单纯化，这有利于工具和机械的改进。

2. "经济人"观点

斯密认为，经济现象是由具有利己主义的人们的活动产生的，人们在经济活动中追求个人利益，社会上每个人的利益总是受到他人利益的制约。每个人都要兼顾到他人的利益，由此而产生共同利益，进而形成总的社会利益。所以，社会利益正是以个人利益为立脚点的。这种观点后来成为整个资本主义管理理论的基础。

二、巴贝奇的管理思想

查尔斯·巴贝奇（Charles Babbage，1792—1871）是英国剑桥大学教授、数

学家、机械学家，也是一位富有现代气息的管理先驱。他对管理的主要贡献体现在两个方面。

1. 对工作方法的研究

他认为，一个体质较弱的人如果所使用的铲在形状、重量、大小等方面都比较适宜，那么他的工作效率一定能胜过体质较强但工具不称手的人。因此，要提高工作效率，必须仔细研究工作方法。他提出了劳动分工、用科学方法有效地使用设备和原料等观点。

2. 对报酬制度的研究

他强调劳资协作，提出了固定工资加利润分享的分配制度以及以技术水平和劳动强度为依据的付酬制度。

三、欧文的管理思想

罗伯特·欧文（Robert Owen，1771—1858）是19世纪初英国著名的空想社会主义者，也是一名企业的管理改革家，他于1800—1828年担任英格兰新拉那克工厂的经理，任职期间，针对当时工厂制度下劳动条件和生活水平相对低下的情况，他致力于改进工作条件、缩短工作日、提高工资、改善生活条件、发放抚恤金等，在改善工人生活状况的同时使工厂获得较高的利润，探索一种对工人和工厂所有者双方都有利的方法和制度。欧文的人事管理方面的理论和实践，对后来的行为科学理论产生了很大的影响。

以上西方早期管理思想虽然尚未形成一套科学系统的管理理论，还不足以产生巨大的推动力以引导传统管理摆脱小生产方式的影响，当时的管理也仍然主要依靠个人经验进行，但还是对传统管理实践发挥了重要指导作用，将其推上一个新的发展阶段，为管理理论体系的产生和发展奠定了重要基础。

2.3 西方古典管理理论

早期的管理思想只是西方管理理论的萌芽。在西方，对管理理论比较系统地加以阐述，始于19世纪末20世纪初。这一时期的管理理论通常被称为古典管理理论，其中具有代表性的理论是科学管理理论、组织管理理论和"理想的行政组织"理论。这些理论成为现代管理理论的先驱，对现代管理思想有很大影响，也标志着管理学作为一门学科的诞生。

之所以在这个历史时期产生了古典管理理论，可以从两个层面上解释。从实践方面看，随着资本主义由自由竞争逐步向垄断过渡，科学技术水平及生产社会化程度不断提高，资本主义市场范围和企业规模的扩大，特别是资本主义公司的兴起，使企业管理工作日益复杂，对管理的要求越来越高。资本家单凭个人的经验和能力管理企业，包揽一切的做法，已不能适应生产发展的需要。客观上要求资本所有者与企业经营者实行分离，要求管理职能专业化，建立专门的管理机构，采用科学的管理制度和方法。同时，也要求对过去积累的管理经验进行总结提高，使之系统化、科学化并上升为理论，以指导实践，提高管理水平。这表明，西方企业发展面临着如何提高劳动生产率和管理水平以促进生产的实际问题，迫切需要用"科学管理"取代"传统的经验管理"。从理论研究方面看，当时社会经济的发展状况，使欧美的一些管理学家有可能根据实践经验，在继承前人管理思想的基础上，建立系统的管理理论体系。

2.3.1 科学管理理论

科学管理理论着重于研究如何提高单个工人的劳动生产率的问题，其代表人物是美国的弗雷德里克·温斯洛·泰罗（Frederick Winslow Taylor，1856—1915）。

泰罗出生于美国费城一个富有的律师家庭，中学毕业后考上哈佛大学法律系，但不幸因眼疾而被迫辍学。1875 年，泰罗进入费城的一家机械厂当学徒工，1878 年转入费城的米德维尔钢铁公司当技工，1884 年升任总工程师。1898—1901 年泰罗受雇于宾夕法尼亚的伯利恒钢铁公司。1901 年以后，他把大部分时间用在写作和演讲上，1906 年担任美国机械工程师学会主席职务。泰罗的代表著作有《计件工资制》（1895 年）、《车间管理》（1903 年）和《科学管理原理》（1911 年）等。泰罗因在创建管理理论上的突出贡献而被人们誉为"科学管理之父"。

泰罗的科学管理理论主要包括以下五方面：

一、确定合理的工作定额

要为工人制订出有科学依据的"合理的日工作量"，就必须进行时间和动作研究。方法是把工人的操作分解为基本动作，再对尽可能多的工人进行测定以确定完成这些基本动作所需的时间。同时，选择最适用的工具、机器，确定最适当的操作程序，消除错误的和不必要的动作，得出最有效的操作方法作为标准。然后，累计完成这些基本动作的时间，加上必要的休息时间和其他延误时间，就可以得到完成这些操作的标准时间。据此制订一个工人的"合理的日工作量"，这就是所谓的工作定额原理。

泰罗在伯利恒钢铁公司进行了有名的搬运生铁块试验。该公司有 75 名工人负责把 92 磅重的生铁块搬运 30 米的距离装到铁路货车上，他们每天平均搬运 12.5 吨，日工资 1.15 美元。泰罗找了一名工人进行试验，研究并试验搬运的姿势、行走的速度、持握的位置等对搬运量的影响，以及多长的休息时间为好。经过分析确定了搬运生铁块的最佳方法和将 57% 的时间用于休息的标准，方法调整后，使每个工人的日搬运量达到 47 吨 ~ 48 吨，同时使工人的日工资提高到

1.85 美元。

二、工作方法标准化

为了使工人能完成工作定额，泰罗认为，还必须使工人掌握标准化的操作方法，使用标准化的工具、机器和材料，并使作业环境标准化，这就是所谓的标准化原理。

泰罗在伯利恒钢铁公司还做过有名的铁锹试验。当时公司的铲运工人拿着自家的铁锹上班。这些铁锹各式各样、大小不等。堆料场中的物料有铁矿石、煤粉、焦炭等，每个工人的日工作量为 16 吨。泰罗经过观察发现，由于物料的比重不一样，一铁锹的负载大不一样。如果是铁矿石，一铁锹有 38 磅；如果是煤粉，一铁锹只有 3.5 磅。那么，一铁锹到底负载多少才合适呢？经过试验，最后确定一铁锹负载 21 磅对于工人是最适合的。根据试验的结果，泰罗针对不同的物料设计出不同形状和规格的铁锹。以后工人上班时都不自带铁锹，而是根据物料情况从公司领取特制的标准铁锹，工作效率大大提高。堆料场的工人从 400～600 名降为 140 名，平均每人每天的操作量提高到 59 吨。工人的日工资从 1.15 美元提高到 1.88 美元。这是工具标准化的典型案例。

三、做到能力与工作相适应

为了提高劳动生产率，必须为工作挑选第一流的工人。第一流的工人是指这样的工人，他的能力最适合做这种工作而且他愿意去做。要根据人的能力把他们分配到相应的工作岗位上，并进行培训，教会他们科学的工作方法，使他们成为第一流的工人，鼓励他们努力工作。

四、实行有差别的计件工资制

泰罗认为，工人磨洋工的一个重要原因是报酬制度不合理。计时工资不能体现劳动的数量。计件工资虽能体现劳动的数量，但工人担心劳动效率提高后雇主会降低工资率，从而等同于劳动强度的加大。

针对这些情况，泰罗提出了一种新的报酬制度——有差别的计件工资制。所谓"差别计件工资制"，是指计件工资率随完成定额的程度而上下浮动。如果工人完成或超额完成定额，则定额内的部分连同超额部分都按比正常单价高 25% 计酬；如果工人完不成定额，则按比正常单价低 20% 计酬；工资支付的对象是工人而不是职位，即根据工人的实际工作表现而不是根据工作类别来支付工资。泰罗认为，实行差别计件工资制会大大提高工人的积极性，从而大大提高劳动生产率。

五、计划职能与执行职能相分离

泰罗认为应该用科学的工作方法取代经验工作方法。所谓经验工作方法，是指每个工人采用什么操作方法、使用什么工具等，都根据个人经验来决定。所以，工人工作效率的高低取决于他们的操作方法和使用的工具是否合理，以及个人的熟练程度和努力程度。所谓科学工作方法，是指每个工人采用什么操作方法、使用什么工具等，都根据试验和研究来决定。为了采用科学的工作方法，泰罗主张把计划职能同执行职能分开，由专门的计划部门承担计划职能，由所有的工人和部分工长承担执行职能。计划部门的具体工作包括：①进行时间和动作研究；②制订科学的工作定额和标准化的操作方法，选用标准化的工具；③拟订计划，发布指示和命令；④比较标准和实际的执行情况，进行有效的控制；等等。

2.3.2 组织管理理论

组织管理理论着重研究管理职能和整个组织结构，其代表人物是法国的亨利·法约尔（Henri Fayol，1841—1925）。

当泰罗等人在美国研究和倡导科学管理的同时，欧洲出现了对组织管理的研究，其中最为著名的就是以法约尔为代表的组织管理理论。泰罗主要关心的是作业方面的问题，注重的是车间管理和科学方法的运用，而法约尔则关注于整个组织，研究有关管理者干什么以及怎样才能干好等更一般的管理问题，即注重对管理者用于协调组织内部各项活动的基本原则的研究。

法约尔，法国工业家，长期担任大公司的总经理。根据自己 50 多年来的管理实践，法约尔于 1916 年发表了《工业管理和一般管理》一书，提出了适用于一切组织的企业的经营活动和管理的五种职能，以及有效管理的 14 条原则。法约尔的一般管理理论对后来的管理理论发展一直起着重大的作用，因而西方也把他称为"现代经营管理之父"。

一、企业的经营活动和管理的五种职能

法约尔指出，任何企业都存在着六种经营活动，管理只是其中的一种活动，其关系如图 2-1 所示。

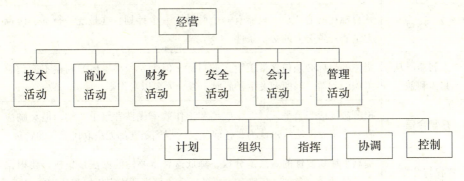

图 2-1　经营活动和管理职能

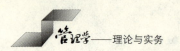

六种经营活动分别是：①技术活动，指生产、制造和加工；②商业活动，指采购、销售和交换；③财务活动，指资金的筹措、运用和控制；④安全活动，指设备的维护和人员的保护；⑤会计活动，指货物盘点、成本统计和核算；⑥管理活动，指计划、组织、指挥、协调和控制。其中，计划是指预测未来并制订行动方案；组织是指建立企业的物质结构和社会结构；指挥是指使企业人员发挥作用；协调是指让企业人员团结一致，使企业中的所有活动和努力都统一和谐；控制是指保证企业中进行的一切活动符合所制订的计划和所下达的命令。

法约尔对管理的上述定义便于明确管理与经营的关系。法约尔在《工业管理与一般管理》一书中写道，"所谓经营，就是努力确保六种固有活动的顺利运转，以便把企业拥有的资源变成最大的成果，从而导致企业实现它的目标"。而管理既是经营不可缺少的一种活动，又是自成体系的一项职能。

二、管理的 14 条原则

法约尔在其《工业管理与一般管理》一书中首次提出一般管理的 14 条原则，如表 2 – 1 所示。

表 2 – 1　管理的 14 条原则

劳动分工	劳动分工属于自然规律，其目的是用同样的努力生产出更多更好的产品。在技术工作和管理工作中进行劳动分工可以提高效率
权责相当	权力是指"指挥他人的权力以及促使他人服从的权力"。管理者必须拥有权力以发布命令，责任必须与权力相当
纪律严明	雇员必须服从和尊重组织规定，领导以身作则，管理者和雇员对规章有明确理解和公平的奖惩，对于保证纪律的有效性是非常重要的
统一指挥	组织内每一个人只能服从一个上级并向上级汇报自己的工作。双重指挥往往带来冲突
统一领导	凡目标相同的活动，只能有一个领导、一个计划。这是统一行动、协调力量和一致努力的必要条件
个人利益服从集体利益	集体的目标必须包含员工个人的目标，但个人和小集体的利益不能超越组织的利益。当两者发生矛盾时，领导人要以身作则，使其一致
报酬合理	报酬制度应当公平，对工作成绩和工作效率优良者给予奖励，但奖励应有一个限度。法约尔认为，任何优良的报酬制度都无法取代优良的管理
集权与分权	提高下属重要性的做法是分权，降低这种重要性的做法是集权。要根据企业的性质、条件、环境和人员的素质来恰当地决定集权和分权的程度

续　表

等级链与跳板	从高层到基层应建立关系明确的等级链，为了保证命令的统一，不能轻易违背等级链，请示要逐级进行，指令也要逐级下达。有时这样做会延误信息，鉴于此，法约尔设计了一种"跳板"，便于同级之间的横向沟通（如图 2-2 所示）
秩序	建立秩序，有地方放置每件东西，而每件东西都放在该放置的地方；有职位安排每个人，而每个人都安排在应安排的职位上。各有其位，各得其所
公平	管理者应该友善和公正地对待下属，以鼓励其下属能全心全意地和无限忠诚地履行他（她）的职责
人员稳定	把一个人培养到胜任目前的工作，需要花费时间和金钱。人员特别是管理人员不要轻易变动，以免影响管理工作的连续性和稳定性
首创精神	首创精神是创立和推行一项计划的动力。领导者不仅本人要有首创精神，还要鼓励全体成员发挥他们的首创精神
集体精神	组织内部强调团结精神，要努力形成团结、和谐和协作的气氛

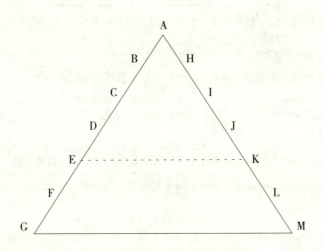

图 2-2　法约尔的"跳板原则"

　　其中，法约尔的"跳板原则"为：如果有一项信息要由 E 传送到 K，在正常的权力路线下，则要通过组织等级由 E 向上传达到 A，再由 A 传达到 K，这样太费事了，影响组织活动的速度。有了这个跳板原则，E 可以直接与 K 联系。但是，他们应先取得上级主管的许可，同时也必须在事后将联系结果报告上级主管。这样，就保证了统一指挥前提下迅速、可靠地进行横向联系。

2.3.3 "理想的行政组织"理论

行政组织理论强调组织活动要通过职务或职位而不是个人或世袭地位来设计和运作。"理想的行政组织"理论是由德国著名的社会学家、柏林大学教授马克斯·韦伯（Max Weber，1864—1920）提出的。该理论对泰罗、法约尔的理论是一种补充，对后来的管理学家，特别是组织理论家产生了很大影响。韦伯也因而被称为"组织理论之父"。

韦伯指出，任何组织都必须以某种形式的权力作为基础，才能实现目标，只有权力，才能变混乱为秩序。韦伯认为，存在三种纯粹形态的权力：理性→合法的权力；传统的权力；超凡的权力。在这三种纯粹形态的权力中，传统权力是世袭得来而不是按能力挑选的，其管理单纯是为了保存过去的传统；超凡的权力则过于感情色彩并且是非理性的，不是依据规章制度而是依据神秘或神圣的旨意；理性→合法的权力是由依法建立的一套等级制度赋予的。韦伯认为，在三种权力中，只有理性→合法的权力才是理想的组织模式的基础。这一理想的组织模式的特征如表2-2所示。

表2-2 韦伯理想的行政组织的主要特征

劳动分工	把各种工作分解成简单、常规化并且明确的各项任务，明确规定每一个人的权力和责任
权力体系	各种职位按权力等级排列，上一级的人指挥和控制下一级
正规选择	根据通过教育和训练所获得的技术资格或通过正式考试来挑选组织中的所有成员
规章制度	制订明确的规章制度来规范管理者和员工的行为，保持统一性
非人格化	组织的规章制度是组织中的每个人都必须遵守的。它不受个人情感和个人背景的影响
职业导向	组织中的管理者是职业化的专业人员，而不是该组织的所有者，他们领取固定的薪金，并在组织中追求他们职业生涯的成就。

韦伯认为，这种高度结构化的、正式的、非人格化的理想行政组织体系是强制控制的合理手段，是达到目标、提高效率的最有效形式。这种组织形式适用范围很广，能适用于各种行政管理工作及当时日益增多的各种大型组织，如教会、国家机构、军队、政党、经济组织和社会团体，并在精确性、稳定性、纪律性和可靠性等方面都优于其他组织形式，所以是最理想的。

2.4 西方现代管理理论

2.4.1 行为科学理论

正当科学管理理论为当时的企业界普遍接受时，新的管理思想与理论也正在孕育之中，这就是人际关系学说，后来发展为行为科学理论。

一、霍桑试验与人际关系学说

霍桑试验是1924—1932年在美国芝加哥郊外的西部电器公司的霍桑工厂进行的。霍桑工厂当时有25 000名工人，具有较完善的娱乐设施、医疗制度和养老金制度，但是工人们仍然有很强的不满情绪，生产效率很低。为了探究原因，美国哈佛大学的心理病理学教授乔治·埃尔顿·梅奥（George Elton Mayo，1880—1949）率领一个由多方面专家组成的研究小组进驻霍桑工厂，开始进行一系列试验。试验分成了四个阶段，即照明实验、继电器装配室实验、大规模访谈和电话线圈装配室实验。

1. 照明实验（1924—1927）

照明试验的目的是研究照明情况对生产效率的影响。专家们选择了两个工作小组，一个为试验组，一个为控制组。试验组照明度不断变化，控制组照明度始终不变。当试验组照明度增加时，该组产量增加；当工人要求更换灯泡时，实际只给他们更换了一个同样亮度的灯泡，但产量继续增加。与此同时，控制组的产量也在不断提高。通过这个试验，专家们发现照明度的改变不是效率变化的决定性因素，而另有其他因素在起作用。

2. 继电器装配室实验（1927—1932）

专家们选择了6名女工，把他们安置在继电器装配试验室工作。另外，专家们还指派了一位观察员加入这个小组，专门负责记录室内发生的一切。在试验过程中，研究小组分期改变工作条件。开始时增加休息次数，延长休息时间，缩短工作时间，供应午餐和茶点，实行五天工作制等；接着又逐渐取消这些待遇，恢复了原来的工作条件。结果是，无论工作条件如何变化，生产量都是增加的，而且工人的劳动积极性有所提高。

3. 大规模访谈（1928—1930）

大规模访谈的目的是了解工人对工作、工作环境、公司和使他们烦恼的任何问题的看法以及这些看法如何影响生产效率。研究小组前后用了两年的时间对两万多名职工进行访问交谈。结果发现：影响生产效率的最重要因素是工作中发展起来的人际关系，而不是待遇及工作环境，每个工人工作效率的高低，不仅取决于他们自身的情况，而且还与其所在小组中的其他人员有关，任何一个人的工作

效率都要受小组中其他人员的影响。

4. 电话线圈装配室实验（1930—1932）

这次试验选了14名线圈装配工在一间单独的观察室中进行。这14人分成三组，相互之间在工作上有高度的联系。工资报酬是按小组刺激计划计算的，即以小组的总产量为基础付酬给每个工人，强调他们在工作中要协作，以便共同提高产量和工资报酬。

通过实验，研究者注意到工人们对于"合理的日工作量"有明确的概念，而这个合理的日工作量低于管理当局拟订的产量标准。工人们估计，如果他们的产量超过了"合理的日工作量"，工资率就会降低，或者作为计酬基础的产量定额就会提高。而如果他们的产量少于"合理的日工作量"，又会引起管理当局的不满。所以，他们就"制订"了这个非正式的产量定额，并运用团体的压力使每个工人遵守这个定额。所运用的团体压力有：讽刺、嘲笑、拍打一下等。工人都避免挫伤感情并采取各种手段来维持自己在这个非正式团体中的地位。例如一个工人在某一天生产多了，他就会只上报非正式产量定额的那部分，而把多余的产品隐藏起来，以后他就会放慢生产速度，并把以前多余的产品拿出来补上。研究人员通过研究归纳出三点：①团体不顾管理当局关于产量的规定而另外规定了团体的产量限额；②工人们使上报的产量显得平衡均匀，以免露出生产得太快或太慢的迹象；③团体制订了一套措施来使不遵守团体定额的人就范。

通过实验，研究者发现在小团体中还有一些不成文的规范，如：①工作不要做得太多，否则就是"害人精"；②工作不要做得太少，否则就是"骗人精"；③不应告诉监工任何有损于同伴的事，否则就是告密者；④不应该企图对别人保持距离或多管闲事，例如作为一个检验员，就不能太过认真；⑤不应当过分热心于当领导。

梅奥等人分析了在霍桑试验中获得的大量第一手资料后认为：

1. 职工是"社会人"而不是"经济人"

以前的管理把人看成"**经济人**"，认为金钱是刺激人的积极性的唯一动力，工人工作就是为了追求最高的工资收入。霍桑实验证明人是"**社会人**"，是复杂的社会关系的成员，工人并非单纯追求金钱收入，还有社会、心理方面的需求，如追求人与人之间的友情、安全感、归属感和受人尊重等。因此，要调动工人生产积极性，还必须重视其社会、心理方面的需求。

2. 企业中存在着非正式组织

所谓正式组织就是具有一定的目标，并且由规章、制度、政策等规定各成员间相互关系和职责范围的组织。非正式组织就是成员在共同的工作过程中，由于抱有共同的情感和爱好而形成的非正式团体。这些团体有自然形成的不成文的规范和惯例，其成员必须遵守。这种非正式组织对于职工行为的决定极为重要，它是影响生产效率的重要因素。领导者要诱导非正式组织向健康的方向发展。

3. 提高职工的满足度，可以提高职工的士气，从而提高劳动生产率

梅奥认为，金钱或经济刺激对促进工人提高劳动生产率只是起第二位的作用，起到首要作用的是工人的情绪和态度，即士气。而士气又与工人的满足度有关。工人的满足度越高，士气越高；而士气越高，生产效率也越高。

人际关系学说的重要意义在于它引发了人们对生产中的人的因素的兴趣和重视，开辟了管理理论研究的一个新领域，在一定程度上弥补了古典管理理论的不足，为行为科学理论的产生和发展奠定了重要基础。

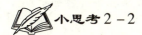 **小思考 2 - 2**

某建筑工地的包工头王某对其手下的民工常说的口头禅就是"不好好干的回家去，干好了下个月多发奖金"。可以认为王某把他手下的民工看做是（　　　）

A. 社会人

B. 经济人

C. 复杂人

【答案】B

二、行为科学理论

20 世纪 50 年代初期，人际关系学说发展为行为科学理论。行为科学理论综合运用社会学、心理学等相关学科的知识与方法，对工人在生产中的行为以及这些行为产生的原因进行分析研究，其内容主要涉及人的本性与需要、动机、行为之间的关系以及生产中的人际关系等。

行为科学理论的特点：致力于探索人类行为的规律，提倡善于用人、进行人力资源开发；强调个人目标与组织目标的一致性，认为调动积极性必须从个人因素和组织因素两方面着手，使组织目标包含更多的个人目标，不仅改进工作的外部条件，而且更重要的是改进工作设计，从工作本身满足人的需要；主张在企业中恢复人的尊严，实行民主参与管理和员工的自主自治。

第二次世界大战以后，行为科学的发展主要集中在两个领域。一是关于人的需要、动机、行为等方面的研究，其结果是形成一系列激励理论，其中有代表性的理论包括：马斯洛的"需要层次论"，赫茨伯格的"双因素理论"，弗鲁姆的"期望理论"，亚当斯的"公平理论"和斯金纳的"强化理论"，等等。二是关于领导行为方面的研究，产生了麦格雷戈的"X 理论—Y 理论"、阿吉里斯的"不成熟—成熟理论"，布莱克和默顿的"管理方格理论"，等等。

从人际关系学说到行为科学理论的研究，进一步丰富和发展了管理理论体系，扩展了管理作为一门科学的研究领域和发展空间，在更大程度上改变了人们

对员工在企业中地位与作用的传统看法，强调从满足人的需要、动机、相互关系和社会环境、领导方式等方面考察管理职能的执行结果对组织目标的实现和员工个人成长的双重影响，对当时及后来的管理实践具有重要指导意义。

实例 2-2

别墅与馅饼

在一次重要的国际比赛上，一个国家的跳高运动员面临着冲击金牌的最后一跳。教练对她说："跳过这两厘米，你想要的那幢别墅就到手了。"

然而，她就是没跳过这两厘米。

在奥运会上，当受了伤的跳水王子洛加尼斯同样面临着冲击金牌的最后一跳时，教练对他说的是："你的妈妈在家等着你呢！跳完这轮，你就可以回家吃你妈妈做的小馅饼了。"

洛加尼斯用他的毅力和精神风貌超越了自己，也征服了世界。

同样是激励性诱导，一幢别墅与妈妈的小馅饼，在运动员的心理上引起的反应是多么的不同啊！

总之，激励的方式多种多样，每一种方式既适应于个体，又适应于群体，关键在于企业管理人员灵活运用，恰当地用好每一种方式，可以有效激励职工的行为。

资料来源：http://paper.sznews.com/jb/20060607/ca2330158.htm.

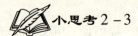 **小思考 2-3**

有人认为泰罗的科学管理思想强调理性，忽视人性，而行为科学思想是最好的管理思想。你认为正确的观点是（　　）

A. 智者见智，仁者见仁

B. 还是科学管理思想好

C. 两者如出一辙，只是表现方式不同罢了

D. 每种思想的产生都是根植于当时的历史背景，只要能推动社会进步就是好思想

【答案】D

2.4.2 管理理论的丛林

第二次世界大战以后，由于管理受到世界各国各地区的普遍重视，管理理论和实践得到了迅速的发展，出现了许多新的理论和学说，形成了众多学派。哈罗

德·孔茨写过两篇著名的论文《论管理理论的丛林》（1961 年）和《再论管理理论的丛林》（1980 年），对 1980 年以前的管理学领域内精彩纷呈的理论、主张等作过一个精辟的归纳与分析。他认为到 1980 年为止，管理学至少发展到 11 个学派，这 11 个学派分别是管理过程学派、人际关系学派、群体行为学派、经验主义学派、社会协作系统学派、社会技术系统学派、系统管理学派、决策理论学派、管理科学学派、权变理论学派和经理角色学派。

一、管理过程学派

管理过程学派是在法约尔一般管理理论的基础上发展起来的，又称为传统学派或管理职能学派。该学派的代表人物是美国加利福尼亚大学的教授哈罗德·孔茨和西里尔·奥唐奈。管理过程学派强调对管理的过程和职能进行研究，认为无论组织的性质和组织所处的环境有多么不同，但管理人员所从事的管理职能却是相同的。其基本研究方法是：首先，把管理人员的工作划分为管理职能，如法约尔的计划、组织、指挥、协调、控制职能，孔茨的计划、组织、用人、领导、控制职能等。其次，对管理职能逐项进行研究，从丰富多彩的管理实践中总结管理的基本规律，以便详细分析这些管理职能。

管理过程学派是管理各学派中最具有影响力的学派。因为它提供了一种分析管理的理论框架。框架中包含的范围广泛并且容易理解，管理学方面的任何一种新概念、新知识、新思想、新理论几乎都可以纳入这个框架之中。

二、人际关系学派

人际关系学派是从 20 世纪 60 年代的人类行为学派演变来的。这个学派认为，既然管理是通过别人或同别人一起去完成工作，那么，对管理学的研究就必须围绕人际关系这个核心来进行。这个学派注重于对组织中人与人之间的关系进行研究。他们以个人心理学作为研究的理论基础，研究具有社会心理性质的个人行为的动机，进而指出，处理好组织中人与人之间的关系是组织中的管理者必须理解和掌握的一种技巧。

这个学派的最早代表人物是梅奥教授，代表著作有《工业文明中人的问题》。其他著名的理论有马斯洛的"需求层次理论"、赫茨伯格的"双因素理论"、布莱克和默顿的"管理方格论"等。

三、群体行为学派

群体行为学派与人际关系学派关系密切，但前者更侧重于研究群体中的人的行为，而不是纯粹的人际关系。这一学派以社会学、人类学和社会心理学为基础，着重研究各种群体行为方式。从小群体的文化和行为方式，到大群体的行为特点，都在它研究之列。它也常被叫做"组织行为学"。"组织"一词在这里可以表示公司、政府机构、医院或其他任何一种事业中一组群体关系的体系和类

型。他们从事的研究主要有：研究组织中的非正式组织对正式组织行为的影响，研究组织中个人的从众行为，研究组织中的信息沟通，等等。

这个学派的最早代表人物和研究活动分别是梅奥和霍桑试验。20世纪50年代，美国管理学家克里斯·阿吉里斯（Chris Argyris）提出的"不成熟—成熟交替循环的模式"也是该学派的一个代表理论。

四、经验主义学派

经验主义学派通过分析经验（常常就是案例）来研究管理。该学派开展研究的理论前提是：通过对管理者在个别情况下成功和失败的经验教训的研究，会使人们懂得将来在相应的情况下如何运用有效的方法来解决现实中的管理问题，因此，这个学派的学者把对管理理论的研究集中于对实际管理工作者的管理实践活动的研究上。他们通过分析实例或案例，总结出一些一般性的结论来向管理者或学习管理学的学生传授，使他们也能从中学习到管理的知识和技能。

这一学派的代表人物主要有：彼得·德鲁克（Peter F. Drucker），代表著作有《管理的实践》、《有效的管理者》等；欧内斯特·戴尔（Ernest Dale），代表著作有《企业管理的理论与实践》等；威廉·纽曼（William H. Newman），代表著作有《经济管理活动：组织和管理的技术》等。

五、社会协作系统学派

社会协作系统学派注重对人的研究，在一定程度上，可以把它看做对人际关系学派和群体行为学派的修正。该学派把组织中的人看成是有各种社会的和心理的愿望与需求的人，而组织就是由许多具有这种社会和心理需求的人及其行为所形成的合作社会系统。因此，组织成效的高低，就取决于组织中个人的成效高低及人们相互之间合作的成效，其中，组织的管理者是创造必要的个人努力和成员间有效合作的关键。所以，这个学派的学者从分析组织中管理者的工作出发，着重研究组织中的管理者在这个合作系统中如何才能有效地维护和协调这个系统。其代表人物是切斯特·巴纳德（Chester Barnard），代表作为《经理的职能》。他把企业看成是一个由物质子系统、人员子系统、社会子系统和组织子系统组成的一个复合的协作系统，经理的职能就是维持好这个协作系统。

六、社会技术系统学派

社会技术系统学派的创始人是英国的特里司特（E. L. Trist）及其在英国塔维斯托克研究所中的同事。其代表著作有《长壁采煤法的某些社会学的和心理学的意义》、《社会技术系统的特性》等。他们通过对英国煤矿中有关生产问题的研究，发现仅仅分析企业中的社会方面是不够的，还必须注意其技术方面。企业中的技术系统（如机器设备和采掘方法）对社会系统有很大的影响。个人态度和群体行为都受到人们在其中工作的技术系统的重大影响。因此，他们认为，组织是由技术系统和社会系统形成的社会技术系统，个人的态度和行为都受到人们在其中工作的技术系统的巨大影响；管理不能光研究社会系统，而要把社会系统和技术系统结合起来考虑，而管理者的一项主要任务就是要确保这两个系统相互协调。

七、系统管理学派

系统管理学派的代表人物是美国的卡斯特（Fremont E. Kast）和罗森茨韦克（James E. Rosezweig），他们的代表著作是《系统理论和管理》、《组织与管理：系统与权变的方法》。系统学派认为，组织是一个由相互联系的若干要素所组成、为环境所影响并反过来影响环境的开放系统；组织不仅本身是一个系统，它同时又是更为广阔的社会系统的一个分系统，它在与环境的相互影响中取得动态平衡；组织从外界环境接受能源、信息、物质等各种投入，经过转换，再以产品或劳务的形式向外界环境输出产品。这种把组织看做是一个开放系统的观点，为管理者提供了一种思想方法，即把组织的内部和外部环境的各种因素看做是一个有机整体。管理者必须从组织的整体出发，研究组织与环境之间的关系，研究组织的各个部分之间的关系，使组织的各个部分之间以及组织和外界环境之间保持动态平衡。

系统学派的主要贡献是将组织看做一个开放的社会技术系统，以整个组织系统作为研究管理的出发点，研究一切主要的分系统及其相互关系。这突破了以往各个学派仅从局部出发孤立地对组织的各个分系统进行研究。例如：管理过程学派强调结构分系统和管理分系统，群体行为学派强调社会心理分系统，管理科学学派强调技术分系统。

八、决策理论学派

决策理论学派是由社会系统学派发展而来，其代表人物有美国的西蒙和马奇，代表著作是《组织》和《管理决策新科学》。决策理论学派认为，决策贯穿了管理的全过程，管理就是决策，决策不单是最上层人员的工作，而是从上层到中层、基层乃至作业人员的共同工作；决策中只有"令人满意"的标准，才是更合理、更可行的准则，传统决策的"最优化"准则是一种超于现实的理想境界；管理决策时，必须充分发挥组织的作用，创造条件，以解决知识不全面性、价值体系的不稳定性及竞争环境的可变性等问题；决策分为程序化决策和非程序化决策两类，组织中的基层管理人员主要处理日常业务中常见的、重复性的问题，利用常规的、标准的工作程序进行程序性决策，组织中的高层管理人员主要针对非定型的、复杂性问题，采用非程序性决策。图 2 – 3 表示了不同问题类型、决策类型以及组织层次之间的关系。

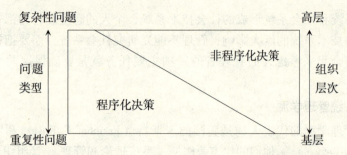

图2－3　问题类型、决策类型以及组织层次之间的关系

九、管理科学学派

尽管各种管理理论学派都在一定程度上应用数学方法，但只有数学学派把管理看成是一个数学模型和程序的系统。从历史渊源来看，管理科学学派是在泰罗科学管理的基础上发展起来的。该学派认为，只要管理、组织、计划、决策是一个逻辑过程，就能用数学的模型来加以描述和表达，其研究的重点放在建立管理的数学模型和求解最优解的问题上。可以说，它同决策理论有着很密切的关系，当然，编制数学模型决不限于决策问题。同时必须明确的是，数学模型和数学分析方法仅仅是管理研究中的方法和工具。

管理科学学派的代表人物有布莱克特（P. M. S. Blackett）、丹齐克（George Dantzig）、丘奇曼（C. West Churchman）、阿考夫（Russeu L. Ackoff）、贝尔曼（Richard Beuman）、伯法（E. S. Buffa）等人，代表著作有布莱克特的《运筹学方法论上的某些方面》、伯法的《生产管理基础》等。

管理科学理论的主要内容包括以下三个方面。

1. 运筹学

运筹学是管理科学理论的基础，它是一种分析的、实验的和定量的科学方法，专门研究在既定的物质条件下，为达到一定目的，运用科学的方法（主要是数学的方法），进行数量分析，统筹兼顾地研究对象的整个活动所有各个环节之间的关系，为选择出最优方案提供数量上的依据，以便作出综合性的合理安排，最经济有效地使用人力、物力和财力，以达到产出最大的效果。运筹学的主要分支有：

（1）规划论。研究如何充分利用企业的一切资源，最大限度地完成各项计划任务以获得最优的经济效益。规划论可根据不同情况分为线性规划、非线性规划和动态规划。

（2）库存论。研究在什么时间、以什么数量、从什么地点来补充库存，既能保证企业有效运转，又使保持一定库存和补充采购的总费用最少。

（3）排队论。研究在公用服务系统中，设置多少服务人员或设备最为合适。

（4）对策论（博弈论）。研究在利益相互矛盾的各方竞争性活动中，如何使自己一方的期望利益最大或损失最小，并求出制胜对方的最优策略。

（5）搜索论。研究在寻找某种对象的过程中，如何合理使用搜索手段以便取得最好的搜索效果。

（6）网络分析。这是利用网络图对工程进行计划和控制的一种管理技术，常用的有"PERT 图"和"关键路线法"。

2. 系统分析

系统分析这个概念是由美国兰德公司于 1949 年首先提出的，意思是把系统的观点和思想引入管理方法中，运用科学和数学的方法对系统中的事件进行研究和分析。其特点是解决管理问题从全局出发，进行分析和研究，制订出正确的决策。系统分析一般有如下步骤：

（1）首先弄清并确定这一系统的最终目的，同时明确每个特定阶段的阶段性目标和任务。

（2）必须把研究对象看做是一个整体，一个统一的系统，然后确定每个局部要解决的任务，研究它们之间以及它们与总体目标之间的相互关系和相互影响。

（3）寻求达到总体目标及与其相联系的各个局部任务和可供选择的方案。

（4）对可供选择的方案进行分析比较，选出最优方案。

（5）组织各项工作的实施。

3. 决策科学化

决策科学化是指决策时要以充足的事实为依据，采取严密的逻辑思考方法，对大量的资料和数据按照事物的内在联系进行系统分析和计算，从而作出正确决策。上面提到的"运筹学"和"系统分析"就是为决策科学化提供分析思路和分析技术的，同时，"管理科学"所使用的计算机和管理信息系统也为决策科学化提供了可能和依据。

十、权变理论学派

权变理论学派是 20 世纪 70 年代在西方形成的一个管理学派，其代表人物是美国尼布拉加斯大学教授卢桑斯（F. Luthans），他在 1976 年出版的《管理导论：一种权变学》是其系统论述权变管理的代表著作。

权变理论学派的基本思想是：管理中并不存在什么最好的办法，相反，管理者必须明确每一情境中的各种变数，了解这些变数之间的关系及其相互作用，把握原因与结果的复杂关系，从而针对不同情况而灵活变通。管理学的任务就在于，归纳出管理中的情境究竟是由哪些因素所组成，它们又有多少种存在状态，有多少种管理方法。

权变理论学派认为，对管理中的各种可变因素，可以着重从六个方面加以考察，包括：

（1）组织规模的大小。

（2）组织中人员的相互联系和影响程度。

（3）组织成员的技巧、能力、志向、兴趣以及个人性格。

（4）组织目标的一致性。

（5）决策层次的高低。

（6）组织目标的实现程度等。

十一、经理角色学派

经理角色学派主张对经理人员的实际工作情况进行考察，以发现经理人员在现实中的活动规律，并以此纠正纯粹的管理理论所造成的理解偏差。该学派代表人物是加拿大的亨利·明茨伯格，为了描述所有经理在进行实务工作中的种种活动，明茨伯格定义了三大类十种角色。孔茨如此评价明茨伯格的研究：观察管理者实际上在做什么是很有用处的。但是，现在的研究成果对于建立一个更完善、更符合实际的实务性的管理理论而言，尚长路漫漫。

需要指出的是，"管理理论丛林"中的各学派虽有各自的理论主张，但在管理学界并未形成权威的理论。在此期间，管理学家也曾企图用系统的方法和权变的方法把管理理论统一起来，建立一套一般的管理原理。虽然管理学家作出了许多努力，原本希望使管理理论走出"丛林"，长成一棵"大树"，但却导致了更多的雨水使丛林中小树的叶子长得更加茂盛，形成一片繁茂的"森林"。

☞**管理故事**

惠普的敞开式办公室

美国惠普公司创造了一种独特的"周游式管理办法"，鼓励部门负责人深入基层，直接接触广大职工。为此目的，惠普公司的办公室布局采用美国少见的"敞开式大房间"，即全体人员都在一间敞厅中办公，各部门之间只有矮屏分隔，除少量会议室、会客室外，无论哪级领导都不设单独的办公室，同时不称头衔，即使对董事长也直呼其名。这样有利于上下左右通气，创造无拘束和合作的气氛。

单打独斗、个人英雄主义的闭门造车工作方式在现今社会是越来越不可取了，反而团队的分工合作方式正逐渐被各企业认同。

管理心得：不要在工作中人为地设置屏障分隔，敞开办公室的门，制造平等的气氛，同时也敞开了彼此合作与心灵沟通的门。对一个企业而言，最重要的一点是营造一个快乐、进步的环境，在管理的架构和同事之间，可以上下公开、自由自在、诚实地沟通。

■　本章小结

管理理论的产生与发展经历了"早期的管理思想"、"古典管理理论"、"现代管理理论"等漫长的历史过程。中国自古以来，就有很多管理学家提出了至今还具有一定意义的管理理念、管理方法。在西方，亚当·斯密的劳动分工和经济人等观点，为管理理论的产生奠定了基础；泰罗的"科学管理"、法约尔的"组织管理理论"以及韦伯的"理想的行政组织"理论，促进了经验管理向科学化、规范化管理的过渡。西方古典管理理论虽然从不同的研究角度对推动管理经验、管理思想的升华及其系统化作出了重要贡献，在很大程度上促进了劳动生产率的提高，但也存在一定的局限性，例如，把组织中的人视为机器；脱离外部环境封闭地研究组织内部问题。这些局限性的存在导致这些理论与管理实际需要的不适应，于是，从 20 世纪 20 年代开始特别是第二次世界大战结束以后，为适应科技的进步和社会发展的需要，一大批管理学家、心理学家及相关学者，在古典管理理论的基础上，致力于利用现代科学技术以及新兴学科的知识，在更广的范围、更深的层次上研究管理问题，促进了以行为科学理论和管理科学理论为代表的现代管理理论的迅速发展，行为科学理论的产生，促使人们对生产中"人"这个关键性因素更加重视。与此同时，产生了许许多多的管理流派，出现了各学派盘根错节的"管理理论丛林"现象。各种新的管理思想、新的管理理论和新的管理方法，不同程度地弥补了西方古典管理理论的不足，使理论研究更接近于现实，更具有指导意义。管理领域发生的"管理理论丛林"现象，标志着管理理论研究的空前繁盛。

■　关键概念

经济人　社会人　霍桑试验

■　思考题

1. 怎样评价中国古代的管理思想？
2. 如何认识亚当·斯密的"劳动分工"和"经济人"观点？
3. 如何理解法约尔的 14 条管理原则？
4. "理想的行政组织理论"具有哪些特征？
5. 简述霍桑试验的过程及其意义。
6. 现代西方管理学有哪些主要学派？其主要观点各是什么？

■ **案例分析**

联合邮包服务公司

联合邮包服务公司（UPS）雇用了15万员工，平均每天将900万件包裹发送到美国各地和其他180个国家和地区。为了实现他们的宗旨"在邮运业中办理最快捷的运送"，UPS的管理当局系统培训他们的员工，使他们以尽可能高的效率从事工作。UPS的工程师们对每一位司机的行驶路线都进行了时间研究，并对每种运货、暂停和取货活动都设立了标准。这些工程师记录了红灯、通行、按门铃、穿过院子、上楼梯、中间休息喝咖啡的时间，甚至上厕所的时间，将这些数据输入计算机中，从而给每一位司机制订出每天工作的详细时间标准。

为了完成每天取送130件包裹的目标，司机们必须严格遵循工程师设计的程序。当他们接近发送站时，他们松开安全带，按喇叭，关发动机，拉起紧急制动，把变速器推到1挡上，为送货完毕的启动离开做好准备，这一系列动作严丝合缝。然后，司机从驾驶室出溜到地面上，右臂夹着文件夹，左手拿着包裹，右手拿着车钥匙。他们看一眼包裹上的地址把它记在脑子里，然后以每秒钟3英尺的速度快步走到顾客的门前，先敲一下门以免浪费时间找门铃。送货完毕后，他们要在回到卡车上的路途中完成登录工作。

问题：本案例体现了什么管理思想的哪些内容？

■ **补充阅读书目**

1. ［美］D. A. 雷恩. 管理思想的演变. 北京：中国社会科学出版社，1995.
2. 巴纳德. 经理的职能. 北京：中国社会科学出版社，1997.
3. 孙武. 孙子兵法. 贵阳：贵州人民出版社，1992.
4. 曾仕强，刘君政. 管理思维. 北京：东方出版社，2006.
5. 中国企协古代管理思想研究会. 传统文化与现代管理. 北京：企业管理出版社，1994.

管理与环境

【学习目的和要求】

1. 掌握组织与环境的关系。

2. 掌握组织环境、一般环境和特殊环境的基本含义。

3. 熟悉组织所面临的特殊环境、一般环境及不断变化的全球环境的内容。

4. 了解如何从被动地适应环境到主动地管理环境。

3.1 组织与环境

3.1.1 组织与环境的关系

任何组织都是在一定的环境中从事活动的，组织是一个开放系统，一方面需要从外部环境获取必要的信息、人力、物力等资源，另一方面也需要向外部环境输出自己的产品或服务，并获得信息反馈。因此，环境是组织生存和发展的土壤，它既为组织活动提供必要的条件，也对组织活动起着制约作用。环境的特点及其变化必然会影响组织活动的方向、内容和方式选择。

组织与环境的关系表现为两方面：一是环境对组织的决定和制约作用；二是组织对环境的适应，即组织对外部环境的反作用。

一、环境对组织的影响

1. 环境对组织的决定作用

环境对组织的决定作用主要表现在环境为组织活动及生存和发展提供必要的条件。以企业为例，企业经营所需的各种资源都需要从属于外部环境的原料市场、能源市场、资金市场、劳动力市场等去获得。离开外部环境中的这些市场，企业经营便会成为无源之水、无本之木。与此同时，企业用上述各种资源生产出来的产品或服务，也要在外部市场上进行销售。没有外部市场的存在，企业就无法进行交换，无法从出售产品中换回销售收入，以抵补生产经营中的各种消耗，企业既无法生存下去，同时更谈不上取得更大发展了。

2. 环境对组织的制约作用

环境对组织的制约作用主要表现在环境对组织的限制与约束。比如对企业来说，任何企业，无论生产什么产品或提供什么服务，它们只能根据外部环境能够提供的资源种类、数量和质量来决定其生产经营活动的具体内容和方向。同时，既然企业的产品要通过环境中的市场才能实现，那么在生产之前和生产过程中，企业就必须考虑到这些产品能否被用户所接受，是否受市场欢迎，因此，环境对企业实际上起了一种限制作用。再如，企业在市场经营活动中，要时刻受各种法律的制约，如环境保护法、产品质量法、消费者权益保护法、商标法、广告法、反不正当竞争法等涉及企业市场行为的法律，企业的生产经营活动如果违反了这些法律就要受到制裁，这些法律实际上构成了企业经营行为的规则。显然，任何组织的生存发展都逃不脱外部环境的制约。

二、组织对环境的影响

一般来说，组织对环境的影响或反作用有两种方式：一种是被动或消极地适应环境，即完全按照环境的特点和要求来调整自己的行为内容和行为方式，利用自身条件去适应现实环境，而不对环境有任何影响和改变；另一种是主动并积极地适应环境，即组织尽可能多地掌握环境的信息、情报，通过科学地分析和预测环境因素及其发展变化趋势，并采取积极、主动的措施，在顺应环境变化的同时，改造和创造环境，甚至改变环境要素，然后利用自身条件去适应被改造、创新了的环境。应该说这是组织面对环境影响的两种不同方式，前者是一种被动接受环境影响的方式，而后者则是一种主动、积极改变或创造环境的方式，有人把后一种方式称做"**管理环境**"。两者相比，显然后者对组织的生存与发展来说更主动一些，也可能更为有利。在传统的营销理念中，"市场需要什么我就生产什么"就是一种被动适应环境的方式，而"创造市场"或引导市场的理念更体现一种积极主动的姿态。美国通用电气公司前CEO杰克·韦尔奇曾说过，"未来的领导者应是能在汽车行驶过程中更换轮胎的人"，这句话实际上从一个侧面表明了组织面对环境应该采取不同的应对方式。

那么组织如何才能主动地适应环境呢？第一，要关注环境的变化，哪怕是任何一点细微的变化，适应环境变化的方向，在大方向上与环境的变化保持一致，即所谓的"顺势而为"，不顺应环境变化的方向肯定会受到惩罚；第二，科学地分析、预测、挖掘环境变化中的机会，并在组织、人力、物质等方面做好充分的准备，一旦市场机会来临，就紧紧抓住；第三，要利用自身的优势和各种有利条件，创造环境中的机会，即开发、创造市场需求，而不是做被动的市场"跟风者"；第四，要采取权变管理方法，在计划、组织、领导、控制等各方面时刻做好迎接环境变化的准备，即进行动态的管理，如进行组织变革等；第五，要更好地与环境融为一体，成为环境中的一个有机分子，做一个环境中的"好公民"，以便安全、稳定、低成本地从环境中得到生产经营或生存所必需的各种资源，同时努力使环境能够更多地吸纳组织生产的产品或服务。为此，企业要加强企业伦理道德建设，一方面注意培训良好的管理道德、经营思想；另一方面要承担更多的社会责任，以便在社会公众中树立极佳的组织形象。

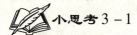 **小思考 3－1**

一份健康资料表明，近年来，随着人民生活水平的逐渐提高，人群死因谱已发生改变，外科疾病导致的死亡率在下降，而一些与文明社会伴随而来的诸如心血管疾病、恶性肿瘤等疾病的死亡率在上升。在这种情况下，许多医院削减外科人员编制，新成立了心血管科、肿瘤科等。这种现象说明（　　）

A. 医院必须满足就医者的需求，才能生存下来

B. 医院的宗旨是治病救人，这是社会赋予它的使命，为此它必须不断地调整，来履行其社会责任

C. 医院虽不是工商企业，但也存在获取收入以维持自身的生存与发展的问

题，所以也要像工商企业一样，选择那些能够给自己带来收益的业务，并设立相应的机构来完成任务

D. 医院作为一个组织，其结构也要随着目标的不断修正而不断调整，而目标的修正是根据环境的变化来进行的

【答案】D

3.1.2 组织环境的概念

所谓**组织环境**（organizational environment）是指组织之外对组织运作可能产生影响的力量和条件。管理者对于组织环境中各种力量及其发展变化的理解和把握水平与质量，以及他们对这些力量作出适当反应的能力，是影响组织绩效的关键因素。

对组织产生直接且重要影响的因素可能来自不同的层面。按照环境因素是对所有相关组织都产生影响还是仅对特定组织具有影响，环境因素可以区分为一般环境因素和特殊环境因素。

一般环境（general environment）因素是指人口、经济、技术、社会文化、自然以及政治法律等对所有组织都产生影响的因素。对于管理者而言，一般环境比特殊环境更复杂，更难以把握，也更难以作出适当的反应。

特殊环境（specific environment）是指那些与实现组织目标直接相关的那部分环境。比如，对企业而言，特殊环境因素一般是指来自供应商、分销商、顾客、竞争对手以及公众压力集团等能影响企业经营的因素。这些因素会给管理者的日常工作带来压力。特殊环境对每一个组织而言都是不同的，并随着条件的改变而变化。

面对组织所处的复杂变化的环境，管理者的一项很重要的工作就是分析组织在变化的环境中的机会和威胁。管理者必须评价环境的不确定性（environmental uncertainty），而环境的不确定性可以分解为动态性和复杂性两个维度。

环境的动态性是指一段时间内特殊环境和一般环境中各要素变化和进化的程度。如果组织环境发生较大变化，则这种环境是动态环境；如果变化很小，则是稳定环境。环境的复杂性是指特殊环境和一般环境中要素的类别和数量。总的说来，组织规模越大，管理者需要应付的各种环境力量就越多，管理环境就越复杂；反之，组织与之打交道的要素越少，环境就越简单。环境的复杂程度还可以依据组织需要掌握的有关自身环境的知识来衡量。由于环境的不确定性威胁着一个组织的运行和成败，因此，管理者应尽量将这种不确定性降至最低限度。

3.2 一般环境

一般环境就是组织活动所处的大环境，它主要由政治、社会、经济、技术、自然等因素构成，处在该环境中的所有相关组织都会受到其深刻的影响。

3.2.1 政治环境

政治环境泛指一个国家的社会制度、执政党的性质、政府的方针和政策，以及国家制定的法律法规等。不同的国家有不同的社会制度，不同的社会制度对组织活动有着不同的限制和要求，即使是在一个社会制度不变的国家里，由于执政党的不同或在不同的时期，其政府的路线、方针、政策及其对组织活动的影响也是不断变化的。对于组织来说，要了解政府的政策、路线、方针和法律法规要求，明确允许干什么、怎么干及限制和禁止什么。就政治环境而言，政治的稳定与开明和法律法规的健全对组织是极其重要的。

3.2.2 社会环境

社会环境主要包括风俗习惯、意识形态、文化传统、价值观念、审美习惯、宗教信仰、人口规模、居民受教育程度及文化水平等。风俗习惯及宗教信仰会影响组织某些活动的进行；意识形态、文化传统、价值观念会影响居民对组织目标、组织活动以及组织存在本身的认识；审美习惯会影响人们对组织活动内容、活动方式以及成果的态度；而人口规模及文化水平会影响需求的规模及层次。

社会文化环境是指一个国家或地区的人口数量及其增长趋势，居民受教育的程度和文化水平，以及宗教信仰、风俗习惯、审美观念和价值观念等。对组织活动影响较大的因素主要有人口地理分布、人口密度、人口年龄以及受教育程度。今天的人口属性决定了将来劳动力和消费者的属性。一般而言，一个国家或地区的人口多，劳动力资源就相对比较丰富，市场总体规模大。但当前，无论商品市场还是劳动力市场都存在着全球化的趋势，个人无论作为消费者还是作为劳动者，个性化和分散化倾向越来越成为主流。

3.2.3 经济环境

经济环境是影响组织特别是作为经济组织的企业的重要因素，它主要由宏观和微观两个方面构成。宏观经济环境包括国民生产总值、国民收入及其变化情况，以及通过这些指标反映的国民经济发展水平和发展速度。宏观经济发展形势好，显然可以为企业的生存和发展提供有利环境，而萧条、衰退的形势则可能给企业带来生存的困难。微观经济环境包括消费者的收入水平、消费偏好、可支配收入情况、就业情况等。如果居民的收入水平及可支配收入水平较高，则意味着一个地区或市场有较强的购买力，企业的发展会有较大的市场机会。因此，微观经济环境的好坏直接影响企业等经济组织的生存和发展条件。

在当今世界，组织活动的全球化趋势使得经济环境异常复杂，增加了组织活

动的不确定性，管理者的工作不仅难度加大，而且要求更高。成功的管理者必须密切关注经济环境的变化，以便未雨绸缪，及时作出适当的反应。

3.2.4 技术环境

技术是指组织在投入产出过程中，如设计、制造、分销产品和服务时所使用的技能和设备的总称。技术环境是指一个社会总体的科学技术水平，包括科学技术发展水平、社会技术进步程度、装备及制造现代化程度、科学技术普及程度，以及发展和应用技术知识的能力和水平等。技术环境对组织活动过程和成果的影响是不容忽视的。

首先，组织活动都需要物质手段的支持。比如，学校的教学手段、医院的医疗设施、企业的生产设备和经营设施等。这些活动的先进性程度，都要受到社会技术环境的影响和制约。科学技术的进步会促进组织活动过程中物质条件的改善和技术水平的提高，从而提高组织活动的效率。

其次，组织活动的成果代表着不同的技术水平，对劳动者和劳动条件有着不同的技术要求。技术进步常常会导致产品的更新换代，设施和工艺方法的更新，人员的操作技能和知识结构的改变。

最后，现代技术的发展使组织管理手段、方法乃至管理思想和管理模式发生重大变化。信息技术使管理系统实现了集成化和一体化，改善了组织内外整体的管理水平。

3.2.5 自然环境

自然环境是指影响组织活动的自然因素，主要包括地理位置、气候条件以及自然资源状况等，它们是组织活动的重要制约因素。

对一个企业而言，地理位置决定了企业与原材料产地及产品销售市场的距离，从而也就决定了该企业获取资源的难易程度和运输成本。气候条件及其变化对人们的行为方式有着重要的影响，从而也对相关企业带来影响。比如，气温会影响空调及服装行业的销售状况，气候状况也对旅游及相关行业的经营产生较大影响。资源分布影响着一个国家或地区产业的布局和结构，资源尤其是稀缺资源的蕴藏情况不仅是一个国家或地区经济发展的基础，而且也为所在地区的经济组织开展活动提供了机会。自然环境的恶化是目前全球所面临的一个重要问题。空气和水的污染已经非常严重，许多资源的不可再生性对组织的长期发展提出了严峻挑战。

组织不可能脱离外部环境而独立存在。环境的影响大多是动态的，给管理带来了相当大的不确定性，管理者必须认真分析环境变化对组织带来的机会和造成的威胁，通过制订相应的战略来明确管理的目的性，加强管理的针对性，最终提高组织管理的效率。

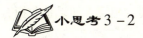**小思考 3-2**

某公司以前主要生产塑料制品，经营状况不理想。后来注意到，影视作品及电视广告中出现的家庭居室多使用各色塑料百叶窗，这种现象渐成时尚。于是公司推出了各种款式、尺寸、颜色的百叶窗，取得了不错的经营业绩。该公司的这一调整是对下列哪种环境因素所作的反应？（　　　）

A. 政治环境

B. 社会环境

C. 经济环境

D. 技术环境

E. 自然环境

【答案】B

3.3 特殊环境

对于企业而言，特殊环境主要由供应商、分销商、顾客、竞争者以及公众压力集团等构成。这五种力量会影响管理者获取资源、提供产出的能力，从而对企业短期决策产生重大影响。

3.3.1 供应商

供应商是指为企业提供应用于产品或服务的投入资源的个人或组织。企业通常处于产业链的某一个或几个环节，无论是大型还是小型企业，都要向上游供应商采购材料、能源等设备。企业供应商的本质、数量或类型的变化，都会给企业带来机会和威胁。为了企业的生存和发展，管理者必须对此作出适当的反应。

与供应商有关的主要威胁，是供应商强有力的讨价还价能力和限制企业获得重要资源的控制能力。当供应商只有一家或者供应商所提供的资源对企业来说是至关重要时，供应商就有可能控制资源、垄断价格；反之，如果一家企业有很多家供应商可供选择，那么这家企业就有较强的讨价还价能力，通常就能够获得质量较高、价格较低的资源。

3.3.2 分销商

分销商是指帮助组织销售其产品或服务的中介机构。分销商与分销渠道的不断变化同样能给企业带来机会或威胁。如果分销商实力相当强大，能够控制消费者获得企业产品或服务的渠道，那么分销商就能够要求生产企业降低价格，从而给生产企业造成威胁。例如，零售业巨头沃尔玛控制着众多与日用消费品有关的

销售渠道，很少有企业能够跟它进行价格上的平等谈判。相反，如果企业拥有众多的分销商可供选择，那么分销商力量就会被削弱。

3.3.3 顾客

所谓顾客就是指组织产品或服务的购买者，主要包括所有出于直接使用目的而购买以及为再加工或再销售目的而购买产品或服务的个体或组织。由于组织通常都是为了满足某种顾客需要而设立的，因此顾客或消费者便构成了组织的消费市场或"衣食父母"，没有他们，组织便不能生存。想方设法争取更多的顾客支持，使其购买本组织的产品或服务，乃是组织的生存与发展之本。

3.3.4 竞争者

竞争者是指与本组织存在资源和市场争夺关系的其他同类组织，既包括市场内已有的竞争者，也包括潜在竞争者。竞争者是组织的重要环境要素，由于它与组织存在资源和市场的争夺及此消彼长关系，因此作为组织必须时刻关注竞争者的发展状况和趋势，做到"知己知彼"，才能采取正确的应对策略，"致人而不致于人"，争取主动，避免被动，做到"百战不殆"。

3.3.5 公众压力集团

公众压力集团即各类非政府的社会组织，如绿色和平组织、工会、妇联、消费者协会、新闻媒体等。这些组织尽管与组织没有直接的制约和管制关系，但同样也是组织生存和发展所不能回避的，它们对组织的影响有时甚至是巨大的，如新闻媒体对组织的表扬或批评抑或"曝光"，都会对组织产生很大的正面或负面社会影响，从而影响组织的形象、声誉及生存发展环境。因此，组织应与这些组织建立良好的沟通协作关系，尽可能取得他们对组织的支持。

实例 3-1

福特艾德舍尔型汽车的惨重失败

历史上，福特汽车公司在向市场投放经济实用的艾德舍尔型汽车之前，曾花大力气收集了大量统计数字。所有的数字都显示，这种型号的汽车正是市场所需要的。可当时顾客购买汽车从量入为出转为凭爱好购买这一情况的变化却被忽略了。在这种变化被数字统计捕获到的时候，则为时已晚——福特已经将这种型号汽车投放市场而遭到了惨重失败。

　　　　这个实例说明了福特公司的失败主要是因为福特公司的市场研究人员过于倚重可量化的数字，由此阻碍了他们去觉察现实中出现的变化。

3.4 不断变化的全球环境

　　组织不仅受一个国家或地区的影响，还越来越受到国际环境变化的影响。当前，全球环境发生了深刻的变化，特别是经济的全球化和一体化趋势以及信息革命将对组织产生较大的影响。随着我国加入 WTO，我国的经济发展与世界经济进一步融合，因此，参与经济全球化进程、实施国际化战略已经是中国成为世界经济强国的必由之路。

3.4.1 世界经济的全球化及其特征

　　经济全球化是 20 世纪末世界经济发展的主要趋势，这一趋势将在 21 世纪继续发展。从世界范围看，自 20 世纪 90 年代以来，全球跨国公司以惊人的数量增长，在世界主要国家和地区中，对外贸易与外国直接投资（FDI）所带来的收入在其国内生产总值（GDP）中所占的百分比也在不断上升。

一、新经济与全球化

　　新经济是指以信息、网络等高新技术产业为支撑的现代经济发展模式。新经济提升了资金和劳动力的产出率，生产出更加价廉物美的产品和服务，并将这些产品和服务提供给更多的人。

　　同时，通过不同国家和地区间贸易与经济交流活动，整个世界已经成为一个相互影响的经济体，这就是经济全球化现象。全球化就其经济层面而言，反映的是一种全球经济日益增强的融合趋势，是国际商品和国际资本流动的不断增加，是国际间人才和知识的流动的日益频繁。在全球化背景下，贸易壁垒逐渐被拆除，信息沟通更加便捷，成本也大大降低，消费者偏好日益趋同。

二、经济全球化的主要趋势和特征

1. 贸易自由化进一步走向制度化

　　贸易自由化使本国既能获得比较优势的好处，同时又必须接受来自国际竞争的压力。出于各种政治上和经济上的考虑，为了这方面或那方面的利益，一个国家或地区总是需要保护本国或某地区的某一部分市场。自由化的过程只能是各国各地区之间通过平等互利的方式实行利益平衡的过程。从某种意义上说，世界贸易组织不是完成了建立一个自由贸易体制的任务，而是以一种制度化和规范化的

体制筑造了一条通向自由贸易之路。

2. 生产一体化进一步走向深层次

跨国公司的大发展是20世纪后半期世界经济中的一个重大现象。这一现象从根本上改变了世界经济的运行方式，形成了一种与全球化经济相对应的企业组织形式。

跨国公司发展的趋势是全球生产一体化的加深，因为跨国公司致使国际分工成为公司内部分工，资源配置成为公司自身的经营战略。随着跨国公司的进一步发展，这种生产一体化也进一步发展。生产一体化是生产过程的全球化，是从生产要素的组合到产品销售的全球化。跨国公司的规模越来越大，在全球投资的范围越来越广，生产一体化也越来越走向更高的水平。由于跨国公司规划全球化生产，它必然实行内部的更合理的生产组织体系，从原材料的供应、加工工序到零部件的制造，一切都是在全球范围内进行的。跨国公司越是发展，这种分工也越是发展。由于近年来跨国公司兼并的大发展，跨国公司在全球扩展的速度大大加快，单个公司经营的范围也不断扩大，使生产一体化得到了进一步推进。

3. 金融全球化寻求安全保障

在20世纪末金融国际化的快速发展中，全球性金融动荡和金融风险已为人们广泛关注，这种动荡与风险产生的体制性原因也正在得到越来越深刻的揭示。在21世纪金融国际化的发展中，重要的已不是发展的动力，也不是各国是否实行金融的对外开放，而是要建立确保全球化稳定发展和运行的有效体系与制度框架。一个与金融国际化相适应的国际金融新体制的建设，是金融国际化能否得到健康发展的关键。

现有的国际货币体系是第二次世界大战以后建立起来的以国际货币基金组织为中心的国际货币体系。随着国际资本流量的迅速增大，金融自由化的不断推进，这一体系已显得越来越不适应。高度一体化的国际金融市场，缺乏一个类似于国家中央银行性质的机构作为对付危机的最后屏障，对国际货币体系进行进一步探索和改革无疑是21世纪世界经济中的一大主题。

此外，数以万亿美元计的巨额资本的高速流动是金融全球化的一个基本特点，也是国际金融危机一再爆发的一个重要因素。加强对国际资本流动的监管以防范金融危机的爆发，已是摆在国际社会面前的一个重大而紧迫的任务。

4. 国际贸易迅速增长，全球经济联系加强

在20世纪90年代间，世界贸易年平均增长率保持在5%左右的水平，1999年全球贸易总量达到6.72万亿美元，而到2005年，全球贸易总量已经突破11万亿美元，占当年全球GDP的28%左右。

在国际贸易飞速增长的情况下，一国经济的发展深受整个全球经济环境的影响。亚洲金融危机和"9·11"恐怖袭击事件表明，局部经济的波动可以影响到

整个世界经济的发展，由不同国家及地区构成的全球经济体系已经成为一个不可分割的整体。

另外，各国的经济模式及运行机制已经突破传统意识形态的束缚，向追求市场效率和强化竞争优势的方向发展。各国各地区用于管理经济与市场的政策选项与控制手段也出现了国际化整合的趋势。

5. 一体化功能走向制度性

当前，世界经济一体化趋向明显。无论是贸易自由化的保障机制，还是金融国际化的安全机制；无论是建立更有序的跨国投资机制，还是营造全球化经济的国际协调机制，经济全球化都呈现出从功能性走向制度性的基本特征。

全球化发展作为功能性的一体化，必然要向制度性的一体化转变，以维护和增强功能性一体化的结果。如果说20世纪末世界经济的显著趋势是全球化表现为功能性的一体化，那么，21世纪初的一个根本特征就是由这种功能性的一体化不断呼唤并探索出制度性的一体化形式。比如，达成全球统一的国际投资规则，可以减少竞争性的争取外资所导致的国际资本不合理配置。

3.4.2 信息革命对经济全球化的影响

20世纪40年代末至50年代初，新兴的第三次科学技术革命导致一大批知识密集型、技术密集型的新兴工业部门迅速兴起。20世纪70年代起，科技革命又进入了一个新的发展阶段，形成了以信息技术、新材料技术、生物技术、海洋开发技术、激光技术等在内的新技术群，其中影响最深远的是以网络技术为核心的信息革命。信息革命强有力地推动了经济全球化进程，全球经济信息化本身是经济全球化的重要内容和基础。

一、信息革命使国际贸易发生巨大变化，出现"网络贸易"新趋势

"网络贸易"是指以信息网络化为基础、以互联网为媒介的商品贸易。20世纪末，网络贸易已风靡全球，与传统贸易方式相比，它具有缩短贸易流程、增加贸易机会、节约交易成本、提高竞争能力的优势，成为国际贸易发展的新趋势。

国际贸易的信息化发展主要包括：信息技术、信息产品和信息服务在国际贸易结构中所占比重增大，以及国际贸易方式与支付手段的信息化。它表现为：传统产品中信息技术研究与开发费用所占比重的增大；以信息技术为核心的高技术产品贸易量日渐增长；信息技术产品逐渐成为国际贸易中的主导产品；信息服务业在国际服务贸易中的地位日益重要；国际贸易中交易形式逐渐电子化。

电子商务是在电子数据处理的基础上发展起来的，是指整个贸易活动的电子化过程，包括采购、管理、生产、金融、税收、海关、运输、结算、交付等各个环节，各类批发商、连锁店、产品制造商、服务公司与客户均可借助网络完成商品交易。特别是进行服务贸易，电子商务的优势更加突出。有人预言，电子商务

和以此为基础的网络贸易将成为 21 世纪国际贸易的主要形式。网络贸易的发展对经济全球化有着深远的影响。

二、信息革命促进国际金融市场的整合，"网络金融"快速发展

金融活动的扩展在很大程度上得益于现代信息技术和通信手段，全球各大金融中心之间实现了网络化的信息传递，使全球金融活动能在全天 24 小时内不间断地进行，构成一个全球性金融市场，随时向全球金融交易和投资活动开放，在全球范围配置经济资源。然而，网络金融也增大了国际金融市场的风险。全球范围的信息高速传递使世界经济的金融传导机制越来越活跃，某一地区金融市场的波动会在瞬间传递到其他地区的金融市场，甚至引起全球性的金融动荡。

网络技术正在为各国金融和国际金融构筑新的运行基础。虚拟银行或多媒体银行正逐渐取代传统金融业，信息技术从自动出纳机、电话服务，经过目前正加速发展的在线网络服务，朝着电子货币和交互视频的方向发展。

三、信息革命推动了国际分工深化和跨国公司发展

由于信息技术的商品化，一大批以信息业为核心的新型产业得以形成和发展，成为发达国家经济乃至世界经济的新增长点。生产网络相关设备的新公司大量涌现，这代表了现代工业内部国际分工的深化。

信息全球化使生产国际化和生产一体化的广度和深度大大增加。现代制造业，尤其是高新技术产业使产品的分工越来越细，并且需要越来越复杂的研究开发作先导，单个公司和国家往往难以单独完成，必须依赖于国际的技术和生产合作。合作开发新产品与进行科研合作的一个重要条件就是信息传递的畅通，全球信息网正好提供了这一条件。

信息革命也推动了跨国公司经营的信息化，主要表现为：跨国公司组成结构中，从事信息技术产业经营的公司发展较快；跨国公司的对外投资日益重视信息技术产业和信息服务领域；跨国公司的经营管理日益信息化。随着信息技术的发展，一批从事信息业的跨国公司开始崛起，在世界经济中发挥越来越大的作用。

☞管理故事

所长无用

有个鲁国人擅长编草鞋，他妻子擅长织白绢。他想迁到越国去。友人对他说："你到越国去，一定会贫穷的。""为什么？""草鞋，是用来穿着走路的，但越国人习惯于赤足走路；白绢，是用来做帽子的，但越国人习惯于披头散发。凭着你的长处，到用不到你的地方去，这样，要使自己不贫穷，难道可能吗？"

管理心得：一个人要发挥其专长，就必须适应社会环境需要。如果脱离社会环境的需要，其专长也就失去了价值。因此，我们要根据社会的需要，决定自己的行动，更好地发挥自己的专长。

■ **本章小结**

从系统论角度看，任何一个组织都是一个系统，而且这个系统本身又处于更大的系统之中，组织所处的外部系统便构成了组织所面临的环境。组织作为一个大系统之中的组成部分，环境对组织具有重要影响，主要表现在环境对组织的决定作用、环境对组织的制约作用两方面，同时组织对外部环境也有影响。组织所面对的外部环境可分为一般环境和特殊环境，一般环境包括政治环境、社会环境、经济环境、技术环境、自然环境；而特殊环境则包括供应商、分销商、顾客、竞争者、公众压力集团。当前，全球环境发生了深刻的变化，特别是经济的全球化和一体化趋势以及信息革命将对组织产生较大的影响。因此，积极参与经济全球化进程、实施国际化战略已经是中国成为世界经济强国的必由之路。由于组织与环境密不可分，同时环境对组织的影响作用越来越大，因此对任何组织来说都应正确对待环境，而比较有效的方式就是要从被动地适应环境转到积极主动地管理环境上来。

■ **关键概念**

管理环境　组织环境　一般环境　特殊环境

■ **思考题**

1. 如何理解组织与环境的关系？
2. 简述组织所面对的一般环境和特殊环境的内容。
3. 新时期全球环境变化有哪些特征？它对管理提出的挑战是什么？
4. 作为组织，如何更有效地适应环境？

■ **案例分析**

乐凯面临的管理环境

2002 年，数码相机销售大热，国内总共销售量达 35 万 ~40 万台，比上一年增长 150% 左右。预计 2003 年，数码相机销售的增长率也不会低于 50%。数码照片输出市场——数码冲印服务——也骤然火爆起来。柯达、富士和乐凯等知名的感光胶片商都加入了这场争夺战。

柯达是中国目前最大的彩色冲印服务商。它已在中国投入 12 亿美元，开设了 7 000 家快速彩色加盟店，其中包括 1 000 家数码店，2003 年还将增加 7 00 家数码冲印店，到 2004 年，其数码领域的业务量将达到全国同类业务总量的 40%。今后，他们计划把 70% 的研发费用投入到数码领域，目标是平均每一万人拥有

一家柯达快速彩色冲印店。

柯达认为自己是数码影像领域的真正领跑者，理由是柯达在品牌、营销网络、人才网络和电子影像技术 4 个方面都具备其他厂商不能比拟的优势：柯达在中国有 7 000 多家加盟店，而富士可能连 3 000 家都不到，基本上每一个中国大城市都有柯达自己的团队和分销网络，柯达掌握着 50% 以上的电子影像核心技术。

富士毫不示弱，宣布将投资 5 000 万元人民币，在 2003 年底开设 1 000 家数码激光冲印店并加强广告宣传攻势。富士透露，柯达在北京开第一家数码冲印店时，富士已经有了 6 家数码激光店，卖出去了 10 台数码冲扩机，买主甚至包括原来柯达的加盟商。富士引以为傲的正是它自己生产的数码冲扩机。它为这种机器取名为"魔术手"。目前"魔术手"在中国已售出 300 多台，在全世界则已卖出逾 7 000 台。富士特别提到，柯达自己并不生产数码冲印设备，它使用的是日本的"诺日士"冲扩机。

乐凯和柯达、富士比起来，处于弱势。乐凯自己承认做的是低端产品，目前在国内市场有 20% 的占有率，是在低于柯达售价 20% 的情况下取得的。从 1999 年数据来看，乐凯销售额不到 1 亿美元，而柯达约 140 亿美元；柯达当年研发费用达 8 亿美元。乐凯则不足 1 000 万美元；乐凯的市场拓展人员只有 200 多人，不及柯达在中国的 1/4。

问题：

1. 分析造成乐凯经营困难的原因。

2. 企业的管理环境包含哪些因素？

资料来源：刘月珍：《柯达、富士、乐凯各出招数，数码影印争霸中国》，《中华工商时报》，2002 - 07 - 02.

■ 补充阅读书目

1. 李雪平. 简论企业的市场营销环境. 经济与管理. 2000 (4).

2. 柳士顺，凌文辁. 论组织战略与组织环境的协同演进. 企业经济，2006 (1).

3. ［美］彼得·德鲁克. 管理的实践. 齐若兰，译. 北京：机械工业出版社，2006 年.

第 4 章

社会责任与管理道德

【学习目的和要求】

1. 掌握社会责任的含义，了解社会责任的历史演化过程以及企业对待社会责任的不同态度。
2. 熟悉管理决策所依据的道德准则以及影响企业管理道德的主要因素。
3. 明确企业在哪些方面需要承担社会责任。
4. 了解企业加强管理道德建设的主要途径。
5. 了解可持续发展理论及其现实意义。

一个人的生存与发展是一个社会化的过程，是逐步融入社会、被社会所承认并为社会创造价值的过程；同理，一个企业作为一个有机体，它的生存与发展也必然要经历一个逐步社会化的过程，它必须为社会的进步与发展、人类的可持续发展作出贡献。当然工商企业的发展推动了工业化和信息化社会的发展，但同时也产生了这样一个悖论：许多企业的发展是以牺牲环境和公众的利益为代价的。

对企业、社会及个人相互依存关系的分析与认知，就是对社会责任与管理道德基本内容的确定，也是构筑企业社会责任体系和企业经营道德自律的基石。任何一个组织，不管它以何种方式存在，也不管其是否从事盈利性经营活动，它必然要约束和规范自身的管理理念和行为模式，并按照社会的期待和社会进步发展的基本趋势不断地对自身的组织文化、价值观念和行为取向进行审视、定位、纠偏与反省，以确保组织的生存与发展、社会的进步与发展协调一致。历史发展的规律业已证明，社会文明水准的不断提高与社会的现代化水平离不开企业（尤其是大企业）的影响与推动，因此，现代企业必须从人类社会可持续发展的战略高度出发，承担起真正意义上的社会责任与义务。

4.1 对社会责任的基本认识

企业需要承担社会责任，这是经济、社会、文化均衡发展的一个基本要求。日本松下公司的创始人松下幸之助把企业当做"公器"，即企业是为社会服务而存在的组织，而不是几个或某个人的组织。企业经营者都应该有这样的伦理道德观。

4.1.1 企业社会责任的含义及其历史演化

企业社会责任是指企业对市场化的资源配置和消耗使用采取积极的社会态度，对顾客、员工、投资者等自然和社会主体采取主动的态度，在环境保护、社区服务和社会福利事业参与等方面承担的责任和义务。

企业社会责任问题的提出及其内容与形式的不断变化与社会化大生产和工业化革命有着密切的联系，它的演化经历了四个基本阶段：

第一阶段：作为1873年至1896年第一次经济大危机的结果，世界资本主义告别了以棉纺工业为基础的自由竞争时代，在主导产业向重工业（大型机械设备制造）转移的同时，出现了垄断这一新的生产方式；同时，在巨大的产业垄断资本主宰社会经济生活的条件下，工会组织迅速成长起来，建立了在劳动力市场中有组织地与企业或业主进行交涉的各种团体。众所周知，重商主义阶段的垄断贸易公司和帝国主义阶段的庞大的石油及钢铁企业等通过大规模扩张，经济实力迅速增强。与之相伴而行的是掠夺性的开采、歧视性的定价、工人超负荷的工作和低廉的工资，由此引发了大规模的罢工和社会公众的强烈不满。鉴于此，西方国家的政府开始通过立法的形式来限制企业的一些经营行为。

第二阶段：20 世纪 30 年代的第二次经济大萧条，使得成千上万的产业工人失去了工作，有的甚至无家可归。在此情况下，公众普遍抱怨企业对因倒闭而造成的工人失业不负责任，银行倒闭给储户的投资带来了惨重的损失，大股份公司通过市场与经营运作戕害中小股东的利益。大萧条以后，资本主义各国普遍推行凯恩斯主义和福利主义政策，国家的经济功能和对社会经济生活的干预得到全方位的强化，政府通过立法方式硬性要求企业不但约束自己的经营行为，而且还要求企业实施就业机会均等政策和为企业的员工提供适当的社会保险和福利。

第三阶段：20 世纪 60 年代，尤其自 1973 年第三次经济危机开始以来，垄断化和国家化的趋势发生了根本性的逆转。随着主要发达国家的经济政策从凯恩斯主义转向新自由主义，资本主义经济以高新技术为依托，产品和经营方式（新福特经营方式和丰田经营方式等）重新变得多样化，劳动力市场出现多种多样的雇佣形态。基于信息技术高度发展的跨国公司以空前的规模成长起来，跨国公司之间的技术交流、业务合作、转承包关系都在不断扩大，国际经济和贸易的起伏涨落已越来越取决于跨国公司的经济与社会活动。以企业为中心的现代资本主义社会使劳动者面临更加严峻的处境，竞争加剧，收入减少，在劳资对抗中处于不利地位。由于企业所需的单位劳动越来越少，加之大量非正规的廉价劳动力被灵活地组织起来高效使用，劳动岗位的竞争变得空前激烈，并且国际化了。工会在多样化的经济形式和经济活动中缺乏统一的行动能力，干涉能力也大大降低。与此不同的是，社会与公众对垄断和劳资关系状况的意识逐步淡化，而对生活的质量、健康状况和环境的质量日益重视，各国各地区对环境保护和环保标准等方面的立法与执法越来越严厉。尤其突出的是烟草商们被要求将"吸烟有害健康"印制在外包装上，甚至烟草广告也受到严厉的限制。自此，许多企业已不再是被动地接受社会责任，而是将其潜移默化为自己的一种理念和价值观。

第四阶段：起始于 20 世纪 80 年代初期的大规模的资本国际流动、国际企业并购以及贸易自由化谈判加快了经济全球化的进程，赋予企业的社会责任以新的形式与内容，这就是可持续发展问题和企业社会责任的国际合作问题被提到国际社会和各国政府的议事日程，并成为企业界普遍关注的热点。一方面，企业根据社会要求和环境保护原则进行大规模的生产工艺革新和技术改造，以适应新的技术标准、环境标准和贸易标准；另一方面，许多跨国公司在对高耗能、重污染的生产项目进行国际转移时，越来越多地受到来自东道国政府的限制以及合作伙伴要求进行技术改造和污染治理等方面讨价还价的压力。再就是新的反垄断和保护社会公众利益等方面的立法数量急剧增加，如反资本垄断基础之上的反技术垄断，反核武器扩散和核试验，烟草实施高税收，对烟、酒等特殊产品实行专卖制

度等。从各国的情况来看，有酒类立法的国家达70多个。这种专卖是市场经济条件下的专卖，它既不是政府包办的专卖，也不是统购包销或由一个公司垄断经营，而是通过专卖法或专卖条例实行生产许可与批发零售许可制度。

4.1.2 企业对社会责任的态度

企业对社会责任的态度主要指企业承担社会义务的基本倾向和对社会责任的认知程度。由于地域、文化背景、行业特点和发展历史等存在一定的差异，企业对社会责任的态度和行为倾向往往存在着很大的差异，有的具有趋同性，有的则完全相反。从一般意义上说，大企业由于其历史久远、社会影响范围广和经济实力雄厚，对企业所必须承担的社会责任有比较深刻的理解，往往能够自觉地承担和规范自身的经营行为；相对而言，规模小的企业由于认识上和财力上的局限，往往轻视或淡化企业应尽的社会义务。按照企业的经营价值观和经营行为的具体表现，企业对社会责任的态度可以划分为截然不同的两种观点。第一种属于经验或古典学派的观点，第二种属于社会经济观点。

一、企业社会责任的"古典观"

企业社会责任的"古典观"是企业与社会之间关系的一种极端认识，是典型的反社会责任的观点。这种观点认为，企业管理者唯一的社会责任就是实现利润的最大化，就是为出资人（股东）谋求最大的投资回报。诺贝尔经济学奖获得者弗里德曼（Milton Friedman）是这一观点的支持者，他认为，如果企业管理者将经营资源投向社会利益方面的话，那么他们的行为和做法就会使市场机制的作用大打折扣。进一步说，如果由于企业承担了一定的社会责任而导致企业利润或红利的下降，那么股东的利益就会受到损害；同理，企业履行社会职责，导致员工工资或福利待遇减少，员工的利益就会受到损失；企业履行社会职责，导致销售价格上扬，顾客的利益就受到侵蚀，价格上扬会引起客户抵制或销售滑坡，直至影响企业的正常经营活动，甚至产生生存危机。因此，弗里德曼认为，企业履行社会职责所造成的经营成本的增加无疑将通过提价的方式转嫁到消费者方面和通过减少红利分配由股东来承担。持这种观点的企业把自身的经济利益和社会利益对立起来，淡化了它们之间的相容性和一致性。

持这种观点的企业在经营决策和制订经营方针的过程中，往往把社会责任置于脑后，把企业的利益放在首位。支持这种观点的基本理由可以概括为：

（1）企业履行社会职责与企业利润最大化的准则是背道而驰的。

（2）企业履行社会责任会冲淡企业提高经济效益和效率的首要目标。

（3）企业履行社会责任会引起营运成本的增加，侵害相关联系主体的利益。

（4）在一个社会的整体系统中，企业是一个有很强实力的社会主体。如果它们承担更多的社会责任，那么本来就已经拥有很强社会影响力的企业会继续获得更多的主动、特权以及自由。

（5）企业管理者往往具有洞察市场变化的眼光和经营方面的能力与优势，但在处理社会问题和履行社会职责方面却显得技能贫乏；另一方面，与政府相比，企业在社会责任的目标定位和实现目标的手段选择方面由于不像政府职能那样明确、具体，因此企业社会目标的定位、实际效果与社会和政府的期待及要求常常存在一定的差距，难免在一定程度上造成社会资源的浪费，而且由于企业的社会性存在和经济上的利益选择具有相对独立性，很难得到各种社会力量的有力支持。

二、企业社会责任的"社会经济观"

企业社会责任的"社会经济观"反对企业是一个只对股东负责任的经济实体，认为企业必须把一切经营活动融入社会的大系统，确保生存是企业的首要问题，其次才是利润。因此企业必须对创造和支持它们的社会承担责任。

持这种观点的主要理由可以概括为以下几个方面：

（1）企业经营活动和经营行为的社会效益受到普遍的社会关注，公众民意和社会舆论体系支持企业实施社会性和经济性的双重目标。

（2）社会责任感强的企业，由于赢得了社会的认同与尊重，能取得良好的企业形象，因此能够得到长期性的利益回报。

（3）负责任的企业常常会获得更多的市场份额、更优秀的人才加盟以及更大规模的信用支持和更多的投资人出资等。

（4）企业参与有助于更为复杂的社会问题得以解决，同样也有助于创造一种更加理想的、能够为企业提供高素质人才的社区生活环境。

（5）在现代社会中，企业是一个拥有强大势力、而且受到社会普遍尊重的社会主体，为此企业必须从社会整体系统安全运行的视角出发，承担更多的能够与其所拥有的实力相吻合的社会责任与义务。

（6）在资本市场上，负责任的企业可能取得发展所需的更多的资本支持，因为投资者往往认为，这类投资是风险较低的、稳健的投资行为。

（7）从社会的立场出发，企业在资金、技术和管理经验等方面具有突出的优势，因此企业应该对一些社会问题的解决采取更加主动的态度，使一些问题在范围狭小、危害不大的情况下就得以解决，不致殃及企业正常的经济活动。

4.1.3　社会责任与管理革命

当前，越来越多的企业组织意识到，一个组织的成功与否有许多衡量标准，并非仅仅考虑利润指标，如何处理社会责任与组织盈利的关系始终是管理者和管理学者们关注的一个重要问题。有学者对此作过一系列的研究，试图弄清楚提高组织的社会责任和管理道德水平和组织的经济效益之间到底是一种什么样的相关

关系。研究表明，"承担社会责任状况和组织的经济效益之间存在着明显的相关关系，组织的社会责任水平的提高会促进组织经济效益的提高"。

许多研究表明，那些注重管理道德建设，乐于承担社会责任的组织比那些不注重管理道德建设，漠视社会责任的组织的经济效益要好得多。越来越多的管理者已经意识到，诚实和信用对于保持组织快速和稳定的发展至关重要。

4.1.4 企业承担或履行社会责任的自我培养模式

企业承担或履行社会责任的自我培养模式可以分为四个阶段，如图4-1所示。

第一阶段：管理者通过使成本最低和利润最大而提高股东的利益。

第二阶段：管理者通过关心员工的基本需求，包括增加员工参与管理的权力、提高工作的稳定性、改善工作环境等承诺达到对员工利益的保护。

第三阶段：管理者增加企业的目标范围，从而满足与企业直接相关的利益主体的需要，包括高质量的产品与服务、公平的定价、对社区公益活动的参与以及良好的供求关系等。

第四阶段：企业为社会发展和进步作出更大的努力，包括环境和文化艺术活动等。

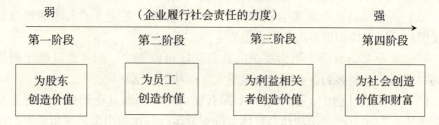

图4-1　企业承担或履行社会责任的自我培养模式

4.2 社会责任的内容

4.2.1 对环境的责任

企业社会责任的一个主要方面就是企业如何处理好：在给社会创造财富的同时，带来的环境污染问题；在治理和防止污染的同时，如何有效地保护环境资源。环境的日益恶化对企业经营管理提出越来越高的要求。

一、环境污染的主要类型

1. 大气污染

大气的污染源主要来自汽车等交通工具释放的一氧化碳、工业生产排放的硫化物等，最为明显地表现在两个方面：

首先，随着城市化和都市化步伐的加快，许多城市居民染上了现代人戏称的"城市病"，这种病属于一种综合病，另外，许多人患上呼吸道感染，进而导致其他疾病的发生。

其次，酸雨的后果与影响日益严重。酸雨现象给社会和企业提出了两难选择：一方面，依靠现有的技术对废气排放进行控制的代价很大，投资者的收益大大降低，直接影响人们投资的积极性；另一方面，如果社会提出更为严格的要求，大量工人就会面临失业的危险。

2. 水污染

水污染主要是指企业和居民将工业废水和生活垃圾倾倒于江河湖泊之中，导致水质下降，甚至使江河下游人们的生活用水也面临着严峻的威胁。为了扭转这一局面，我国许多城市投巨资兴建水净化、污水处理和垃圾处理工厂，尽管如此，情况还没有得到根本的转变，企业和社会依然需付出巨大的力量。在我国珠江和长江三角洲、太湖和洞庭湖流域以及淮河与汉水流域等，最近十多年来水污染触目惊心，污染危机引起了社会各界的广泛关注，大规模的反污染行动正在展开。

3. 土地污染

土地污染主要包括四个方面：

（1）因大规模采掘等使土地被废弃。

（2）大规模的农业生产使产量日益依赖于化肥等化学品的使用，进而使土壤的产出率大为降低。

（3）广受关注的"白色垃圾"，包括塑料袋、乙烯盒和农用地膜等正在成为一种新的土地污染源。此外，一些固体废弃物如废电池等对土质的影响也极为严重。

（4）造纸纸浆业、家具装饰业以及建筑业对木材的过度需求，加快了森林砍伐的步伐，严重地影响生态平衡；一些地区由于放牧规模过大，使植被遭受严重的破坏，造成土地荒漠化。

二、企业治理环境污染问题的理论方案

微观经济学证明市场机制可以有效率地配置生产要素于企业和产品之间，从而实现资源的最优配置，也就是"帕累托最优状态"，即任何重新改变资源配置或财富分配的方法，都已经不可能在不使任何人的处境变坏的情况下，使任何一人的处境更好。这种状态就是效率的最佳状态。根据这一理论，在企业处理环境

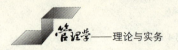

问题和对环境资源的配置问题上，单纯的市场机制不可能有效地发挥作用，"市场失灵"现象会经常发生，这必然要求政府出面治理或直接干预。在这种背景下，企业的态度要积极，行为要主动，任何无动于衷或置之不理的做法都具有程度不同的反社会性。

英国经济学家庇古曾经提出过解决企业环境污染问题的方案。庇古较早提出了经济生活中的外部性问题，即一个经济主体的活动对其他经济主体带来利益或损失，如果带来利益，则叫做"外部经济性"；如果带来损失，就称为"外部非经济性"。前者的标准例子是果园旁边的蜜蜂养殖场，蜜蜂在果园里飞舞采花，不仅使养殖场获得收益，而且也有助于果树的授粉，使果树的产量增加；后者的典型例子是化工厂排放的污水流入周围的河流从而污染了养鱼池。庇古认为外部影响来自于个人利益与社会利益、私人成本与社会成本的差异。因此，在外部经济性的情况下，政府应给予补贴，使私人利益和社会利益相等，以鼓励其发展；在外部非经济性的情况下，政府对当事人要课以税负，使私人成本与社会成本相等，以抑制其发展。

在"庇古方案"的基础上，美国经济学家科斯提出了"科斯定理"。科斯认为政府对当事人的津贴和课以税负并不是最好的方法。最好的方法是成本最低、资源浪费最少的方法。如工厂排放污水，最好的治理方法不是税负，而是给工厂安装污水处理装置。政府采用什么办法让工厂安装治污设备呢？科斯认为，政府不必亲力为之，也不必硬性要求当事人，只要界定产权，让各方利益主体自由协商。这里的界定产权主要应指政府提供环境信息知识、界定污染源、组织实施许可制度以及保证市场机制正常运转等。

根据上述理论方案，企业最好的行为方式显然是积极主动，既要尊重市场机制，又要积极配合政府的产权界定和直接干预，使物质利益和环境利益更好地得以协调。

4.2.2 对消费者的责任

从一般意义上说，企业对消费者的责任与其履行对环境的责任相比，资本和技术的投入相对较低。只要企业严格按照生产规程、按照预先的设计和对质量与标准的承诺操作以及经营守法，那么，与消费者相关的许多问题就可能有效地避免或解决。

根据社会公认的准则，企业对消费者的道义责任包括向消费者提供优质安全可靠的产品、企业产品的定价公平合理以及为消费者提供优良快捷的售后服务。用户或消费者满意是企业基本的经营道德指标。全球500家大企业的高级主管中有2/3的人认为，质量和顾客满意的程度是企业成功的决定因素。据此可以认为，销售不仅是钱与物的交换，而且还是生产者与消费者之间的感情交流与沟通。

从法律的角度说，企业在实现其利益的过程中，必须对消费者的权益给予充分的尊重和考虑，而且消费者的权益已经得到社会各界广泛的认同并受法律保护。消费者的权益包括：①消费者有权要求企业提供安全可靠的产品，因此，企业必须保证产品设计合理、生产规范、包装完善等；②企业必须向消费者提供关于产品的成分和含量的说明，使用方法，以及其功能和注意事项；③消费者有权向企业提出索赔、更换或退货，企业有义务设立投诉电话，倾听消费者的抱怨和意见并向消费者作出解释和采取补救措施；④企业必须向消费者作出承诺，保证其定价的公平合理性。因为随着竞争的日趋激烈，竞争对手之间通常会为了自身的利益而订立统一的垄断价格，这样就会大大损害消费者的利益。

4.2.3 对员工的责任

企业不管在道义上，还是法律上都必须以公正、公平的态度和做法对待自己的员工。对员工的责任贯穿于企业人力资源管理的各个环节，可以被概括为以下几个方面：

第一，为员工提供安全的工作场所、宽松的工作环境，保证员工的身心健康。

第二，努力开发和利用企业的人力资源，与他们保持密切的联系，建立和健全劳动分工基础之上的激励机制和奖励机制，尊重和发挥企业员工的积极性和主动性，坚决避免在奖励、培训、升迁等方面对员工实施差别性对待。从一些企业经营管理混乱的教训来看，其管理者往往是经常性地忽视员工的正当要求和情绪倾向，如员工没有正式的渠道反映情况和提出意见时不知向哪位上司汇报，员工的工作没有明确的目标和要求，管理人员对员工的建议、工作情况或生活要求漠不关心，管理人员的领导方式简单、态度专横，致使员工敬而远之，等等。

第三，企业应确保对员工进行持续性的在岗培训和离岗培训，不断地提高员工的工作技能，为他们提供具有挑战性的工作机会，提高他们的参与感和责任感，帮助他们实现人生的价值。

第四，企业应该充分支持工会的工作，保证员工的合法权益得到保护。工会是代表职工利益的组织，是职工参与企业经营管理和实施监督职能的主要渠道。因此，企业管理人员应从企业整体利益和长远利益出发，定期或不定期地就企业的财务状况、重大的经营事宜的决策背景和行动方案以及具体进展情况、企业领导的任免等情况向职工代表公开和汇报，并使之经常化、制度化、规范化。

第五，企业对职工的责任还包括经营管理者应该廉洁奉公、勤勤恳恳、尽职尽责，保证企业职工有一个稳定收入来源和能够充分展示个人才华的空间。如果企业由于经营管理不善而陷入危机，其员工将面临失业的危险或不得不另谋职

业，可以说这是企业对职工最大的不道德。

第六，企业经理人应该具有一种正确的关于企业过去、现在和将来的历史观，从文化与精神感化的角度培植和发展健康向上的企业文化机制。这种文化机制应突出"以人为本"的管理思想，具体表现在以下几个方面：①经理人应时刻把企业的发展问题放在首位，增强企业全体员工的危机感、责任感；②形成一种"能人经营、专家管理"的经营机制；③尊重知识，重视人才，提高专业人员的经济待遇，并且为专业技术人员提供一个正常的表达意见、提出建议的渠道。

4.2.4 对投资者的责任

企业对投资者的责任是指企业必须确保投资者获得投资收入和投资的资产增值。出资人之所以愿意投资，是因为他们希望获得收入和资本增值。因此，企业应从业主和投资者的切身利益出发，以负责任的态度参与市场开拓和市场竞争。在日常经营活动中。企业对出资人不负责任的行为主要包括下面几种：

第一，欺骗性行为。通常包括向竞争对手非法提供商业秘密以获得非法收入，贪污和浪费企业财产。

第二，利用股市进行内部交易。它通常是指向第三者提供可靠的未披露的信息，帮助他人谋取非法所得并从中分利。

第三，财务报告不真实。企业管理者为了达到某种不可告人的目的，编制虚假财务报表，隐瞒投资者。

4.2.5 对竞争者的责任

行业自律应该成为企业对竞争对手尊重和对行业健康发展作出贡献的基本行为选择。行业自律是市场经济和市场竞争的必然结果，行业自律是生产厂商的自觉行为，也是市场有序运作的必然行为。当然行业自律应用要恰当，不能滥用。

价格机制是一个自动运行的系统，通过自律可以保证其运行在一个可以被广为接受的区间，但是也不要夸大自律的作用。因为优势企业不是靠自律的保护长大的，而是市场竞争的最终结果。如果厂商之间人为地确定一些所谓的最低价格或最高价格限制，就必然会损害市场机制作用。限制价格竞争会导致三个后果：一是保护落后，因为在最低价格限制条件下，落后企业也会有利可图；二是不利于产业结构调整，因为最低价格保护会强化现有的不适应市场需求变化的工业结构；三是不利于优胜劣汰，使优势企业难以通过价格和成本优势扩展市场份额，实现规模经济效益。

4.2.6 关心社会公益的责任

社会公益责任属于一种自觉自愿的社会行为。它包括为社区提供一些公益性的义务，如向社会慈善机构和公益工程捐助资金或设立基金等。我国经济正处于转型时期，政府在社会、经济、文化各个领域的影响作用日益得以规范，由政府全面制定并实施的社会慈善事业已不能完全适应形势发展的需要。基于此，政府和社会机构协作举办慈善事业的格局将逐步形成。

4.3 管理道德

近些年来，某些大公司被指责违反商业伦理或法律的事件时有发生，这些指责包括操纵价格、内部交易、产品对消费者安全构成威胁等。美国安然事件使得公众对美国公司的诚信和道德水平以及美国的行政与司法部门监管能力的信任一落千丈。由此可见，企业的管理道德问题对企业的发展乃至成败非常重要。

4.3.1 管理道德概述

一般来说，**管理道德**是指企业在行为、决策时所依据的价值准则。管理道德是企业内部文化的一个重要组成部分。

企业的行为可以分为三个区域。第一个区域，我们称之为"法律区域"。在这个区域里，所有的价值观和行为准则都可以在法律条文中找到相应的规定。第二个区域是自由选择区域，这里企业可以根据自己的价值准则来进行决策，享有充分的自由，外界无法干预。处于这两者之间的区域就是第三个区域，即道德区域。在道德区域里，没有具体的法律条文规定，但企业的行为要受到道德准则的约束。这些道德准则是一种无形的和不成文的惯例。企业的决策必须合法，同时又要符合道德准则，并为社会所接受。

4.3.2 管理决策所依据的道德准则

企业在处理不同的管理问题时，会依据不同的道德准则。

一、功利主义原则

倡导功利主义的管理者们认为，管理决策的结果应当是使绝大多数人受益，因此，在进行决策时，管理者要考虑的不同决策方案可能产生的不同后果，他所选择的应当是使绝大多数人受益的那个方案。在实际决策的过程中，执行这种原则可能会变得非常复杂，只能将最优方案改为次优方案或者较为满意的方案。功利主义原则被认为是现代企业制度建立的理论依据。

二、个人主义原则

倡导个人主义的管理者认为，对个人具有长期利益最大化的行为是道德行为，因为个体将自己长期的利益作为决策的依据，其利己性的趋利避害行为会使个体通过比较找到恰当的行动方案。从理论上看，人人都是追求自我价值实现

的，但通过个体追求自我完善和个体之间相互适应的过程，整个社会都会从中受益。

三、道德权利原则

道德权利原则认为，每个人都拥有基本的权利和自由，这些权利和自由不能由于管理者的决策而被剥夺。因而，正确的道德决策应当是最大限度地保护与决策相关之人的权利。在进行道德决策时，管理者应当避免干涉个人的基本权利。比如，意愿自由权、个人隐私权、保持良知权、言论自由权、获得公正信息和待遇权、安全生活权等。

四、公正原则

公正原则认为，道德决策必须建立在公平、公正的基础之上。对于组织的管理者而言，有三种可供选择的公正原则。第一种是"广泛公正"，即每个人都是平等的，都应当受到相同的待遇，对待不同的人不能带有任何个人的偏见。第二种是"程序公正"，即规章制度应当是明确的和连续的，并且执行过程也必须是公正的。第三种是"补偿公正"，即如果由于组织的原因而对个人造成伤害，则个人应当得到赔偿，而且补偿应当和所造成的伤害相当。

4.3.3 影响管理道德的因素

一般来说，影响企业管理道德的因素有如下几方面：

一、管理人员

每一个人都有其个性和习惯，管理者也不例外。管理者会将自己的个性和习惯带入工作中。管理者个人的需求、家庭影响、宗教信仰、人生阅历等都会对其价值观的形成起到非常重要的作用。管理者的个性特征也将会对组织的决策造成影响。

二、企业文化

研究结果表明，一个企业或部门的价值观对其员工的行为和决策影响很大，特别是组织文化更是直接使员工明确了企业倡导的是什么、反对的是什么。在大多数企业里，员工们都相信，如果脱离了企业所确立的价值观和主流文化，那么，他们将面临危险或者无法真正融入企业中去。

企业文化并非是影响企业管理道德的唯一因素，但却是最重要的因素，甚至可以说是决定性的因素，因为它决定了企业的价值准则。其他的一些因素，比如企业的规章制度、奖励机制、选拔机制、法制意识、职业标准、领导体制及决策程序等，都会对企业的道德准则和决策机制产生影响。

三、道德强度

影响管理道德标准的因素还有道德强度，它主要包括组织的决策行为对受害者的伤害与受益人从中得到的利益的比较，反对决策的人数，行为造成实际伤害的可能性，决策行为与产生预期后果之间的时间间隔，决策者与受害者关系的远近以及决策后果对决策者最终的影响等。一般来说，受害的人数越多，反对决策方案的人越多，造成实际伤害的可能性越高；伤害结果出现越早，与受害者关系越近，决策问题的道德强度就越大，道德问题就越重要，管理者就越可能采取道德行为。

4.3.4 提高企业管理道德水平的方法

帮助企业提高道德水平的方法很多，我们主要介绍以下四种：

一、发挥领导表率作用

实践表明，企业的领导者对于提高企业的管理道德水平起着关键的作用，尤其是高层的领导者，他们通过自己的言行为企业伦理定下基调，这些领导者坚定的信念、良好的价值观、崇高的道德修养，能够帮助企业内外的人员在行为中自觉维护和反映特定的道德准则。

二、明确道德准则

道德准则是企业对于道德问题和社会事务的正式说明，它向企业成员表明企业在道德问题上的基本立场和观点。在企业中，道德准则通常表现为以原则为基准和以政策为基准两种形式。前者的作用是影响企业文化，它们确定了企业基本的价值观；后者则用一般性的语言说明企业的社会责任、产品质量和员工的待遇等。

三、建设道德型企业

道德型企业为强化道德行为设计了各种体制、职位和方案等。如为了强化企业的道德行为，企业可以成立一个道德委员会，该委员会是专门用来监督企业道德行为的机构。这个委员会有权纠正企业及企业中的个人的不道德行为。这个机构的存在对正面引导企业的成员的道德行为是非常重要的。有许多企业成立了道德管理部门，为企业进行道德规划，并促使企业将道德规划渗透到日常经营活动中，使整个企业能够在这些道德准则的指导下作出理性的决策。

四、鼓励员工成为道德卫士

为提高企业的道德水准，企业应当鼓励员工担当道德卫士，即对企业中不道德的行为进行揭发和批判。在一个企业中，单单依靠道德规划或者道德规定是难以有效地规范企业领导和员工的道德行为的。因此，需要一些有正义感的成员自觉地为维护企业的道德而大声疾呼。企业应当将这些道德卫士视为企业发展的促进者，要想方设法地鼓励和保护他们，避免这些道德卫士因其正义之举而陷入不利的局面。

4.4 可持续发展理论及其现实意义

人类生存危机的观念已超越国界而成为全球共同关注的问题之一。在此大背景下，可持续发展的理论和实践都得到了广泛的拓展，目光的焦点逐步集中到了企业的经营行为和做法上来。可持续发展不仅仅是一个经济问题，它同时还是一个社会问题。要做到可持续发展，一方面，企业和政府要转变观念和以往的做法；另一方面，社会公众也应该转变生存方式和生活方式。当然，要做到可持续发展，企业的责任和做法是至关重要的。

4.4.1 可持续发展的定义及其产生的背景

可持续发展是在人类、自然和社会关系协调发展的基础上，既满足当代人的需求和生活质量的提高，又不损害子孙后代基本利益的能力。

可持续发展理论的形成经历了一个漫长而又复杂的过程，它由区域问题演化为国别和全球性的问题经历了近一个世纪。早在工业革命的后期，由于乱砍滥伐和采掘，泥石流和河水泛滥现象就极为严重，给当时的工农业生产造成了极大的损失。由于科学和认识上的障碍，人们对此的认识存在着极大的差异，更谈不上所谓的治理。随着时间的推移，能源结构高度依赖于煤和石油，环境对人类的生存环境的威胁越来越大，而且表现形式更加多样化。当前面临治理的全球性生态环境问题包括：

第一，酸雨大幅度增加。酸雨最早由英国科学家史密斯论证并提出。空气中的硫化合物和大气中的雾气合成雾状的硫酸并随雨水一起降下来，若雨水 pH 值小于 5.6 则为酸雨。它会酸化土壤，破坏植被，降低土壤肥力，影响饮用水的质量等。

第二，温室效应增强。最初说来，温室效应是一种使地球温度逐渐升高并使生命能在地球上得以产生和发展的自然现象。有了温室效应，地球才能有 15 摄氏度的平均温度，不然的话，它的温度将是零下 18 摄氏度。温室效应是由某些气体，特别是水蒸气、二氧化碳以及甲烷等在地球的大气中留住了一部分来自太阳和地球表面反射出来的热量而形成的。由于大气中二氧化碳的含量持续增加，造成了地球温度上升，海平面升高，对人类生活和动植物的生长都产生了重大的影响。

二氧化碳增加的主要原因是什么？首先是各种烧煤、石油或天然气的发电站，它们排放的二氧化碳占总排放量的 40%；其次就是工业的各种供热系统，各种使用矿物燃料的活动、油井或天然气井的泄漏和交通运输工具等；最后就是农业，某些赤道国家的森林消失，稻田和牲畜饲养场的发展，等等。

第三，臭氧层严重破坏，对人类的生存直接产生影响，同时还加剧了温室效应。包围着地球并保护地球的大气层主要由氮气（78%），氧气（21%）和其他气体（1%）组成，其中包含臭氧。臭氧位于平流层，它能吸收太阳的紫外线辐射。紫外线对人体是十分有害的，它能损伤皮肤以及身体的免疫系统，引起皮肤癌。损害臭氧层的气体主要是工业制冷剂和各种气雾剂及溶剂所排放的含氯氟氢、一氧化碳、甲烷等。

第四，危险品的存放和处理，尤其是化学品和核试验及核废料的处理。

第五，大量的工业废水和生活废水倾倒于湖泊、河流和海洋，使民用水和海洋都受到了严重的污染。

第六，荒漠化趋势加快，大量肥沃的土地和农田被沙漠吞没，森林覆盖面积减少，水土严重流失。

第七，食物短缺和污染。

第八，生物物种加速减少。生活在地球上的物种大约在1千万至1亿种之间。哈佛大学教授爱德华·威尔逊认为，每年有1.7万种物种消失，海洋中的鱼类总量已减少约70%。

4.4.2　可持续发展理论的核心内容

可持续发展理论代表一种新的经济学理论，它主张人类与自然共存，把生态环境与经济增长紧密地联系起来，最大限度地节约自然资源，充分利用合成与再生资源，提高生产与加工的技术水平，放弃追求利润而大量消耗资源以及牺牲环境的经济行为。而传统的凯恩斯理论把经济增长看做是国家实力和社会财富的体现，把GNP的增长作为社会进步与发展的首要目标，忽视了生态环境与经济发展的逻辑辩证的关系，工业化和准工业化国家都为此付出了巨大的代价。因此，各国政府与企业应转变观念，打破旧的增长模式，实施可持续增长战略。其主要做法包括：

第一，增强国家可持续发展能力。能力建设包括发展一国的人力资源、提高科学技术水平、增进组织能力和运作效率、发展无害技术和提高资源的使用效益。

第二，改变现有的增长战略，不要盲目地追求高速度，应寻求适当的增长模式。

第三，实行为可持续发展服务的环境和资源管理机制，由环境后果管理转向生产加工过程管理，并进一步向延长产品生命周期和建立绿色工程转变。

第四，制定和完善与持续发展相关的法律、法规和政策体系。

第五，妥善解决和处理环境技术转让的问题，加强环境技术与治理的全球性合作。根据"污染者付费"的原则，发达国家应该协助和帮助发展中国家实现

可持续发展的能力。

第六，联合国等国际组织必须发挥其在环境与发展方面的积极作用，推动可持续发展全球合作的步伐。

4.4.3 工业生态

工业生态是一种通过减少原料消耗和改善生产程序以保护环境的生产方式。它涉及能源生产及其使用、新材料、基础科学、经济科学及法律等。与此同时，工业生态与国际贸易的相关性随着经济全球化的发展日益加强。如近年来，人们对纺织品的环保要求越来越严格，尤其对丝绸染料的化学成分有明确的要求和严格的检测手段，特别是欧盟在 1992 年就提出要禁止进口含有其所列举的 51 种化学物质的棉布。德国联邦健康委员会制订了保护消费者健康的"一揽子"计划，其中包括禁止一些有可能致癌的偶氮染料纺织品进入德国市场。对进口商品的环境保护也逐步波及机电产品，越来越多的机电产品被要求在生产和使用过程中对环境无污染或少污染，如美国要求所有的进口汽车必须装有防污装置，否则禁止进口。

美国道氏化学公司是世界上第二大化学工业集团，它是越南战争期间美国军队凝固汽油的主要供应商，过去其经营宗旨是：为我的股东们赚取红利，而不是为人类谋福利。现在它已经放弃了这一宗旨，并拟订了一项计划，到 2005 年为止投资 20 亿美元，用于减少工厂废气排放量和改善化学产品的生产方式，减少水和原料的消耗。迄今为止，在道氏化学公司，化学生产和环境保护之间已不再相互矛盾了。与此同时，道氏化学公司还准备在它的产品使用方面采取行动，反对浪费，鼓励对废旧有毒产品进行回收和再处理。

世界第一大芯片公司英特尔也将其废料减少了一半，并且禁止使用对臭氧层有害的物质。新一代索尼电视机耗电量比以前减少了 60%，电视机装配耗能减少 9%。

在我国，随着现代化进程的日益加快，企业环保的投入也持续增加。例如河南莲花味精集团向社会公开招贤，投巨资治理废水，并将治理废水的副产品无偿提供给农民用于农业生产，赢得了政府和社会的肯定。

4.4.4 绿色食品

一、绿色食品的含义、标准及其形成的历史背景

绿色食品是指经专门机构认定、许可并使用绿色食品标志的无污染的、安全、优质的营养食品。绿色食品的定名是为了突出这类食品出自良好的生态环境，它们是按照特定生产方式生产制作的。国际上与绿色食品相类似的食品在英语国家多称有机食品，在芬兰、瑞典等非英语国家称生态食品，在日本称自然食品。其衡量标准有四条：

（1）产品或产品原料产地必须符合绿色食品生态环境质量标准。

（2）农作物种植、畜禽饲养、水产品养殖及食品加工必须符合绿色食品生产操作规程。

（3）产品规格必须符合绿色食品标准。

（4）产品的包装、储存必须符合绿色食品储运标准。

食品是人类社会的基本生活资料，它的污染主要来自下列几个方面：一是工业废弃物污染农田、水源和大气，导致有害物质在农产品中聚积；二是农业生产过程中化学肥料、化学农药等使用量的增加，使一些有害化学物质残留在农产品中；三是食品加工、储存过程中化学色素和添加剂的不适当或过量使用；四是食品在加工、储存过程中受到微生物的污染。

二、绿色食品标志与绿色食品工程

绿色食品标志由三部分组成，即上方的太阳、中心的蓓蕾和下方的叶片。标志为正圆形，意为保护。整个图形描绘了一幅明媚阳光照耀下的和谐生机，告诉人们绿色食品正是出自纯净、良好生态环境的安全无污染食品，能给人们带来蓬勃的生命力。绿色食品的图形还提醒人们要保护环境。

绿色食品工程是以全程质量控制为核心，将农业学、生态学、环境科学、营养学、卫生学等多种学科的原理运用到食品的生产、加工、储运、销售以及相关的教育科研等环节，从而形成一个完整的无污染、无公害的优质食品的产、供、销及管理系统，逐步实现一个经济、社会、生态、科技协调发展的系统工程。

三、绿色贸易壁垒

随着国际贸易规模和范围的日益扩大，全球经济一体化为各国经济发展和工业化进程提出了新的机遇和挑战。在此大背景下，关税和非关税贸易壁垒逐渐减少，用关税和传统的非关税措施限制进口的余地越来越小，国际贸易壁垒逐渐转向苛刻的技术标准和环境标准，即绿色贸易壁垒。

四、我国的对策

我国是一个资源约束型的国家，面临着提高社会生产力、增强综合国力和提高人们生活水平的历史任务；同时又面临着庞大的人口基数、有限的人均资源、严重的环境污染和生态失衡等问题。传统的粗放的浪费资源型的发展模式显然不能维持我国经济的可持续发展，我国经济必须走可持续发展的道路。20世纪90年代以来，随着我国城乡人民生活水平由温饱向小康转变，人们对环境和食物质量的要求越来越高。为了把发展经济、保护环境、增进人民身体健康紧密地结合起来，把农业和食品工业建立在可持续发展的基础上，我国发展绿色食品必须严格按照市场规律和国际惯例进行，具体包括三个方面：

（1）强调产品出自最佳的生态环境。我国的绿色食品开发首先应该在生态环境良好、原料供应丰富、加工技术先进、管理水平较高的农牧场启动，然后向广大的农村地区扩散。

（2）对产品实施从土地到餐桌全程质量控制，实行从原料供应、食品加工、仓储运输到包装销售的全过程管理，加速向绿色食品生产社会化、产业化和国际化方向迈进。

（3）对产品依法实行统一的标志管理。1993年，中国绿色食品发展中心加入了有机农业运动国际联盟（IFOAM），1998年，联合国亚太经济与社会委员会（UNESCAP）重点向亚太地区发展中国家介绍绿色食品开发和管理的模式，这必将扩大我国绿色食品与国际相关行业的交流与合作。

保护环境是我国的一项基本国策，国民经济和社会发展走可持续发展的道路是我国的一项基本方针。发展绿色食品事业，较好地协调了资源、环境、食物、健康之间的关系，这是一项利国利民、前景广阔的事业。

■ **本章小结**

社会责任是指企业对市场化的资源配置和消耗使用采取积极的社会态度，对顾客、员工、投资者等自然和社会主体采取主动的态度，同时在环境保护、社区服务和社会福利事业参与等方面承担的责任和义务。企业社会责任问题的提出及其内容与形式的不断变化同社会化大生产、工业化进程有着密切联系。

关于企业的社会责任，主要有"古典观"和"社会经济观"两种观点。根据"古典观"，企业的社会责任仅仅是使股东的财务回报最大化；而"社会经济观"则认为，企业应该对社会负责。大量的研究成果表明，企业的社会责任与经济绩效之间存在一种正相关关系。企业的主要社会责任包括：企业对环境的责任、企业对消费者的责任、企业对员工的责任、企业对投资者的责任、企业对竞争者的责任以及企业关心社会公益的责任。

管理道德是指企业在行为、决策时所依据的价值准则。管理决策所依据的道德准则有四种，即功利主义原则、个人主义原则、道德权利原则和公正原则。提高企业管理道德水平的方法有：发挥领导表率作用、明确道德准则、建设道德型以及企业鼓励员工成为道德卫士。

可持续发展不仅是一个经济问题，它同时还是一个社会问题。要做到可持续发展，一方面，企业和政府要转变观念和以往的做法；另一方面，社会公众也应该转变生存方式和生活方式。

■ **关键概念**

企业社会责任　管理道德　可持续发展　工业生态　绿色食品

■ **思考题**

1. 什么是企业的社会责任？其演化过程是什么？
2. 什么是关于社会责任的古典学派观点和社会经济观点？
3. 企业应在哪些方面承担社会责任？
4. 简述管理决策所依据的四种不同的道德准则。
5. 影响与制约管理者道德选择的基本要素有哪些？
6. 企业提高管理道德水平的主要途径有哪些？
7. 什么是可持续发展理论？其现实意义何在？

■ **案例分析**

一、"伪劣奶粉"事件

2003 年 8 月 13 日，安徽阜阳，出世仅 130 天的女婴荣荣死去。在 2003 年 8 月 7 日被送进医院时，荣荣由于严重的营养匮乏，肝肾功能已经呈现重度衰竭，并伴发肠源性皮炎，出现了局部溃烂。因为长期食用几乎没有营养的伪劣奶粉，荣荣患有"重度营养不良综合征"。出生 3 个月，除了一张胖嘟嘟的小脸外，荣荣几乎就没有生长。扼杀荣荣的"元凶"，是一种伪劣婴儿奶粉。

2004 年 4 月初，关于安徽阜阳"伪劣奶粉"事件的报道充斥各种媒体，一时间在全国范围内许多家长谈起"婴儿奶粉"便人心惶惶。这一事件引起国务院的高度重视，并迅速派出调查组赶往阜阳展开全面调查。经过对当地 2003 年 3 月 1 日以后出生、以奶粉喂养为主的婴儿进行的营养状况普查和免费体检发现，因食用劣质奶粉造成营养不良的婴儿 229 人，其中轻、中度营养不良的 189 人，因食用劣质奶粉造成营养不良而死亡的婴儿共计 12 人。国务院调查组通过调查证实，不法分子用淀粉、蔗糖等价格低廉的食品原料全部或部分替代乳粉，再用奶香精等添加剂进行调香调味，制造出劣质奶粉，婴儿生长发育所必需的蛋白质、脂肪以及维生素和矿物质含量远低于国家相关标准。长期食用这种劣质奶粉会导致婴幼儿营养不良、生长停滞、免疫力下降，进而并发多种疾病甚至死亡。

初步调查，阜阳市查获的 55 种不合格奶粉共涉及 10 个省（自治区、直辖市）的 40 多家企业，有的是无厂名、厂址的黑窝点，也有的是盗用其他厂名，还有的是证照齐全的企业。这些劣质奶粉主要是通过批发市场和生产厂家批量购进并批发到各县（市）、区的奶粉经销商、超市、百货商店、日杂店和行政村的小卖部，销售范围主要是阜阳市各区县的乡镇和农村市场。

问题：从企业的社会责任的角度，对伪劣奶粉生产商、经销商的行为进行评析。

资料来源：根据新华社 2004 – 05 – 16 消息改编.

二、我们呼吸的空气

约翰·布郎林是帝西电力公司董事会成员之一，他具有成功的律师实践经验，并自认为是公众和帝西公司股东利益的代表。最近他被一份有关美国空气污染的报告所困扰，而在事后讨论建立一个新发电厂的董事会会议上，这个问题已成为事关他未来的个人问题。

发电厂是产生大气中二氧化硫的重要根源之一。空气中所含正常的二氧化硫凝结物，对健康者是无毒的，但它会损害农作物。在某些地方，它能导致镍和铜迅速腐蚀。在一定条件下，它能使原来患有呼吸道疾病的人致死。例如，在1963年纽约充满浓烟雾的两周内，二氧化硫使多人意外死亡。

布郎林认为公司在建立新发电厂的同时，应减少二氧化硫的排放。而他的同仁们指出，能做到这一点的唯一有效方法，必然会增加可观的成本。如果公司用二号油（该油含硫较少）代替能产生残余的燃料油，那么燃料的成本将上升80%。即使公司购买经过除硫处理的一般燃料油，燃料成本也将上升20%，而布郎林指出燃料成本只占全部发电和配电成本的1/7，所以这种成本的增加并不是不可行的。

另外的董事认为，任何成本的增加都不得不反映到价格上，而价格的提高会使公司卷入无尽的麻烦中。首先，公用事业委员会将拖延弥补成本的提价。其次，消费者对提价不满，会对公司的公众形象产生不良影响。董事会的大多数人认为，他们应该采用不增加费用的方法，公司回收灰尘的成本已经使总成本增加了1%。此外，社会其他一些产业和机动车辆更应对空气污染负责。正如一位董事所说："为什么在耗费股东和消费者大量钱财的这些方面，我们要走在前面呢？"

布郎林感觉到了争论所带来的压力，但这并不能使他真正信服，他认为公司只要站在适当营利的立场上，就有责任去保护公众的健康。的确，现在他不知道自己是否应该继续在这个公司董事会工作，因为该公司完全从商业利益出发来做出一些他认为应该受到非议的决策。

问题：

1. 你是否赞同布郎林的观点？为什么？
2. 如何处理好企业行为的商业性与社会性之间的关系？
3. 怎样发动企业或组织的全体人员来塑造企业的良好形象？

■ 补充阅读书目

1. ［美］阿伦·肯尼迪，特伦斯·迪尔. 公司文化. 上海：上海三联书店，1989.

2. 周祖城. 管理与伦理. 北京：清华大学出版社，2000.

【学习目的和要求】

1. 了解决策的定义和决策过程，决策理论的发展。
2. 熟悉决策的常见类型，拟订决策方案和评价方案。
3. 掌握决策的一般技术与方法。
4. 了解群体决策和个人决策的区别和运用背景。

所谓决策（Decision Making），就是为未来的行为制订多种可供选择的方案，并决定采用某种方案的过程。无论是个人还是组织，为实现某一目标，就需要拟订行动方案，并选择决策者认为是最佳的方案且执行之。决策正确与否直接关系到目标能否实现。企业没有决策也就没有管理的正常秩序，也不能正常生产、运行。

5.1 决策概述

5.1.1 决策的含义及意义

一、决策的含义

决策一般是指对需要解决的事情作出决定。按汉语习惯，"决策"一词可以被理解为"决定政策"，主要是指对国家政策方针作出决定。事实上，决策不仅指高层领导作出决定，也包括人们对日常问题作出决定。如某企业要开发一个新产品或引进一条生产线，某人选购一种商品或选择一种职业，都带有决策的性质，决策活动与人类活动是密切相关的。

现代管理理论认为，**决策**是指在一定的环境条件下，决策者为了实现特定目标，遵循决策的原理和原则，借助于一定的科学方法和手段，从若干个可行方案中选择一个满意方案，并付诸实施的全过程。因决策者作决定之前，面对各种不同的方案和选择，存在后果的某种程度上的不确定性，故需要对各种选择的利弊、风险作出权衡，以期达到最优的决策结果。所以通常认为决策既包括制订各种可行方案，选择满意方案的过程，又包括实施满意方案的过程。

正确理解决策概念，应把握以下几点：

1. 决策要有明确的目标

决策是为了解决某一问题，或是为了达到一定目标。确定目标是决策过程的第一步。决策所要解决的问题必须十分明确，所要达到的目标必须十分具体。没有明确的目标，决策将是盲目的。

2. 决策要有两个以上备选方案

决策实质上是选择行动方案的过程。如果只有一个备选方案，就不存在决策的问题。因而，至少要有两个或两个以上备选方案，人们才能从中进行比较、选择，最后选择一个满意方案为行动方案。

3. 选择后的行动方案必须付诸实施

决策不仅是一个认识过程，而且也是一个行动的过程。如果选择后的方案被束之高阁，不付诸实施，决策也等于没有决策。

二、决策的意义

1. 决策是管理的核心

现代决策理论的创始人可以说是 1978 年诺贝尔经济学奖获得者、美国的西蒙（Herbert A. Simon）教授。西蒙的精辟结论是："管理就是决策。"他认为要管理好一个组织，使其发挥最大的效益，就必须具备有效的组织、合理的决策和良好的人际关系。这三者之中决策是基础和核心，脱离了决策就谈不上管理。

西蒙认为，各项管理职能中都存在着如何合理决策的问题。例如，在计划职能中，选择什么样的目标，为实现这个目标如何分配人力、物力和财力；在组织职能中，如何建立合适的组织结构，如何划分职权，以及如何配备各层次的管理人员；在领导职能中，如何针对不同的下属采取不同的领导方式，采取什么形式沟通各部门之间以及各部门与总部的关系，如何以最佳方式将上级的决策传达给下级；在控制职能中，如何选择控制的手段和方法，使每个部门都为组织的总目标而奋斗。以上这些选择的过程都是决策。此外，从组织的高层管理者到基层管理者，都要在其工作过程中进行决策，只是决策的重要程度和影响范围不同罢了。因此，可以说决策是管理中最本质的东西。

2. 决策关系到组织的生存与发展

现代组织（尤其是企业）外部环境变化激烈。企业的生存与发展，并不完全取决于企业内部生产能力的大小或技术的先进与落后，而是在很大程度上取决于企业管理者，尤其是高层管理者的决策能力。一个企业的失败，往往都是因为在投资、产品选择、营销计划、组织和人事等方面的决策发生了重大失误。

三、决策的基本要素

决策是一项系统工程，组成决策系统的基本要素有四个：决策主体，体现决策主体利益和愿望的决策目标，决策对象，以及决策所处的环境。

1. 决策主体

决策是由人作出的，人是决策的主体，决策主体既可以是单个的个人，也可以是一个组织。决策者进行决策的客观条件是他具有判断、选择和决断能力，具有承担决策后果的法定责任。

2. 决策目标

决策是围绕着目标展开的，决策的开端是确定目标，终端是实现目标。决策目标既体现了决策主体的主观意志，又反映了客观现实，没有决策目标就没有决策。

3. 决策对象

决策对象是决策的客体。决策对象涉及的领域十分广泛，可以包括人类活动的各个方面。决策对象具有一个共同点：人可以对决策对象施加影响。凡是人的行为不能施加影响的事物，不能作为决策对象。

4. 决策环境

决策环境是指相对于主体、构成主体存在条件的物质实体或社会文化要素。决策不是在一个孤立的封闭系统中进行的，而是依存于一定环境，同环境进行物质、能量和信息的交换。决策系统与环境构成一个密不可分的整体，它们之间相互影响、相互制约、息息相关。

5.1.2 决策的分类

由于企业活动非常复杂，因而管理者的决策也多种多样。根据其解决问题的性质和内容，可以将决策分为许多不同的种类。

一、按照在管理系统中的重要程度，决策可分为战略决策、管理决策和业务决策

战略决策是指由高层管理人员作出的，有关企业发展方向的重大全局决策。战略决策是企业经营成败的关键，关系到企业生存和发展，具有全局性、长期性与战略性的特点，对企业而言是最重大的决策。企业的目标和方针、产品开发和市场开发、投资、主要领导人选、组织结构的调整等方面的决策，都属于战略决策，决策正确可以使企业沿着正确的方向前进，提高竞争力和适应环境的能力，取得良好的经济效益；反之，决策失误就会给企业带来巨大损失，甚至导致企业破产。

管理决策是指由中层管理人员作出的，为保证企业总体战略目标的实现而解决局部问题的重要决策，如企业生产任务的日常分配、设备的选择、年度生产经营计划的制订等。管理决策的重点是解决如何组织内部资源的具体问题，旨在提高企业的管理效能。

业务决策又称日常管理决策，是指日常业务活动中为提高工作效率和生产效率，合理组织业务活动进程等而进行的决策。这类决策属于局部性、短期性、业务性的决策，一般由基层人员进行。

实例 5 – 1

金山公司的战略转型

在微软的系统软件进入中国市场之前，金山凭借它的 WPS 系统在中国一统天下。当时，中国几乎所有的计算机都装金山的 WPS 系统，WPS 系统就是计算机系统软件的代名词。直到微软视窗进入中国，金山还对它不屑一顾。在金山的管理者看来，微软是不可能取代金山的位置的。然而，短短一段时间，金山就意识到他们犯了轻敌的错误。微软几乎是一夜之间便以更加快捷方便的功能占领了中国市场。金山和微软初次交锋便一战败北。金山在中国计算机软件业的位置急转直下，陷入困境，它的管理者一度想要放弃。

沉寂了一段时间之后，金山决定重新复出。在充分认识了自己面临的市场环境和分析了对手之后，金山的管理者认为在系统软件上东山再起是十分困难的。于是，他们把目光投向了竞争不是十分激烈的杀毒软件领域。金山毒霸面世，渐渐地在杀毒软件市场拥有了自己的一席之地。如今，金山公司已经把杀毒软件的开发研究作为自己业务的主要方向，并把目光投向了海外市场。

资料来源：中国经济网：企业业务决策艺术，http：//book. ce. cn/read/manage/mzdsxyqygl/02/200706/22/t20070622_ 11898951_ 1. shtml.

二、按照发生的重复性划分，决策可分为程序化决策和非程序化决策

程序化决策也称规范性决策，是在日常管理工作中以相同或基本相同的形式重复进行的决策。这类决策通常是有章可循、有程序可依，可供选择的方案是现成的，只需要从中选定一个行动方案。如一个企业的原材料的采购批量和时间规定，按时按量进货即可，不必每次都重新决策。设备维修也是一样，到一定周期就按规定去执行。因为它是重复进行的，只要作出决策，就可以反复遵照程序办事。这种决策可以根据既定的信息建立数学模型，把决策目标和约束条件统一起来，进行优化。

非程序化决策是针对那些不常发生的或例外的非结构化问题而进行的决策。如新产品开发的决策问题，多样化经营的决策问题，市场供需重大变化的应变措施的决策问题，引进先进设备、先进技术的决策问题，厂房扩建工程的决策以及重大技术革新的推广应用、企业经营目标、经营方针的制订等等，这类决策问题不仅是企业经营和管理中比较重要的事情，并且是不能程序化的、新出现的因而需要作出新的决策的问题。随着管理者地位的提高，面临的不确定性增大，决策的难度加大，所面临的非程序化决策的数量和重要性也都在逐步提高，进行非程序化决策的能力变得越来越重要。

三、按结果的可靠程度划分，决策可分为确定型决策、风险型决策和不确定型决策

确定型决策，指决策问题的条件是已知的，每个方案都只有一种确定的结果，从中选择一个最优方案，付诸实施后就能取得预期效果的决策。比如，要到北京去，是选择坐飞机还是坐火车，两者在价钱上有差别，在时间上也有很大差距，因此需要根据自己的需求作出最终决定。

风险型决策是指决策者对决策对象的自然状态和客观条件比较清楚，也有比较明确的决策目标，但是实现决策目标必须冒一定风险。在决策时，决策者一般根据自己的风险偏好以及以往的经验进行决策参考。例如，在选择毕业论文的题目时，是根据老师给定课题选题目，还是另外选择一个比较新颖的题目。如果选择老师的题目是比较保险的，但是自己却又不熟悉这个题目也不知道从何着手，如果选择自己拟订的题目，虽然新颖，但是又担心老师以后指导上会出现问题。

不确定型决策是指在不稳定条件下进行的决策。在不确定型决策中，决策者可能不知道有多少种自然状态，即便知道，也不能知道每种自然状态发生的概率。

四、从决策的主体看，决策可分为个人决策和群体决策

1. 个人决策

个人决策是只由一个决策者进行的决策，是指决策机构的主要领导成员通过个人决定的方式，按照个人的判断力、知识、经验和意志所作出的决策。由于现代决策问题大多是复杂而困难的，任何决策者个人，无论他阅历多么丰富、知识多么渊博，往往都不能单独胜任所面临的决策任务，因而个人决策一般只用于日常工作中程序化的决策和管理者职责范围内的事务的决策。

2. 群体决策

对于复杂的决策问题，不仅涉及多目标、不确定性、时间动态性、竞争性，而且个人的能力已远远达不到要求，为此需要发挥集体的智慧，由多人参与决策分析，这些参与决策的人，称之为决策群体。由决策群体成员进行的决策就称为群体决策。

与个体决策相比，群体决策有下面一些主要的优点：

（1）更完全的信息和知识。通过综合多个个体的资源，可以在决策过程中投入更多的信息和知识，增加观点的多样性。除了更多的投入以外，群体能够给决策过程带来异质性，这就为多种方法和多种方案的讨论提供了机会。

（2）提高了决策的可接受性。许多决策在作出之后，因为不被人们接受而告夭折。但是，如果那些会受到决策影响的人和将来要执行决策的人能够参与到决策过程中去，那么他们就更愿意接受决策，并鼓励别人也接受决策。这样，决策就能够获得更多支持，执行决策的员工的满意度也会提高。

（3）增加合法性。群体决策过程与民主理想是一致的，因此被认为比个人决策更合乎法律要求。如果个人决策者在进行决策之前没有征求其他人的意见，决策者的权力可能会被看成是独断专行。

群体决策也存在缺点：

（1）浪费时间。群体决策的群体选拔、召集、讨论、利益制约、相互牵制等都使群体决策相对于个人决策需要花费更多的时间，从而限制了管理人员在必

要时作出快速反应的能力。

（2）从众压力。群体中存在社会压力，群体成员希望群体接受和重视的愿望可能会导致不同意见被压制，在决策时使群体成员都追求观点的统一。

（3）少数人控制。群体讨论可能会被一两个人所控制，如果这种控制是由低水平的成员所致，群体的运行效率就会受到不利影响。

（4）责任不清。群体成员对于决策结果共同承担责任，但谁对最后的结果负责呢？对于个人决策，责任者是很明确的。对于群体决策，任何一个成员的责任都会降低。

五、按照决策目标的多少划分，决策可分为单目标决策和多目标决策

单目标决策要解决的问题比较单一；多目标决策要求同时解决多个相互关联的问题，且多个目标间可能存在冲突。因此，相对来说多目标决策是比较复杂的，是难度较大的决策，但现实决策中遇到较多的是多目标决策问题。

六、按照决策影响的时间长短，可分为长期决策和短期决策

长期决策是指有关组织今后发展方向的长远性、全局性的重大决策。如投资方向选择、人力资源开发、生产流水线设备进口等，一般为 3 至 5 年，甚至于 15 至 20 年才能实现的决策。短期决策则是为实现长期战略目标而采取的短期策略手段，如日常营销决策、物资储备决策等，一般为一年以内或更短时间内实现的决策。

5.2 决策理论

决策理论是有关决策概念、原理、学说等的总称，是把第二次世界大战以后发展起来的系统理论、运筹学、计算机科学等综合运用于管理决策问题，形成的一门有关决策过程、准则、类型及方法的较完整的理论体系。其中有代表性的理论主要有以下几种。

5.2.1 古典决策理论

古典决策理论又称规范决策理论，是基于"经济人"假设提出来的，主要盛行于 20 世纪 50 年代以前。古典决策理论认为，应该从经济的角度来看待决策问题，即决策的目的在于为组织获取最大的经济利益。

古典决策理论的主要内容是：

（1）决策者必须全面掌握有关决策环境的信息情报。

（2）决策者要充分了解有关备选方案的情况。

（3）决策者应建立一个合理的自上而下的执行命令的组织体系。

（4）决策者进行决策的目的是使本组织获取最大的经济利益。

古典决策理论假设：作为决策者的管理者是完全理性的；决策环境条件的稳

定与否是可以被改变的；在决策者充分了解有关信息情报的情况下，是完全可以作出完成组织目标的最佳决策的。古典决策理论忽视了非经济因素在决策中的作用，这种理论不一定能指导实际的决策活动，从而逐渐被更为全面的行为决策理论代替。

5.2.2 行为决策理论

行为决策理论认为影响决策者决策的因素还有其个人的行为表现，如态度、情感、经验和动机等。在同样的环境，同样的条件下，一旦主管换人，决策类型就可能改变。

行为决策理论的主要内容包括：

（1）人的理性介于完全理性和非理性之间，即人是有限理性的。这是因为在高度不确定和极其复杂的现实决策环境中，人的知识、想象力和计算力是有限的。

（2）决策者在识别和发现问题中容易受知觉上的偏差的影响，而在对未来的状况作出判断时，直觉的运用往往多于逻辑分析方法的运用。所谓知觉上的偏差，是指由于认知能力的有限，决策者仅把问题的部分信息当做认知对象。

（3）由于受决策时间和可利用资源的限制，决策者即使充分了解和掌握有关决策环境的信息情报，也只能做到尽量了解各种备选方案的情况，而不可能做到全部了解，决策者选择的理性是相对的。

（4）在风险型决策中，与经济利益的考虑相比，决策者对待风险的态度起着更为重要的作用。决策者往往厌恶风险，倾向于接受风险较小的方案，尽管风险较大的方案可能带来更为可观的收益。

（5）决策者在决策中往往只求满意的结果，而不愿费力寻求最佳方案。

行为决策理论还主张把决策视为一种文化现象。例如，威廉·大内在对美日两国企业在决策方面的差异所进行的比较研究中发现，东西方文化的差异是导致这种决策差异的一种不容忽视的原因，从而开创了决策的跨文化比较研究。

5.2.3 现代决策理论

现代决策理论是在20世纪40年代以后由美国卡内基·梅隆大学的H. A. 西蒙和斯坦福大学的J. G. 马奇等人倡导并发展起来的。现代决策理论强调从认知心理学的角度研究决策问题，认为理性假设和经济的标准无法确切说明管理的决策过程，认为决策贯穿管理活动全过程，决策过程就是全部管理过程。组织则是由决策者个人和其同事、下属所组成的系统，进而提出了"有限理性"和"满意"标准。

1. 有限理性

人的理性是介于完全理性和非理性之间，即人是有限理性的。因为在高度不确定和极其复杂的现实决策环境中，人的知识、想象力和计算力是有限的。

2. 满意原则

满意原则是指在有限理性的假设下，决策者往往只求满意的结果，而不愿费力寻求最佳方案。导致这一现象的原因有：决策者不注意发挥自己和别人继续进行研究的积极性，满足于在现有的可行方案中选择；决策者本身缺乏相关能力，或者出于个人某些考虑而作出自己的选择；评估所有的方案并选择其中最佳方案，需要花费大量时间和金钱，可能得不偿失等。由于上述原因的存在，因而决策追求的是满意的决策，而不是最优化的决策。

现代决策理论认为，由于人们的有限理性，决策只能找出"令人满意的"或"足够好的"方案，而不可能找出"最好的"决策。现代决策理论吸收行为科学、系统理论以及运筹学等新兴学科的理论和方法，突出体现了决策在管理中的地位。因此，通常认为管理的过程就是决策的过程，科学的决策是提高管理水平的手段。

5.3 决策的过程

决策是一项复杂的活动，是指从问题提出到作出决策所经历的过程。一般来说，决策过程大致包括以下几个步骤：

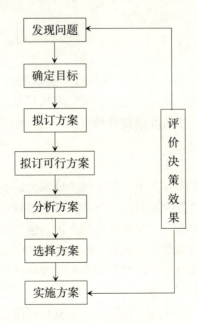

图 5-1　决策过程

5.3.1 发现问题

一切决策都是从问题开始的。问题是指理想与现实的差距，没有问题就不需要决策，所以决策必须是在发现问题的基础上进行的。问题产生的来源很多，发现问题的方法也很多，当出现以下情况时，往往意味着问题产生：

（1）当组织内的情况发生变化时。

（2）当环境发生变化时。

（3）当组织运行与计划目标发生偏差时。

（4）当组织管理工作受到各种批评时。

在这一步骤中，管理者要尽可能精确地评估问题和机会；要尽力获得精确的、可信赖的信息，并正确地解释它；同时，需要注意处在控制之外的因素也会对机会和问题的识别产生影响。

5.3.2 确定目标

决策目标是指决策者在未来一段时间内希望达到的某种效果。决策者发现了问题之后，是否要采取决策行动及采取何种行动，就取决于决策目标的确定。

明确的目标应该具有以下特点：可以计量其结果，以便进行考核；可以规定时间，以便在拟订方案时，有所参考；责任明确，即明确由谁来对这项目标负责。

5.3.3 拟订方案

目标确定后，接下来的工作就是分析目标实现的可能途径，即拟订备选方案。在这一阶段，决策者必须开拓思维，充分发挥想象力，广泛搜集与决策对象及环境有关的信息，并从多角度预测各种可能达到目标的途径及每一途径的可能后果。

拟订方案时需注意以下几点：

第一，供决策者决策的方案至少需要两个或两个以上，这样决策者才可能从中进行比较，然后选出满意的方案。在方案拟订的过程中，各种可能实现的方案尽量都考虑到，以免漏掉那些可能是较好的方案。第二，拟订的方案应该注意可行性，要充分考虑方案的实现必须具备哪些条件，其中哪些是现已形成的，哪些是经过努力以后可以形成的，这种努力有多大的成功把握。第三，拟订的方案还应具有相互排斥性，如果各方案内容接近甚至相同，那就失去了选择的意义。第四，各个方案之间还应当是可以比较的，如果没有可比性，同样会给选择带来不便。备选方案应是整体详尽性与相互排斥性相结合，以避免方案选择过程中的偏差。

5.3.4 确立衡量效益的标准

衡量效益的标准决定了最后的分析结果，但这一标准很大程度上取决于决策者的主观判断。在不同的决策者之间，最佳方案的选择很可能因衡量效益的标准不同而不同。通常可以通过成本与收益来衡量方案效益：成本是方案实施过程中所需消耗的资源，如资金、人员、设备等；收益则是由某些行动的结果而产生的价值。在决定选择方案的整体价值时，成本与收益都要考虑。确立了各可行方案的效益衡量标准后，就可据以对每个方案的预期结果进行测量，以供方案评价和选择之用。

5.3.5 比较和选择方案

方案选择是指对几种可行备选方案进行评价比较和选择，形成一个最佳行动方案的过程。决策的方法通常包括经验判断法、数学分析法、实验法。

经验判断法是一种依靠决策者的实践经验和判断能力来选择方案的方法。

数学分析法是一种用数学模型进行科学计算后进行选择方案的方法。

试验法是选择重大方案时，在既缺乏经验、难以判断，又无法采用数学模型的条件下，可以选择几个少数单位作为试点，以取得经验和数据，作为选择方案依据的方法。

5.3.6 实施方案

决策的目的在于行动，否则再好的决策也没有用处，所以方案实施是决策过程的重要步骤。方案确定后，就应当组织人力、物力及财力资源，实施决策方案。在决策实施过程中，决策机构必须加强监督，及时将实施过程的信息反馈给决策制订者；当发现偏差时，应及时采取措施予以纠正。如果决策实施情况出乎意料，或者环境状态发生重大变化，应暂停实施决策，重新审查决策目标及决策方案，通过修正目标或者更换决策方案来适应客观形势的变化。实施方案应具有灵活性。

5.3.7 检查评估

由于决策的成败在很大程度上还取决于执行情况，因此在实施中要对决策执行的过程和效果进行检查和评估。通过执行过程的检查，以便及时发现新情况、新问题，找出偏差、分析原因，保证和促进决策方案的顺利实施；通过效果的评估，以确认方案实施后是否真正解决了问题。若是执行有误，应采取措施加以调整，以保证决策的效果；若方案本身有误，应会同有关部门和人员协商修改方案；若方案有根本性错误或运行环境发生不可预计的变化，使得执行方案产生不

良后果，则应立即停止方案的执行，待重新分析、评价方案及运行环境后再考虑执行。

5.4 决策的影响因素

决策受到多种因素的影响，这些影响因素主要有：

5.4.1 环境因素

一、环境的特点影响着组织的活动选择

就企业而言，环境对组织活动的影响主要表现在需对企业的经营方向和内容经常进行调整。位于垄断市场上的企业，通常将经营重点致力于内部生产条件的改善、生产规模的扩大以及生产成本的降低，而处在竞争市场上的企业，则需密切注视竞争对手的动向，不断推出新产品，努力改善营销宣传，建立健全销售网络。

二、对环境的习惯反应模式也影响着组织的活动选择

即使在相同的环境背景下，不同的组织也可能作出不同的反应。而这种调整组织与环境之间关系的模式一旦形成，就会趋向固定，限制着人们对行动方案的选择。

5.4.2 组织文化

在进行管理决策和实施一个新决策时，组织内部的新旧文化必须相互适应，相互协调，这样才能为组织决策获得成功提供保证。决策时要考虑所作出的决策尽量与组织文化相适应，不要破坏企业已有的组织文化。当企业环境发生重大变化时，企业的组织文化也需要相应作出重大变化。

5.4.3 决策者对风险的态度的影响

风险是指一个决策所产生的特定结果的几率。根据决策者对风险的态度可以将其分为三种，即风险喜好型、风险中性与风险厌恶型。不同的决策者对风险的态度，决定了其决策的方式。风险喜好型的决策者敢于冒风险，敢于承担责任，因此有可能抓住机会，但也可能遭到一些损失。风险厌恶型决策者不愿冒风险，不敢承担责任，虽然可以避免一些无谓的损失，但也有可能丧失机会。风险中性的决策者对风险采取理性的态度，既不喜好也不回避。由此可见，决策者对风险的态度影响了决策活动。

5.5 决策方法

5.5.1 定性决策方法

定性决策又称软方法，是一种直接利用决策者本人或有关专家的知识、经验、智慧来进行决策的方法。这种方法适用于受社会经济因素影响较大的，因素错综复杂以及涉及社会心理因素较多的综合性的战略问题，是企业界决策采用的主要方法。定性决策主要有德尔菲法、头脑风暴法、哥顿法、电子会议等，其中以头脑风暴法和德尔菲法最常用。

一、集体决策方法

1. 头脑风暴法

头脑风暴法又称智力激励法（或自由思考法、畅谈法、畅谈会、集思法），是由美国创造学家 A. F. 奥斯本于 1939 年首次提出，1953 年正式发表的一种激发性思维的方法，是一种比较常用的集体决策方法。头脑风暴法的目的在于创造一种畅所欲言、自由思考的氛围，诱发创造性思维的共振和连锁反应，产生更多的创造性思维。采用头脑风暴法组织群体决策时，要集中有关专家召开专题会议，主持者以明确的方式向所有参与者阐明问题，说明会议的规则，尽力创造融洽轻松的会议气氛。主持者一般不发表意见，以免影响会议的自由气氛，由专家们"自由"提出尽可能多的方案。

实例 5 - 2

美国电信公司的头脑风暴

有一年，美国北方格外严寒，大雪纷飞，电线上积满冰雪，大跨度的电线常被积雪压断，严重影响通信。过去，许多人试图解决这一问题，但都未能如愿以偿。后来，电信公司经理应用奥斯本发明的头脑风暴法，尝试解决这一难题。他召开了一种能让头脑卷起风暴的座谈会，参加会议的是不同专业的技术人员，要求他们必须遵守以下原则：第一，自由思考。即要求与会者尽可能解放思想，无拘无束地思考问题并畅所欲言。第二，延迟评判。即要求与会者在会上不要对他人的设想评头论足，不要发表"这主意好极了！""这种想法太离谱了！"之类的"捧杀句"或"扼杀句"。至于对设想的评判，留在会后组织专人考虑。第三，以量求质。即鼓励与会者尽可能多而广地提

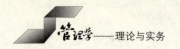
出设想，以大量的设想来保证质量较高的设想的存在。第四，结合改善。即鼓励与会者积极进行智力互补，在增加自己提出设想的同时，注意思考如何把两个或更多的设想结合成另一个更完善的设想。

会后，公司组织专家对设想进行分类论证。专家们认为设计专用清雪机，采用电热或电磁振荡等方法清除电线上的积雪，在技术上虽然可行，但研制费用大，周期长，一时难以见效。那种因"坐飞机扫雪"激发出来的几种设想，倒是一种大胆的新方案，如果可行，将是一种既简单又高效的好办法。经过现场试验，发现用直升机扇雪真能奏效，一个久悬未决的难题，终于在头脑风暴会中得到了巧妙地解决。

资料来源：赵佳：《商场职场必懂的管理法则》，山西教育出版社 2010 年版。

2. 德尔菲法

德尔菲法是在 20 世纪 40 年代由 O. 赫尔姆和 N. 达尔克首创，经过 T. J. 戈尔登和兰德公司进一步发展而成的。德尔菲这一名称起源于古希腊有关太阳神阿波罗的神话，传说中阿波罗具有预见未来的能力。因此，这种预测方法被命名为德尔菲法。1946 年，兰德公司首次用这种方法来听取有关专家对某一问题或机会的意见。德尔菲法采用匿名通信和反复征求意见的形式，使专家们在互不知晓、彼此隔离的情况下交换意见，这些意见经过技术处理后会得出决策的结果。德尔菲法着眼于克服人群互动中的心理和行为问题，同时又保留了有组织的群体沟通的特点。

3. 名义小组法

名义小组法，又称名义小组技术，是管理决策中的一种定性分析方法。管理者先选择一些对要解决的问题有研究或者有经验的人作为小组成员，并向他们提供与决策问题相关的信息。小组成员各自先不通气，请他们独立思考，要求每个人尽可能把自己的备选方案和意见写下来。然后再按次序让他们一个接一个地陈述自己的方案和意见。在此基础上，由小组成员对提出的全部备选方案进行投票，根据投票结果，赞成人数最多的备选方案即为所要的方案，当然，管理者最后仍有权决定是接受还是拒绝这一方案。名义小组法的主要优点在于，使群体成员正式开会但不限制每个人的独立思考，又不像互动群体那样限制个体的思维，而传统的会议方式往往做不到这一点。

二、有关活动方向的决策方法

1. 经营单位组合分析法

经营单位组合分析法由美国波士顿咨询公司建立,其基本思想是,大部分企业都有两个以上的经营单位,企业应该为每个经营单位确定其活动方向。运用这种方法,首先须根据业务增长率和相对竞争地位,把公司的经营单位分为"金牛"、"明星"、"问题"、"瘦狗"四种类型,然后根据每类经营单位的特征,选择相应的经营方向和活动方案。

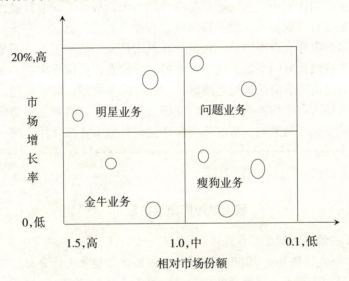

图 5 - 2 波士顿矩阵分析示意图

金牛产品,又称厚利产品。它是指处于低增长率、高市场占有率象限内的产品群,已进入成熟期。其财务特点是销售量大,产品利润率高、负债比率低,可以为企业提供资金,而且由于增长率低,也无需增大投资。因而成为企业回收资金,支持其他产品,尤其是明星产品投资的后盾。对这一象限内的大多数产品,市场占有率的下跌已成不可阻挡之势,因此可采用收获战略,即所投入资源以达到短期收益最大化为限:①把设备投资和其他投资尽量压缩;②采用榨油式方法,争取在短时间内获取更多利润,为其他产品提供资金。对于这一象限内的销售增长率仍有所增长的产品,应进一步进行市场细分,维持现存市场增长率或延缓其下降速度。

明星产品,是指处于高增长率、高市场占有率象限内的产品群,这类产品可能成为企业的金牛产品,需要加大投资以支持其迅速发展。采用的发展战略:积极扩大经济规模和市场机会,以长远利益为目标,提高市场占有率,加强竞争地位。

问题产品，它是处于高增长率、低市场占有率象限内的产品群。前者说明市场机会大，前景好，而后者则说明在市场营销上存在问题。其财务特点是利润率较低，所需资金不足，负债比率高。例如在产品生命周期中处于引进期、因种种原因未能开拓市场局面的新产品即属此类问题的产品。对问题产品应采取选择性投资战略。即首先确定对该象限中那些经过改进可能会成为明星的产品进行重点投资，提高市场占有率，使之转变成"明星产品"；对其他将来有希望成为明星的产品则在一段时期内采取扶持的对策。因此，对问题产品的改进与扶持方案一般均列入企业长期计划中。对问题产品的管理组织，最好是采取智囊团或项目组织等形式，选拔有规划能力，敢于冒风险、有才干的人负责。

瘦狗产品，也称衰退类产品。它是处在低增长率、低市场占有率象限内的产品群。其财务特点是利润率低、处于保本或亏损状态，负债比率高，无法为企业带来收益。对这类产品应采用撤退战略：首先应减少批量，逐渐撤退，对那些销售增长率和市场占有率均极低的产品应立即淘汰；其次是将剩余资源向其他产品转移；再次是整顿产品系列，最好将瘦狗产品与其他事业部合并，统一管理。

实例 5－3

波士顿矩阵原理的应用

某一酒类经销公司经营 A、B、C、D、E、F、G 共 7 个品牌的酒品，公司可用资金 50 万。经对前半年的市场销售统计分析，发现：

1. A、B 两个品牌的酒品业务量为总业务量的 70%，利润占到总利润的 75%，在本地市场占主导地位。但这两个品牌的酒品是经营了几年的老品牌，从去年开始市场销售增长率已成下降趋势，前半年甚至只能维持原来业务量。

2. C、D、E 三个品牌的酒品是新开辟的。其中 C、D 两个品牌的酒品前半年表现抢眼，C 销售增长了 20%，D 增长了 18%，且在本区域内尚是独家经营。E 品牌的酒品是高档产品，利润率高，销售增长也超过了 10%，但在本地竞争激烈，该品牌其他两家主要竞争对手所占市场份额达到 70%，而公司只占到 10% 左右。

3. F、G 两个品牌的酒品市场销售下降严重，有被 C、D 替代的趋势，且在竞争中处于下风，并出现了滞销和亏损现象。

针对上述情况，根据波士顿矩阵原理，采取如下措施：

1. 确认 A、B 品牌的酒品为金牛产品，维持原来的资金投入 30 万元，以保证市场占有率和公司的主要利润来源，同时也认识到 A、B

已经出现了衰退现象，要认真找出原因，一方面寻找替代品牌，一方面尽可能地延长其生命力。

2. 确认 C、D 品牌的酒品为明星产品，虽然目前不是公司的主要利润来源，但发展潜力很大，决定加大资金投放力度，加快发展步伐，扩大与竞争对手的差距，力争成为公司新的利润增长点。决定先期投入资金 10 万元。

3. 确认 F、G 品牌的酒品为瘦狗产品，对 F、G 品牌的酒品果断采取撤退战略，不再投入资金，着手清理库存，对滞销商品降价处理，尽快回笼资金。

4. 确认 E 品牌的酒品为问题产品，对 E 品牌的酒品投入研究力量，寻找竞争对手薄弱方面，整合资源，争取扩大市场份额，使 E 品牌成为明星产品。决定投入资金 5 万元。余下 5 万元作为机动资金，以便在特殊情况下，对某品牌作侧重支持。

2. 政策指导矩阵

政策指导矩阵是由壳牌化学公司创立的一种新的战略分析技术。该矩阵把外部环境与内部环境归结在一起，并对企业所处战略位置作出判断，进而提出指导性战略规划。

政策指导矩阵主要是根据行业前景和竞争能力定出各经营单位的位置，如图 5-3 所示。市场前景分为吸引力强、吸引力中等、无吸引力三类，并用盈利能力、市场增长率、市场质量和法规形势等因素加以定量化；竞争能力分为强、中、弱三类，由市场地位、生产能力、产品研究和开发等因素决定。据此制订相应的发展战略。

经营单位的竞争能力	强	不再投资	分期撤退	加速发展或撤退
	中	资金来源	密切关注发展	不断加强
	弱	资金来源	发展领先地位	领先地位
		无吸引力	吸引力中等	吸引力强

图 5-3　政策指导矩阵

5.5.2 定量决策方法

定量决策方法是建立在数学模型基础上的决策方法。其核心是把与决策有关的变量与变量之间、变量与目标之间的关系用数学关系表示出来，通过对数学模型的求解选择决策方案。对决策问题进行定量分析，可以提高常规决策的时效性和决策的准确性。运用定量决策方法进行决策也是决策方法科学化的重要标志。

一、确定型决策方法

在确定型决策中，决策者确切地知道自然状态的发生，每个方案只有一个确定的结果，方案的选择取决于各个方案结果的比较。例如：某人得到一小笔奖金200元，他可以用这些钱买一份礼物送给父母，以示孝心；或者可以给儿子买他向往已久的玩具汽车；或者可以一家三口出去吃一顿；或者还可以为自己买些资料。他作出一个决策，采用了以上的其中一条，比如买礼物送给父母，那么结果就是表示了孝心，这就是一个确定型决策。

二、风险型决策方法

风险型决策是指决策者对决策对象的自然状态和客观条件比较清楚，也有比较明确的决策目标，但是实现决策目标必须冒一定风险的决策。风险型决策方法有：决策损益表法和决策树分析法。

1. 决策损益表法

损益表主要用于解决单阶段决策问题，其优点是直观简洁。运用决策损益表决策的步骤如下：

（1）确定决策目标。

（2）根据经营环境对企业的影响，预测自然状态，并估计其发生的概率。

（3）根据自然状态的情况，充分考虑本企业的实力，拟订可行方案。

（4）根据不同可行方案在不同自然状态下的资源条件，生产经营状况，运用系统分析方法计算损益值。

（5）列出决策损益表。

（6）计算各可行方案的期望值。

（7）比较各方案的期望值，选择最优可行方案。

例1：某商业企业销售一种新产品，每箱成本80元，销售单价100元，如果商品当天卖不出去，就会因变质而失去其使用价值。目前对这种新产品的市场需求情况不十分了解，但有去年同期类似产品的日销量资料可供参考，现在要确定一个使企业获利最大的日进货量的决策方案。

同期类似产品日销量

日销量（箱）	概率
25	0.1
26	0.3
27	0.5
28	0.1
总计	1.0

解：

（1）决策目标是确定一个使企业获利最大的日进货量计划。

（2）根据去年同类产品的销售情况，可确定产品的市场自然状态（日需求量）为25箱、26箱、27箱、28箱，可行方案也就在这四种情况中选择。可据此计算各种自然状态下各方案的损益值，列出下表：

方案 ＼ 损益值 ＼ 概率 ＼ 自然状态	自然状态				期望值
	25 箱	26 箱	27 箱	28 箱	
	0.1	0.3	0.5	0.1	
25 箱	500	500	500	500	500
26 箱	420	520	520	520	510
27 箱	340	440	540	540	490
28 箱	260	360	460	560	420

损益值的计算：

①如方案日进货量为25箱，则在四种自然状态下，假如该日能卖出25箱，则每箱毛利 $100 - 80 = 20$ 元，25箱共 $25 \times 20 = 500$；假如该日能卖出26箱，但是只进25箱。所以，收益只有500，在27箱和28箱的自然状态下同理。

②如方案日进货27箱，则在四种自然状态下，卖出25箱，收益500，但是损失2箱，$80 \times 2 = 160$，所以，收益只有 $500 - 160 = 340$；卖出26箱，收益520，但是损失一箱，$520 - 80 = 440$；卖出27箱，收益540，假如该日能卖出28箱，但是只进27箱，收益也只有540。

③如上法逐一计算，就可以把四种方案在各种自然状态下的损益值算出来，填入上面表格中，即列出损益表。

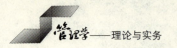

（3）计算各方案的期望值（EMV）。

$EMV_{25} = 500 \times 0.1 + 500 \times 0.3 + 500 \times 0.5 + 500 \times 0.1 = 500$（元）

$EMV_{26} = 420 \times 0.1 + 520 \times 0.3 + 520 \times 0.5 + 520 \times 0.1 = 510$（元）

$EMV_{27} = 340 \times 0.1 + 440 \times 0.3 + 540 \times 0.5 + 540 \times 0.1 = 490$（元）

$EMV_{28} = 260 \times 0.1 + 360 \times 0.3 + 460 \times 0.5 + 560 \times 0.1 = 420$（元）

（4）进行最优决策。选择期望值最大的（510元）所对应的计划方案，即每天进货26箱为最优。

2. 决策树分析法

每个决策或事件（即自然状态）都可能引出两个或多个事件，导致不同的结果，把这种决策分支画成图形很像一棵树的枝干，故称决策树。该方法特别适于分析比较复杂的问题。

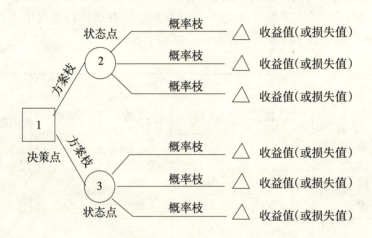

图 5-4　决策树的结构

决策树分析法的程序主要包括以下步骤：

（1）绘制决策树图形，按要求由左向右顺序展开。

（2）计算每个结点的期望值，计算公式为：

状态结点的期望值 = Σ（损益值×概率值）×经营年限

（3）剪枝，即进行方案的选优。

方案净效果 = 该方案状态结点的期望值 - 该方案投资额

例2：某企业为了扩大某产品的生产，拟建设新厂。据市场预测，产品销路好的概率为0.7，销路差的概率为0.3。有三种方案可供企业选择：

方案1：新建大厂，需投资300万元。据初步估计，销路好时，每年可获利100万元；销路差时，每年亏损20万元。服务期为10年。

方案2：新建小厂，需投资140万元。销路好时，每年可获利40万元，销路差时，每年仍可获利30万元。服务期为10年。

方案3：先建小厂，3年后销路好时再扩建，需追加投资200万元，服务期为7年，估计每年获利95万元。

问：哪种方案最好？

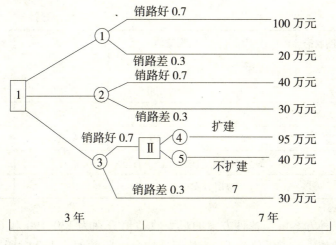

图 5 - 5 决策树

解： 方案1（结点①）的期望收益为：$[0.7 \times 100 + 0.3 \times (-20)] \times 10 - 300 = 340$（万元）

方案2（结点②）的期望收益为：$(0.7 \times 40 + 0.3 \times 30) \times 10 - 140 = 230$（万元）

方案3（结点③）的期望收益为：$(0.7 \times 40 \times 3 + 0.7 \times 465 + 0.3 \times 30 \times 10) - 140 = 355.5$（万元）。在销路好的情况下，由于结点④的期望收益465（$95 \times 7 - 200$）万元大于结点⑤的期望收益280（40×7）万元，所以销路好时，扩建比不扩建好。

计算结果表明，在三种方案中，方案3最好。

三、不确定型决策方法

对于不稳定条件下进行的决策，决策者可能不知道有多少种自然状态，也不能知道每种自然状态发生的概率。不确定型决策是指在决策所面临的自然状态难以确定而且各种自然状态发生的概率也无法预测的条件下所作出的决策。不确定型决策常遵循以下几种思考原则：乐观原则、悲观原则、折中原则、后悔值原则和等概率原则。

1. 乐观原则（大中取大法）

乐观原则又称大中取大法，采用这种方法的管理者对未来持乐观的看法，认为未来会出现最好的自然状态，因此不论采取哪种方案，都能获取该方案的最大收益。采用大中取大法进行决策时，首先计算各方案在不同自然状态下的收益，

并找出各方案所带来的最大收益，即在最好自然状态下的收益，然后进行比较，选择在最好自然状态下收益最大的方案作为所要的方案。

例3：当投资者准备购买某公司的股票，且该公司经营状况分为好、中、差时，相应的也有大批量、中批量和小批量的三种购买方法。这三种购买方法的结果如下表：

自然状态 购买方案	收益值（元）			最大收益
	好	中	差	
大批量购买	130	100	− 30	130
中批量购买	90	60	20	90
小批量购买	60	40	30	60
最大收益中的最大值				130
拟用方案				大批量购买

在上述三种方案中，各种方案的最大收益值分别为130、90和60。由此可见，最大收益值中的最大值为130。故而选取最大收益值为130时所对应的大批购买方案。

2. 悲观原则（小中取大法）

小中取大法也叫悲观法，采用这种方法的管理者对未来持悲观的看法，认为未来会出现最差的自然状态，因此不论采取哪种方案，都只能获取该方案的最小收益。决策者在进行方案取舍时以每个方案在各种状态下的最小值为标准（即假定每个方案最不利的状态发生），再从各方案的最小值中取最大者对应的方案。

3. 折中原则

折中原则是介于乐观决策法和悲观决策法之间的一种决策方法，这种方法既不像乐观决策方法那样在所有的方案中选择效益最大的方案，也不像悲观决策法那样，从每一方案的最坏处着眼进行决策，而是通过乐观系数确定一个适当的值作为决策依据。

4. 后悔值原则

决策者不知道各种自然状态中任一种发生的概率，决策目标是确保避免较大的机会损失。运用最小最大后悔值法时，首先要将决策矩阵从利润矩阵转变为机会损失矩阵；然后确定每一可选方案的最大机会损失；再次，在这些方案的最大机会损失中，选出一个最小值，与该最小值对应的可选方案便是决策选择的方案。

5. 等概率原则

等概率原则是指当无法确定某种自然状态发生的可能性大小及其顺序时，可以假定每一自然状态具有相等的概率，并以此计算各方案的期望值，进行方案选择。

■ 本章小结

决策是管理者从事管理工作的基础，贯穿于管理过程始终，决策正确与否直接关系到组织的生存与发展。决策按不同的标准可分为战略决策、管理决策和业务决策，确定型决策、风险型决策和不确定型决策，程序性决策与非程序性决策等。现代决策必须遵循一定的科学程序，即发现问题、确定目标、拟订方案、比较和选择方案、实施方案和检查评估。决策受到多种因素的影响，这些影响因素主要有：环境、组织文化、决策者对风险的态度和时间。

决策的方法可归纳为定性决策方法和定量决策方法。头脑风暴法、德尔菲法都是定性决策的方法。风险型决策的定量方法主要有决策损益表法和决策树法。

■ 关键概念

决策　程序化决策　非程序化决策　满意原则　头脑风暴法　德尔菲法

■ 思考题

1. 什么是决策，为什么说"管理就是决策"？
2. 决策的过程由哪几个步骤组成？
3. 如何运用决策树法分析风险型决策？
4. 某企业为了生产某种新产品，决定对一条生产线的技术改造问题拟出两种方案，一是全部改造，二是部分改造。若采用全部改造方案，需投资 280 万元；若采用部分改造方案只需投资 150 万元。两个方案的使用期都是 10 年。估计在此期间，新产品销路好的概率是 0.7，销路不好的概率是 0.3，两个改造方案的年度损益值如下表所示，请问该企业的管理者应如何作出改造方案决策？

年度损益表　　　　　　　　　　（单位：万元）

方案	投资	年度损益值		使用期/年
		销路好（$P = 0.7$）	销路不好（$P = 0.3$）	
A1 全部改造	280	100	−30	10
A2 部分改造	150	45	10	10

■ **案例分析**

协助一家公司讨论决策问题

某管理顾问参加一家大公司的年度计划会议。这次会议的主要内容是先确定公司的重大问题、安排先后次序并为制订详细的计划、规定、指导方针和政策提供依据。会议开始，几个职能部门的管理人员都奉命从自己部门角度来确定该公司所面临的唯一重大问题。公司负责综合管理的部门——企管部将根据每个职能部门人员提出的问题，拟出公司的一批问题，并把它们的次序排好，以提交给公司高层，作为制订年度计划的主要依据。

该公司的六个职能部门是：生产部、人事部、销售部、财务部、法律顾问和工程部。每个职能部门都由一个下属单位组成，每个职能部门都将根据计划会提出的年度计划展开活动。

提出供讨论的问题可归纳如下：

生产部：主要问题是机器设备更新太慢，产品质量达不到技术要求；老技术人员陆续退休，新录用工人学习技术热情不高，生产技术水平下降。

人事部：车间技术人员要求调离工作的太多，调离原因是由于技术人员不能充分发挥作用，而且待遇不高，据对一个车间的七名技术人员调查，只有一名解决住房，而其余六名仍然住在建厂初期的旧宿舍里。

销售部：产品销售市场发生疲软，而经销人员却由原来的 17 人减少到 8 人，市场信息不能全面及时收集。

财务部：由于"三角欠债"使公司的流动资金严重不平衡，库存产品增加，产品成本增加。

法律顾问部：该公司的噪音较大，周围居民根据新公布的环境保护法向法院提出起诉。要增设消音设备需要一大笔费用。

工程部：最严重的问题是工程师大量外流或从事兼职工作。如果不能解决工程技术人员合理使用和报酬问题，外流人员还要增加。

请分析：

1. 你将如何来排列这些问题的先后次序？

2. 是否有任何基础能把这些问题相互联系起来？即它们是否是独立的、相互无关系的问题？

3. 一旦确定了问题，而后作计划决策时还需要些什么信息？

■ **补充阅读书目**

1.［美］斯科特·普劳斯（Scott Plous）. 决策与判断. 施俊琦，王星，译.

北京：人民邮电出版社，2004.

　　2. 岳超源. 决策理论与方法. 北京：科学出版社，2003.

　　3. ［英］布雷克. 决策学的诡计. 罗文，殷翔宇，译. 北京：中国青年出版社，2009.

　　4. ［美］彼得·德鲁克，等. 决策. 王敏，译. 北京：中国人民大学出版社，2003.

第6章 计 划

【学习目的和要求】

1. 掌握计划的定义，了解计划的特征和作用。
2. 会区分计划的类别。
3. 熟悉计划的编制和实施。
4. 掌握目标的定义，了解目标的性质和作用。
5. 掌握目标管理的定义，熟悉目标管理的过程及优缺点。
6. 掌握滚动计划法，掌握网络计划技术。

6.1 计划的概念与特点

6.1.1 计划的概念

"**计划**"一词既可能是名词，也可能是动词。对于它的含义，我们可以从不同的角度来解释。从名词意义上来说，计划是指通过文字或数字指标等形式所表述的未来一定时期内的工作或行动的具体内容和步骤。从动词意义上来说，计划是指为了实现组织目标而预先进行的行动安排，它是全体组织成员在一定时期内的行动纲领。我们有时用"计划工作"表示动词意义上的计划内涵。

一项完整的计划，通常包括"5W1H"，即为什么做，做什么，何时做，何地做，谁去做及怎样做等几方面的内容。

（1）Why——为什么做这件事？（目的）。

（2）What——怎么回事？（对象）。

（3）When——什么时间执行？什么时间完成？（时间）。

（4）Where——在什么地方执行？（地点）。

（5）Who——由谁执行？（人员）。

（6）How——怎样执行？采取哪些有效措施？（方法）。

6.1.2 计划的特点

一、预见性

预见性是计划最明显的特点之一。计划不是对已经形成的事实和状况的描述，而是在行动之前对行动的任务、目标、方法、措施所作出的预见性确认。但这种预见不是盲目的、空想的，而是以上级部门的规定和指示为指导，以本单位的实际条件为基础，以过去的成绩和问题为依据，对今后的发展趋势作出科学预测之后作出的。可以说，预见是否准确，决定了未来行动的成败。

二、目的性

计划的制订和执行是为了使组织以最小的付出实现其预定的目标。明确的计划能够使组织成员了解组织的任务和自己的职责。所以计划应该为组织成员指明工作方向，可以使得整个组织的行动达到高效、有序，这样有利于组织目标的实现。

三、可行性

可行性和预见性、目的性是紧密联系的，预见准确、目的性强的计划，在现实中才真正可行。如果目标定得过高、措施无力实施，这个计划就是空中楼阁；

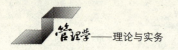

反过来说，目标定得过低，实现虽然很容易，但并不能因而取得有价值的成就，那也算不上有可行性。

四、普遍性

所有的管理人员，从高层管理人员到第一线的基层管理人员都要制订计划，各层次的管理活动都需要进行计划。比如：高层管理者要制订公司层次计划，中层管理者要制订业务层次计划，基层管理者要组织实施计划。所以，计划工作具有普遍性。

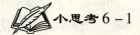小思考 6－1

计划是（　　）

A. 面向未来的

B. 过去的总结

C. 现状的描述

D. 面向行动的

【答案】AD

6.1.3 计划的作用

古代孙武曾说："用兵之道，以计为首。"其实，无论是单位还是个人，无论办什么事情，事先都应有个打算和安排。有了计划，工作就有了明确的目标和具体的步骤，就可以协调大家的行动，增强工作的主动性，减少盲目性，使工作有条不紊地进行。同时，计划本身又是对工作进度和质量的考核标准，对大家有较强的约束和督促作用。所以计划对工作既有指导作用，又有推动作用。搞好工作计划，是建立正常的工作秩序，提高工作效率的重要手段。

一般说来，计划是指人们为了实现某种目的而对未来的行动所作的设想和部署。它是人们在多领域、多层次上使用的一种自觉的行为。常识告诉我们，工作的内容越是复杂，参与实施计划的行为主体和涉及的环节越多，越需要计划。我国古代就有"凡事预则立，不预则废"的思想。西方经济学家也阐明了这个道理："虽然我们无法预见未来，但如果我们没有根据当时所得到的信息而制订未来的计划，我们就无法合理地行事。"工作有计划，至少可取得有序、协调、效率的优越性。所谓有序，是指因为有了明确的目标以及为此而确定的步骤、重点、分工等，可在实现过程中区分事务的轻重缓急，保证重点，为全局奠定基础，有条不紊。所谓协调，是指通过计划作出事先的协调，处理好在计划的制订和实施过程中的总目标与子目标之间、各具体目标之间、预期目标与时间约束之间、目标与手段之间可能存在的矛盾，促进目标的顺利实现。所谓效率，是指因为有序和协调，尽可能地激励行为主体的积极性，合理地挖掘并组织相关的条件，减少了盲目性，避免了操作中的重复浪费，因而有利于提高效率。有序、协调、效率的优越性也就构成了计划的一般价值。

在组织的管理运营中，计划的作用主要表现为。

一、为组织指引目标和方向

计划的制订能够使得组织成员的行动保持同一方向，保证计划任务能够按部就班地顺利实施。计划是一种协调过程，它为组织成员指明了方向，使他们能够相互合作，组成团队，共同为组织目标的实现而努力。

二、帮助组织发现机会与威胁

由于未来具有不确定性，计划的制订期限越长，不确定因素就越多。但是，计划的预见性能够促使管理者展望未来，及时预见未来可能出现的机会和威胁，考虑未来环境的变化，及早制订适应变化的最佳方案或相应的补救措施，可以降低或消除未来不确定因素的影响。

三、减少无序和浪费

计划由于有明确的目标和行动步骤安排，因而可以减少不确定性和浪费性的活动，使组织的各项资源得以充分利用，从而以最少的付出实现预定目标。

四、有利于管理控制

未经计划的活动是无法控制的，因为管理者通过计划设立了组织的目标，在控制过程中，管理者就可以将计划的实际执行情况和组织目标进行比较，以发现可能出现的偏差，使得组织活动能够保持既定的方向。可见，计划由于设立了目标和标准，因而有利于管理控制。

计划职能是管理的一项重要职能，也是管理的一种重要手段。一般认为，管理具有计划、组织、指挥、协调、控制等职能，在这些职能中，由于计划职能反映了管理者的决策意图，决定着管理行为的方向，制约和决定着其他管理职能，因而被人们视为管理的首要职能。

6.2 计划的类型

不同的计划分类标准可以把计划分成不同的类型。常见的计划分类标准有五种：按计划的时间长短分类，计划可以分成长期计划、中期计划和短期计划；按计划的广度来分，可以把计划分成战略计划和行动计划；按照计划内容的明确性划分，可以把计划分成具体计划和指导性计划；按照计划的职能划分，可以把计划分成业务计划、财务计划、人事计划等；按照计划的程序化程度来分，可以把计划分成程序性计划和非程序性计划。表 6 - 1 列出了按不同方法分类的计划类型。

表 6 - 1 计划的类型

分类标准	类　型
时间长短	长期计划、中期计划和短期计划
广度	战略计划和行动计划
内容的明确性	具体计划和指导性计划
职能	业务计划、财务计划、人事计划等
程序化程度	程序性计划和非程序性计划

6.2.1 长期计划、中期计划和短期计划

按计划的时间分类，计划可以分为长期计划、中期计划和短期计划。长期计划通常是指五年以上的计划，它是为实现组织的长期目标服务的，具有战略性、纲领性、指导性的发展规划；短期计划是指一年以内的计划，它是最接近于实施的行动计划，是为实现组织的短期目标服务的；中期计划则介于两者之间，它是根据长期计划提出的战略目标和要求，并结合计划期内实际情况制订的计划。它是长期计划的具体化，同时又是短期计划的依据。一般来说，长期计划较为笼统和粗糙，短期计划较为详细。

6.2.2 战略计划和行动计划

按计划的广度分类，计划可以分为战略计划和行动计划。**战略计划**是组织设立的总体目标，是寻求组织长远发展的宏观性质的计划。它是由组织的最高管理层制订的，体现了组织在未来一段时间内总的战略构想和总的发展目标及其实施的途径。战略计划的期限较长，影响也较大。**行动计划**是在战略计划所规定的方向、方针、政策框架内，确保战略目标的落实和实现、确保资源的取得和有效运用的具体计划，它是组织制订的实现总体目标的手段，是保证组织目标实现的微观性质的计划。行动计划的时间较短，影响程度不及战略计划。

6.2.3 具体计划和指导性计划

按计划内容的明确性分类，计划可以分为具体计划和指导性计划。具体计划是指具有明确规定的目标，不存在模棱两可的计划。比如，某企业销售部经理打算在未来的一年内，销售额要增加 10%，这就是具体计划。这说明具体计划规定了为实现目标而进行的各项活动及活动的进度安排等。指导性计划只规定一般的方针和行动原则，给予行动者较大自由的处置权，不限定具体的目标和行动方案。例如，某企业销售部经理打算在未来的一年内，销售额要增加 5% 至 15%，这表明指导性计划具有较大的灵活性。

6.2.4 业务计划、财务计划、人事计划

按计划的职能进行分类，计划可以分为多种。以企业为例，有生产计划、销售计划、财务计划、人事计划、产品开发计划等。以政府组织为例，可以把计划分为工业计划、农业计划、公共卫生计划、教育计划、国防计划等。每种职能计划通常都包括宗旨、目标、程序等计划要素。职能计划的优点在于能够使人们清楚地了解计划的内容和实施，而且职能计划一般都是由相关职能部门制订，因而具有较强的可行性。

6.2.5 程序性计划和非程序性计划

西蒙把组织活动及由此产生的计划划分为以下两类：

（1）例行活动：指一些重复出现的工作，如订货，材料的出入库等。这些活动具有重复性和规律性，每当出现这类工作或问题时，人们只需利用既定的程序来解决，而不需要重新研究。解决这类问题的计划就称为程序性计划。

（2）非例行活动：不重复出现的或新出现的活动，如新产品的开发、品种结构的调整。解决这类问题没有一成不变的决策方法和程序，因为这类问题在过去从未发生过，或因为其他的一些原因（如性质、结构复杂）而导致解决这类问题没有固定的方法和模式。解决这类问题的决策就叫非程序性决策，相应的计划叫非程序性计划。

📖 小思考 6-2

很多管理者中间流传着"计划赶不上变化"的说法，在下面诸多观点中，哪一种最有道理？（   ）

A. 变化快要求企业只需要制订短期计划

B. 计划制订出来之后，在具体实施时要进行大的调整，因此制订计划的必要性不大

C. 尽管环境变化速度很快，还应该像以前一样制订计划

D. 变化的环境要求制订的计划更倾向于短期的和指导性相结合的计划

【答案】D

6.3 计划的编制

虽然计划的类型和表现形式各种各样，但科学地编制计划所遵循的步骤却具有普遍性。管理者在编制各类计划时，都可遵循如下步骤。即使在编制一些简单计划的时候，也应按照如下完整的思路去构想整个计划过程。

6.3.1 估量机会

首先管理者应对环境中的机会作一个估量，确定能够取得成功的机会。管理者应该考虑的内容包括：组织期望的结果，组织存在的问题，获得成功的内外条件，成功的可能性的大小，所需的资源和能力，自己的长处、短处和所处的地位。比如某家公司的经营业绩出现了滑坡，主要原因是市场竞争过于激烈，供大于求，而该公司的优势是在技术和生产管理方面均领先于竞争对手。因此，该公司的机会可以是通过继续压缩成本、降低售价来扩大销售，取得竞争优势。估量机会的工作就是根据现实的情况就可能存在的机会作出合理的判断。估量机会是计划工作的起点，一个组织能否把切实可行的目标确定下来，关键就在于能否准确地估量机会。

6.3.2 确定目标

人们在旅行之前都必须明确自己的目的地，同样的，组织在对形势和机会进行正确估量之后，就要具体确定组织未来行动的目标，也即是计划预期的成果。除此之外，还要确定为达到这一成果需要做哪些工作，重点在哪里，如何运用战略、程序、规章、预算等计划形式网络去完成计划工作的任务等等。

目标的选择是计划工作极为关键的内容，很难想象一份成功的计划会在选定的目标上存在偏差。在目标的制订上，首先要注意目标的价值。计划设立的目标应对组织的总目标有明确的价值并与之相一致，这是对计划目标的基本要求。其次要注意目标的内容及其优先顺序。在一定的时间和条件下，几个共存的目标各自的重要性可能是不同的，不同目标的优先顺序将导致不同的行动内容和资源分配的先后顺序。因此，恰当地确定哪些成果应首先取得，即哪些是优先的目标，这是目标选择过程中的重要工作。

最后，目标应有其明确的衡量指标，不能含糊不清。目标应该尽可能地量化，以便度量和控制。有些企业提出诸如"我们的工作要在未来取得突破性的进展"，"我们的工作要再上一个新的台阶"这样一些口号性的话语作为计划的目标，结果这些模棱两可的目标往往会成为失败的遮羞布。目标应该有其层次性，组织的总目标要为组织内的所有计划指明方向，而这些计划又要规定一些部门目标，部门目标又控制着其下属部门的目标，如此等等，从而使得整个组织的全部计划内容都控制在企业的总目标体系之内。

6.3.3 确定前提条件

确定前提条件是计划工作的一个重要内容。选定目标即是确定计划的预期成果，而计划工作的前提条件就是计划工作的假定条件，也就是执行计划时的预期环境，这是靠预测得来的。计划是对未来条件的一种"情景模拟"，计划的这个工作步骤就是要确定这种"情景"所处的状态和环境。这种"情景模拟"能够在多大程度上贴近现实，取决于对它将要处在的环境和状态的预测能够多大程度地贴近未来的现实，取决于计划的这一步骤的工作质量。人们从来都不可能百分之百地预见未来的环境，而只能通过对现有事实的理性分析来预测计划涉及的未来环境。未来环境的内容多种多样，错综复杂，管理者不可能也没有必要对它的每个方面、每个环节都作出预测。组织通常只要对计划内容有重大影响的主要因素作出预测便可满足需要了。一般来说，对以下几个方面的环境因素的预测是必不可少的：

（1）宏观的社会经济环境，包括其总体环境以及与计划内容密切相关的那部分环境因素。

（2）政府政策，包括政府的税收、价格、信贷、能源、进出口、技术、教育等与计划的内容密切相关的政策。

（3）组织面临的市场，包括市场环境的变化、供货商、批发商、零售商及消费者的变化。

（4）组织的竞争者，包括国内外的竞争者，潜在的竞争者，等等。

（5）组织的资源，包括未来为完成计划目标而向外部获取所需的各项资源，如资金、原料、设备、人员、技术、管理等等。

上述这些环境因素，有的可控，有的不可控，一般来说，不可控的因素越多，预测工作的难度也就越大。同时，对以上各环境因素的预测同样应遵循"重要性"原则，即计划工作关系最为密切的那些因素应给予最高度的重视。

6.3.4 确定备选方案

在执行计划的过程中，几乎每次计划活动都可以通过不同的途径、运用不同的方式和方法来解决。因此，计划的下一步工作就是要找出一种解决方案。要发掘出多种高质量的方案必须集思广益、开拓思路、大胆创新，但同样重要的是要进行初步筛选，减少备选方案的数量，以便集中力量对一些最有希望的方案进行仔细地分析比较。

6.3.5 评价备选方案

确定了备选方案后就要根据计划的目标和前提条件，通过考察、分析对各种备选方案进行评价。评价备选方案的尺度有两个因素：一是评价的标准；二是各个标准的相对重要性，即其权数。显然，计划前期工作的质量将直接影响到方案评估的质量。

6.3.6 选择方案

选择方案是整个计划流程中的关键一步。这一步的工作完全建立在前面工作的基础之上。为了保持计划的灵活性，选择的结果往往可能会选择两个甚至两个以上的方案，并且决定首先采取哪个方案，并将其余的方案也进行细化和完善，作为后备方案。

6.3.7 拟订派生计划

选定方案之后，计划工作并没有结束，还必须帮助涉及计划内容的各个下属部门制订支持总计划的派生计划。几乎所有的总计划都需要派生计划的支持作保证，完成派生计划是实施总计划的基础。

6.3.8 执行与检查

计划工作最后还包括实施计划，以及观察计划实施过程是否正常，有无障碍出现，为了按照计划要求执行方案，管理人员必须进行一系列的决策。执行方案需要组织中所有成员相互协调与配合。实现有效协调的途径是鼓励组织成员参与编制计划。实施计划还需要制订相应的时间表并对其进行分段，以利于计划的实施。

为了有效地实施计划，还必须制订后续程序和控制机制。这些程序和控制机制能发现操作中的偏差，有助于采取纠正措施。在计划的每一阶段，都应将实际产出结果与计划进行比较。许多项目和计划失败的原因就在于它们缺少有效的后续程序。

☞管理故事

父子打猎

有一位父亲带着三个孩子到沙漠去猎杀骆驼。他们到了目的地，父亲问老大："你看到了什么？"老大回答："我看到了猎枪，还有骆驼，还有一望无际的沙漠。"父亲摇摇头说："不对。"父亲以同样的问题问老二。老二回答说："我看见了爸爸、大哥、弟弟、猎枪，还有沙漠。"父亲又摇摇头说："不对。"父亲又以同样的问题问老三。老三回答："我只看到了骆驼。"父亲高兴地说："你答对了。"

管理启示：一个人若想走上成功之路，首先必须要有明确的目标。目标一经确立，就要心无旁骛，集中全部精力，勇往直前。

6.4 计划的实施

计划的实施是计划工作的重要组成部分。只有对组织计划进行全面、均衡的实施才能保证组织稳步发展。在实践中，计划实施的主要方法有目标管理法、滚动计划法和网络计划技术等方法。

6.4.1 目标管理

一、目标的性质和作用

1. 目标的性质

目标是组织目的或宗旨的具体体现，是一个组织奋力争取的所希望达到的未来状况。具体地讲，目标是根据组织宗旨而提出的组织在一定时期内要达到的预期成果。

从管理学的角度看，组织的目标具有独特的属性，因而在制订目标时，必须把握好目标的这些属性，具体表现为以下几个方面：

（1）目标的层次性。

从组织结构的角度来看，组织目标是分层次、分等级的。简化来看，大致可以分为三个层次：

①环境层——社会加于组织的目标，主要包含组织的愿景和使命陈述。例如企业的目标是：为社会提供所需要的优质产品和服务，并创造出尽可能多的价值。

②组织层——作为一个利益共同体和一个系统的整体目标。这个整体目标又进一步细化为更多的不同部门的具体的行动目标和行动方案。例如企业提高经济效益、加强自我发展的能力、改善员工生活，以及创造文明的工作环境等目标。

③个人层——组织成员的目标，例如经济收入、工作丰富化、兴趣爱好、荣誉和成就感等。

由于组织有不同层次的主管人员，因而目标的确立也各不相同。如高层管理人员主要参与确定企业的使命和任务目标。中层管理人员如各部门经理，主要是确定分公司的和部门的目标。基层主管人员主要关心的是部门和单位的目标以及他们的下级人员目标的制订。

在现代社会中，一个组织处理好各层次目标之间的关系是至关重要的。组织管理者本着调动一切积极因素的原则，协调好各方的相互关系，解决好组织目标与个人目标的矛盾，是"目标管理"产生的主要起因之一。

（2）目标的网络化。

网络表示研究对象的相互关系，组织中各类、各级目标就构成为一个网络。一个组织的目标通常是通过各种活动的相互联系、相互促进来实现的。所以，目标和具体的计划通常形成所希望的结果和结局的一种网络。目标和计划既然构成为一个网络，它们就很少表现为线性的方式，即并非一个目标实现后接着去实现另一个目标；同时，组织中的各个部门在制订自己部门的目标时，必须要与其他部门相协调。

（3）目标的多样性。

一个组织的目标具有多样性，即使是组织的主要目标，一般也是多种多样的。但目标的数目并非越多越好。如果组织目标的数目过多，其中无论哪一个都没有受到足够的注意和重视，则计划工作就会无效。相反，应当尽量减少目标的数量，尽量突出主要的目标。在考虑追求多个目标的同时，必须对各目标的相对重要程度进行区分。彼得·德鲁克就提出，凡是成功的企业都会在市场、生产力、发明创造、人力资源、利润、物质和金融资源、管理人员的行为、工人的表现以及社会责任等方面有自己的目标。

（4）目标的次序性。

目标的次序性是指组织的众多目标存在优先的次序。一般来说，目标的先后次序与达到目标的时间有直接的关系，但有的时候也与时间无关，而与目标的重要性有关。给组织目标排序在实际操作中并非一件易事，需要组织的管理者作出多方面的考虑。

（5）目标的时间性。

组织通常为不同时期制订不同的目标，这就需要考虑到目标的时间因素。按时间长度，可以将目标分为短期目标、中期目标和长期目标。组织的短期目标是中长期目标的基础和手段，中长期目标则是一系列短期目标的目的，是一系列短期目标依次完成的结果。任何目标的实现必然是由近及远，所以，确定短期目标的过程实质上是确定长期目标实现的先后次序的过程，为了使短期目标有助于长期目标的实现，必须拟订实现每个目标的计划，并把这些计划汇合成一个总计划，以此来检查它们的合理性、可行性。

（6）目标的可考核性。

一般来说，按目标的性质可以将组织目标分为定量目标和定性目标。定性目标类似于模糊目标，而定量目标则比较明确。我们强调目标必须是可考核的，而使目标具有可考核性的最方便的方法就是使之定量化。但是，在现时的管理过程中，许多目标是不宜用数量表示的，硬性地将一些定性的目标数量化和简单化这种做法可能是危险的，其结果有可能将管理工作引入歧途。虽然考核定性目标不可能和定量目标一样考核得那么准确，但任何定性目标都能用详细说明规划或其他目标的特征和完成日期的方法来提高其可考核的程度。

2. 目标的作用

组织目标对于组织的存在、发展及活动都起着非常重要的作用。主要表现在以下几个方面：

（1）组织目标是衡量组织活动成效的标准。

在管理实践中，评价管理者和组织成员绩效的标准有许多，但相对科学的标准应该是目标。目标是考核管理者和组织成员管理绩效和工作成绩的客观标准。依据目标进行考核，不仅易于操作而且有较大的可靠性。

（2）组织目标为激发组织活动提供了动力。

一个组织不仅有抽象的理想目标，而且必须制订各阶段的具体实施目标。具体的实践目标往往具有时限性，可以用数量标准加以衡量，体现为阶段性任务和具体定额。组织围绕着这些具体目标开展组织活动，以这些目标激发成员的积极性。在具体目标基础上建立各种奖惩制度以监督和鞭策成员的行动。

（3）组织目标是管理者和组织中一切成员的行动指南。

目标规定了每个人在特定时期内要完成的具体任务，从而使整个组织的工作能在特定的时刻充分地融合成一体。

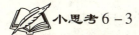 小思考 6-3

下列说法正确的是（　　　）

A. 计划工作的主要任务是将决策所确定的目标进行分解，以便落实到各个部门，各个活动环节

B. 企业的目标指明主要计划方向

C. 主要计划根据企业目标，确定各个主要部门的目标

D. 主要部门的目标又依次控制下属部门的目标

【答案】ABCD

二、目标管理的提出

"**目标管理**"的概念是美国管理专家彼得·德鲁克（Peter Drucker）1954 年在其名著《管理的实践》中最先提出的，根据德鲁克的说法，管理人员一定要避免"活动陷阱"（Activity Trap），不能只顾低头拉车，而不抬头看路，最终忘了自己的主要目标。德鲁克认为，人们并不是有了工作才有目标，而是相反，有了目标才能确定每个人的工作。所以"企业的使命和任务，必须转化为目标"，如果一个领域没有目标，这个领域的工作必然被忽视。因此管理者应该通过目标对下级进行管理，当组织最高层管理者确定了组织目标后，必须对其进行有效分解，转变成各个部门以及各个组织成员的分目标，管理者根据分目标的完成情况对下级进行考核。

在企业管理领域目标管理应用得最为广泛。企业目标可分为战略性目标、策略性目标以及方案、任务等。一般来说，经营战略目标和高级策略目标由高层管理者制订；中级目标由中层管理者制订；初级目标由基层管理者制订；方案和任务由职工制订，并同每一个成员的应有成果相联系。自上而下的目标分解和自下而上的目标期望相结合，使经营计划的贯彻执行建立在职工的主动性、积极性的基础上，把企业职工吸引到企业经营活动中来。

目标管理方法提出来后，被美国通用汽车公司最先采用，并取得了明显效果。其后，在美国、西欧、日本等许多国家和地区得到迅速推广，被公认为是一种加强计划管理的先进科学管理方法。我国80年代初开始在企业中推广，目前采取的干部任期目标制、企业层层承包等，都是目标管理方法的具体运用。

三、目标管理的特点

目标管理的具体形式各种各样，但其基本内容是一样的。所谓目标管理是一种综合的，以工作为中心和以人为中心的管理方法，它先由组织中的上级管理人员与下级管理人员、员工一起制订组织目标，并由此形成组织内每一成员的责任和分目标，明确规定每人的职责范围，最后又用这些目标来进行管理、评价和决定每个部门和成员的奖惩。

目标管理指导思想上是以Y理论为基础的，即认为在目标明确的条件下，人们能够对自己负责，具体方法上是泰罗科学管理的进一步发展。它与传统管理方式相比有鲜明的特点，可概括为：

1. 重视人的因素

目标管理是一种自我控制的、参与的管理制度，也是一种把个人需求与组织目标结合起来的管理制度。在这一制度下，上级与下级的关系是平等、支持、相互尊重的，下级在承诺目标和被授权之后是自觉和自治的。

2. 建立目标链锁与目标体系

目标管理将组织的整体目标逐级分解，转换为各单位、各员工的分目标。从组织目标到经营单位目标，再到部门目标，最后到个人目标。在目标分解过程中，权、责、利三者已经明确，而且相互对称。这些目标方向一致，环环相扣，相互配合，形成协调统一的目标体系。只有每个组织人员完成了自己的分目标，整个企业的总目标才有完成的希望。

3. 重视成果

目标管理以制订目标为起点，以目标完成情况的考核为终结。工作成果是评定目标完成程度的标准，也是人事考核和奖罚的依据，成为评价管理工作绩效的唯一标志。至于完成目标的具体过程、途径和方法，管理者并不过多干预。所以，在目标管理制度下，管理者监督的成分很少，而控制目标实现的能力却很强。

四、目标管理的构成要素

一般来说，目标管理的构成要素有四个，即明确目标、参与决策、规定时限、反馈绩效。

1. 明确目标

明确目标是目标管理的首要要求。人们在实际的工作中早已认识到制订目标的重要性。而定量化的目标更方便度量和计算，更具有明确性。如，某企业制订的目标为"大幅提高市场占有率"是不够的，应该明确规定提高的量，如10%或15%。

2. 参与决策

目标管理中的目标制订方法不像传统的目标制订那样，自上而下制订目标，然后分解成子目标落实到组织的各个部门，而是用参与的方式决定目标，上级与下级共同参与选择并决定各对应层次的目标，即通过上下级的协商，逐级制订出整体组织目标、经营单位目标、部门目标直至个人目标。因此，目标管理的目标转化过程既是"自上而下"的，又是"自下而上"的。

3. 规定时限

目标管理强调时间性，制订的每一个目标都有明确的时间期限要求，如一个季度、一年、五年等。在大多数情况下，目标的制订可与年度预算或主要项目的完成期限一致。但也可以依据实际情况来定。某些目标应该安排在很短的时期内完成，而另一些则要安排在更长的时期内完成。同样，在典型的情况下，组织层次的位置越低，为完成目标而设置的时间往往越短。

4. 反馈绩效

目标管理寻求不断地将实现目标的进展情况反馈给组织成员，以便他们能够调整自己的行动。也就是说，下属人员承担为自己设置具体的个人绩效目标的责任、并具有同他们的上级领导人一起检查这些目标的责任。由此每个部门乃至每个人对他所在部门的贡献就变得非常明确。

五、目标管理的过程

关于目标管理的过程，大致可以分为以下三个阶段：

1. 建立一套完整的目标体系

建立目标体系是从企业的最高主管部门开始的，然后由上而下地逐级确定目标。上下级的目标之间通常是一种"目的—手段"的关系，某一级的目标需要用一定的手段来实现，而这个实现的履行者往往就属于这级人员的下属部门之中。

目标体系应与组织结构相吻合，从而使每个部门都有明确的目标，每个目标都有人明确地负责。这种明确负责现象的出现，很有可能导致对组织结构的调整。从这个意义上说，目标管理还有搞清组织结构的作用。

2. 组织实施

目标确定后，主管人员就应放手把权力交给下级人员，而自己去抓重点的综

合性管理。完成目标主要靠执行者的自我控制，主管人员对此不过多干预，其上级的管理应主要体现在指导、协助、提出问题，提供情报以及创造良好的工作环境方面。

3. 总结和评估

对各级目标的完成情况，主管人员要根据目标完成期限定期检查、考核，检查和考核的依据就是各级目标。达到预定的期限后，下级首先进行自我评估，提交书面报告；然后上下级一起考核目标完成情况，决定奖惩；同时讨论下一阶段目标，开始新的循环。

六、目标管理的优缺点

目标管理在全世界产生很大影响，但实施中也出现许多问题。因此必须客观分析其优劣势，才能扬长避短，收到实效。

1. 目标管理的优点

与传统管理方法相比，目标管理有很多优点，概括起来主要有以下几个方面：

（1）有利于上下级之间的沟通和交流。

目标管理通过沟通和交流，让上下级加深对目标的理解，消除上下级之间的分歧，有利于促进上下目标的统一，同时，尊重组织成员的个人意志和愿望，充分发挥组织成员的自主性，实行自我控制，改变了控制由上而下的传统做法，调动了职工的积极性、主动性和创造性。

（2）权力责任一目了然。

目标管理通过由上而下或自下而上层层制订目标，在企业内部建立起纵横连接的完整目标体系，把企业中的各类人员都严密地组织在目标体系之中，明确责任，划清关系，使每个组织成员的工作直接或间接地同企业总目标联系起来，从而使员工看清个人目标和企业总目标的关系，了解自己的工作价值，激发大家关心企业总目标的热情。

（3）有利于排除工作的盲目性。

通过制订总体目标和各个部门的分目标，部门的管理者就知道自己部门的目标在整个组织目标中的位置，就会减少很多盲目性，各个部门的协调也会增进不少。

（4）对组织内易于度量和分解的目标带来良好的绩效。

对于那些在技术上具有可分性的工作，由于责任、任务明确目标管理常常会起到立竿见影的效果，而对于技术不可分的团队工作则难以实施目标管理。

2. 目标管理的缺点

在实际操作中，目标管理也存在许多明显的缺点，主要表现在：

（1）有的目标难以制订，有的工作岗位难以使目标定量化和具体化，有些只能作定性的说明。如：许多团队工作在技术上是不可分解的；组织环境的可变因素越来越多，变化越来越快，使组织活动的不确定性越来越大。这些都使得组织的许多活动制订数量化目标是很困难的。

（2）目标管理的哲学假设不一定都存在。目标管理在指导思想上是以 Y 理论为基础的，即认为在目标明确的条件下，人们能够对自己负责，但这一假设并不一定能成立。因为 Y 理论对于人类的动机作了过分乐观的假设，现实并不完全是这样的。特别是目标考核和奖励并在一起以后，往往是指标要低、出力要少、奖励要多，定指标时互相摸底讨价还价，从而难以形成承诺、信任的气氛。

（3）目标管理中，目标商定要求上下沟通、统一思想，而这些是非常费时间的；同时，每个单位、个人都关注自身目标的完成，为了追求最大利益，很可能忽略了个人目标和组织目标的配合，助长本位主义、临时观点和急功近利倾向。

（4）有时奖惩不一定都能和目标成果相配合，也很难保证公正性，从而削弱了目标管理的效果。

鉴于上述分析，管理者在实际工作中推行目标管理时，除了掌握具体的方法以外，还要特别注意把握工作的性质，分析其分解和量化的可能；提高组织成员的职业道德水平，培养团结合作的精神，建立健全各项规章制度，同时注意改进领导作风和工作的方式方法，使目标管理的推行建立在一定的思想基础和科学管理基础上。

七、实施目标管理的原则

目标管理是比较实用的管理方式。它的最大特点就是方向明确，非常有利于把整个团队的思想、行动统一到同一个目标上来，是组织提高工作效率、实现快速发展的一个有效手段。

目标管理的运用要达到预期的效果，应该遵循以下原则：

1. 科学合理地制订目标

科学合理的目标是目标管理的前提和基础，因此组织管理者在制订目标时应该把握这样的原则，即目标要难易适中，目标实施的时间要紧凑，目标大小要统一、方向要一致。

2. 始终重视目标的督促检查

目标管理，关键在管理。作为组织的管理者，必须随时跟踪每一个目标的进展，发现问题及时协商、及时处理，确保目标运行方向正确、进展顺利。

3. 严格控制运作成本

目标管理以目标的达成为最终目的，在实现目标的过程中，目标责任人容易以成本的升高为代价来追求目标的实现，因此，作为组织管理者，在督促检查的过程当中，必须对运行成本作严格地控制，因为，任何目标的实现都不是不计成本的。

4. 考核评估必须执行到位

组织管理者必须明确考核责任，严格按照目标管理方案或项目管理目标进行动态性、全过程地考核，作到奖罚分明。

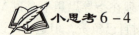小思考 6 - 4

目标管理的具体步骤不应包括（　　　）

A. 上下级共同讨论下属的任务、责任、工作内容等

B. 确立长期绩效目标

C. 定期检查进展状况

D. 期末共同评估所取得的成果

【答案】B

6.4.2 滚动计划法

一、滚动计划法的含义

滚动式计划法是一种编制具有灵活性的、能够适应环境变化的长期计划方法。这种方法是在已编制出的计划的基础上，每经过一段固定的时期（例如一年或一个季度，这段固定的时期被称为滚动期）便根据变化了的环境条件和计划的实际执行情况，从确保实现计划目标出发对原计划进行调整。每次调整时，保持原计划期限不变，而将计划期顺序向前推进一个滚动期。

采用滚动计划法，可以根据环境条件变化和实际完成情况，定期地对计划进行修订，使组织始终有一个较为切合实际的长期计划作指导，并使长期计划能够始终与短期计划紧密地衔接在一起。在制订工作计划时，一般都难以对未来一个时期各种影响计划实现的因素作出准确无误的预测，因此制订出来的计划往往不能完全符合未来企业的实际。在这种情况下，为了使计划能够起到指导企业经营活动的作用，不得不在计划执行过程中进行经常的调整。采用滚动计划法来制订工作计划，可以充分发挥计划的灵活性，从而克服上面的问题。

在计划编制过程中，尤其是编制长期计划时，为了能准确地预测影响计划执行的各种因素，可以采取近细远粗的办法，即近期计划订得较细，远期计划订得较粗。在一个计划期结束时，根据上期计划执行的结果以及市场需求的变化，对原订计划进行必要的调整和修订，并将计划期顺序向前推进一期，如此不断滚动。例如，某企业在 2000 年底制订了 2001—2005 年的五年计划，如采用滚动计划法，到 2001 年底，根据当年计划完成的实际情况和客观条件的变化，对原订的五年计划进行必要的调整，在此基础上再编制 2002—2006 年的五年计划。其后依此类推。

可见，滚动式计划法能够根据变化了的组织环境及时调整和修正组织计划，

体现了计划的动态适应性。而且，它可使中长期计划与年度计划紧紧地衔接起来。

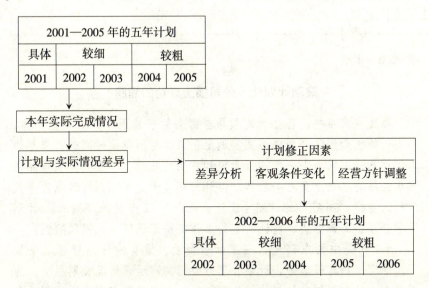

图6-1 滚动计划法图示

二、滚动计划法的优点

滚动计划法虽然使得计划制订工作的任务量加大，但其具有明显的优越性：

（1）可以使制订出来的工作计划更加符合实际，极大地提高了工作计划的准确性，更好地保证工作计划的指导作用，提高工作计划的质量，使计划更好地发挥其指导生产实际的作用。

（2）使用滚动计划法可以使长期计划、中期计划与短期计划相互衔接，短期计划内部各阶段相互衔接，而且定期调整补充，从而解决了各阶段计划的衔接和符合实际的问题。

（3）滚动计划法增加了工作计划的弹性，这在环境剧烈变化的时代尤为重要，它可以提高组织的应变能力，从而有利于实现组织预期的目标。

采用滚动计划法，可以根据环境条件变化和实际完成情况，定期地对计划进行修订，使组织始终有一个较为切合实际的长期计划作指导，并使长期计划能够始终与短期计划紧密地衔接在一起。

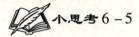小思考6-5

以下属于滚动计划法特点的有（　　　）

A. 近细远粗

B. 近粗远细

C. 保持各期计划的连续性

D. 整个计划期分为若干个执行期

【答案】ACD

实例 6 - 1

滚动计划让 S 公司插上成功的翅膀

每逢岁末年初，各企业的领导者都会暂时放下手中的其他工作，与自己的核心团队一同踏踏实实地坐下来，专门花些时间制订来年的工作计划，以求为下一年插上希望和成功的翅膀，让企业各项事业在当年业绩的基础上更上一层楼。但外部环境千变万化，内部条件变数难料，怎样"高明"的计划才能让企业来年 12 个月的"漫长"计划科学合理、高效务实，能让所有的工作能按部就班、一帆风顺呢？

S 公司是中国东部地区一家知名企业，原有的计划管理水平低下，管理粗放特征显著，计划管理与公司实际运营情况长期脱节。为实现企业计划制订与计划执行的良性互动，在管理咨询公司顾问的参与下，S 公司逐步开始推行全面滚动计划管理。

首先，S 公司以全面协同量化指标为基础，将各年度分解为 4 个独立的、相对完整的季度计划，并将其与年度紧密衔接。在企业计划偏离和调整工作中，S 公司充分运用了动态管理的方法。

所谓动态管理，就是 S 公司年度计划执行过程中要对计划本身进行 3 次定期调整：第一季度的计划执行完毕后，就立即对该季度的计划执行情况与原计划进行比较分析，同时研究、判断企业近期内外环境的变化情况。根据统一得出的结论对后 3 个季度计划和全年计划进行相应调整；第二季度的计划执行完毕后，使用同样的方法对后两个季度的计划和全年计划执行相应调整；第三季度的计划执行完毕后，仍然采取同样方法对最后一个季度的计划和全年计划进行调整。

S 公司各季度计划的制订是根据近细远粗、依次滚动的原则开展的。这就是说，每年年初都要制订一套繁简不一的四季度计划：第一季度的计划率先做到完全量化，计划的执行者只要拿到计划文本就可以一一遵照执行，毫无困难或异议；第二季度的计划要至少做到50% 的内容实现量化；第三季度的计划也要至少使 20% 的内容实现量化；第四季度的计划只要做到定性即可。同时，在计划的具体执行过程中对各季度计划进行定期滚动管理——第一季度的计划执行完毕后，将第二季度的计划滚动到原第一计划的位置，按原第一季度计划的标准细化到完全量化的水平；第三季度的计划则滚动到原第二季度计划的位置并细化到至少量化 50% 内容的水平，以此类推。第二季度或第三季度计划执行完毕时，按照相同原则将后续季度计划向前滚动一个阶段并予以相应细化。本年度 4 个季度计划全部执行完毕后，下年度计划的周期即时开始，如此周而复始，循环往复。

其次，S 公司以全面协同量化指标为基础建立了三年期的跨年度计划管理模式，并将其与年度计划紧密对接。

跨年度计划的执行和季度滚动计划的思路一致。S 公司每年都要对计划本身进行一次定期调整：第一年度的计划执行完毕后，就立即对该年度的计划执行情况与原计划进行比较分析。同时研究、判断企业近期内外环境的变化情况，根据统一得出的结论对后三年的计划和整个跨年度计划进行相应调整；当第二年的计划执行完毕后，使用同样的方法对后三年的计划和整个跨年度计划进行相应调整，以此类推。

S 公司立足于企业长期、稳定、健康的发展，将季度计划—年度计划—跨年度计划环环相扣，前后呼应，形成了独具特色的企业计划管理体系，极大地促进了企业计划制订和计划执行相辅相成的功效，明显提升了企业计划、分析、预测和管理的水平，为企业整体效益的提高奠定了坚实的基础。

资料来源：http：//baike. baidu. com/view/989988. htm.

6.4.3 网络计划技术

一、网络计划技术的产生和发展

网络计划技术，也称网络计划法，是利用网络计划进行生产组织与管理的一种方法。网络计划技术是 20 世纪 50 年代后期在美国产生和发展起来的，这种方法包括各种以网络为基础制订计划的方法，比较有代表性的是关键线路法（CPM）和计划评审技术法（PERT）。

关键线路法是 1955 年美国杜邦化学公司首创的，即将每一活动（工作或工序）规定起止时间，并按活动顺序绘制成网络状图形。1956 年，他们又设计了电子计算机程序，将活动的顺序和作业延续时间输入计算机，从而编制出新的进度控制计划。1957 年 9 月，把此法应用于新工厂建设工作，使该工程提前两个月完成。杜邦公司采用此法安排施工和维修等计划，仅一年时间就节约资金 100 万

美元。

计划评审技术法（PERT）的出现较 CPM 稍迟。所谓计划评审技术法就是把工程项目当做一个系统，用网络图或表格或矩阵来表示各项具体工作的先后顺序和相互关系，以时间为中心，找出从开工到完工所需时间最长的关键线路，并围绕关键线路对系统进行统筹规划、合理安排以及对各项工作的完成进度进行严密控制，以达到用最少的时间和资源消耗来完成系统预定目标的一种计划与控制方法。

计划评审技术法是由美国海军特种计划局于 1958 年在研制北极星导弹时创造出来的。当时有 3 000 多个单位参加，协调工作十分复杂。采用这种办法后，效果显著，使得工期由原计划的 10 年缩短为 8 年，并且节约了大量资金。为此，1962 年美国国防部规定：以后承包有关工程的单位都应采用计划评审技术来安排计划。

网络计划技术的成功应用，引起了世界各国的高度重视，被称为计划管理中最有效的、先进的、科学的管理方法。1956 年，我国著名数学家华罗庚教授将此技术介绍到我国，并把它称为"统筹法"。

网络计划技术以系统工程的概念，运用网络的形式，来设计和表达一项计划中的各个工作的先后顺序和相互关系，通过计算关键线路和关键工作，并根据实际情况的变化不断优化网络计划，选择最优方案并付诸实施。

二、网络计划技术的特点

网络计划技术适用于各行各业，特别是包含较多项作业，需要多家单位配合完成的大型工程项目。网络计划技术具有以下特点：

1. 系统性

通过网络图，能把施工过程中的各有关工作组成了一个有机整体，能全面而明确地表达出各项工作开展的先后顺序和它们之间相互制约、相互依赖的关系，体现了系统工程的整体性、综合性和科学性的原理。

2. 动态性

利用网络技术编制的计划是一种灵活性很强的弹性计划，它把计划执行过程看成是一个动态过程，可不断根据计划执行情况的信息反馈，对网络计划进行调整和优化，更好地调配人力、物力和财力，达到节省资源、降低成本的目的，同时又能加快工程进度。

3. 可控性

利用网络技术编制的计划便于组织和控制。特别对于复杂的大项目，可以分成许多子系统来分别控制。由于网络图提供了明确的活动分工以及相应的期限要求，这就为管理人员提供了现实的控制标准；在计划实施中，当某一工作由于某种原因推迟或提前时，可以预见到它对整个计划的影响程度，并能根据变化的情况，迅速进行调整，保证计划始终受到控制和监督。

4. 易掌握性

网络计划技术把图示和数学方法结合起来，直观性强，计算简便，容易掌握运用。而且还能利用计算机进行网络图的绘制和调整，所以采用网络计划技术还有利于实行计算机管理，从而提高管理效率。

总之，网络计划技术可以为施工管理者提供许多信息，有利于加强施工管理，它是一种编制计划技术的方法，又是一种科学的管理方法。它有助于管理人员在全面了解、重点掌握、合理组织、灵活安排的条件下完成计划任务，不断提高管理水平。

三、网络图

1. 网络图的定义

网络图是指网络计划技术的图解模型，反映整个工程任务的分解和合成。分解，是指对工程任务的划分；合成，是指解决各项工作的协作与配合。分解和合成是为了解决各项工作之间按逻辑关系的有机组成。绘制网络图是网络计划技术的基础工作。图6-2就是一个网络图。

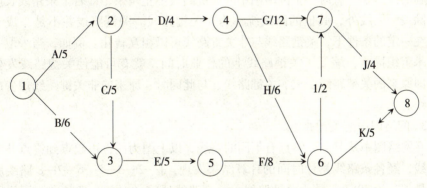

图6-2 网络图

线路是指从起点到终点的一条通路，工期最长的一条线路称为关键线路，关键线路上工作的进度必须保证，否则会出现工期的延误。

2. 网络图的组成要素

（1）作业（Activity）。

作业，是指一项工作或一道工序，需要消耗人力、物力和时间的具体活动过程。为了便于识别、检查和计算，在网络图中往往对事件编号，编号应标在"○"内，由小到大，可连续或间断数字编号。编号原则是：每一项事件都有固定编号，号码不能重复，箭尾的号码小于箭头号码（即 $i<j$，编号从左到右，从上到下进行）。在网络图中作业用箭线表示，箭尾 i 表示作业开始，箭头 j 表示作

业结束。作业的名称标注在箭线的上面，该作业的持续时间（或工时）*Tij* 标注在箭线的下面。有些作业或工序不消耗资源也不占用时间，称为虚作业，在网络图中用虚箭线表示。在网络图中设立虚作业主要是表明一项事件与另一项事件之间的相互依存相互依赖的关系，是属于逻辑性的联系。

（2）事件（Event）。

事件，是指某项作业的开始或结束，它不消耗任何资源和时间，在网络图中用"○"表示，"○"是两条或两条以上箭线的交结点，又称为节点。网络图中第一个事件称网络的起始事件，表示一项计划或工程的开始；网络图中最后一个事件称网络的终点事件，表示一项计划或工程的完成；介于始点与终点之间的事件叫做中间事件，它既表示前一项作业的完成，又表示后一项作业的开始。

（3）路线（Path）。

路线，是指自网络始点开始，顺着箭线的方向，经过一系列连续不断的作业和事件直至网络终点的通道。一条路线上各项作业的时间之和是该路线的总长度（路长）。在一个网络图中有很多条路线，其中总长度最长的路线称为"关键路线"（Critical path），关键路线上的各事件为关键事件，关键时间的周期等于整个工程的总工期。有时一个网络图中的关键路线不止一条，即若干条路线长度相等。除关键路线外，其他的路线统称为非关键路线。关键路线并不是一成不变的，在一定的条件下，关键路线与非关键路线可以相互转化。例如，当采取一定的技术组织措施，缩短了关键路线上的作业时间，就有可能使关键路线发生转移，即原来的关键路线变成非关键路线，与此同时，原来的非关键路线却变成关键路线。

3. 网络图中的关键路线

在网络图中从起点到终点有不同的路线，以上图为例，由起点到终点共有六条路线，经各条路线累计时间的计算结果发现，1—2—3—5—6—7—8 路线所需时间最长，为 29 天，故为关键路线。关键路线所需的时间，即是完成网络图所表示的全部任务所必需的计划时间。

■ **本章小结**

计划是指为了实现组织目标而预先进行的行动安排，它是全体组织成员在一定时期内的行动纲领。一项完整的计划，通常包括做什么，何时做，何地做，为什么做，谁去做及怎样做等几方面的内容，它具有预见性、目的性、可行性和普遍性等特点。计划是一种协调过程，它为组织指引目标和方向，使得组织成员共同为组织目标的实现而努力；可以帮助组织发现机会和威胁，消除和降低未来不确定因素的影响；可以使得组织的各项资源得以充分利用，减少无序和浪费；为组织设立了目标和标准，有利于组织的管理控制。按照计划所涉及的时间的长短，可以将计划分为长期计划、中期计划和短期计划；按照计划的广度可把计划分为战略计划和行动计划；按计划内容的明确性可把计划分为具体计划和指导性计划；按照职能划分，计划可以分为很多种，如财务计划、销售计划、人事计划等；按照计划的程序化程度，可将计划分为程序性计划和非程序性计划。计划的种类很多，不同类型的计划，其制订程序不尽相同，一般来说，要经过估量机会、确定目标、确定前提条件、拟订备选方案、评价备选方案、选择方案、拟订派生计划、执行和检查等几个步骤。

目标是组织目的或宗旨的具体体现，是一个组织奋力争取达到的所希望的未来状况。具体地讲，目标是根据组织宗旨而提出的组织在一定时期内要达到的预期成果。目标具有层次性、网络化、多样性、次序性、时间性、可考核性等特点。组织目标对于组织的存在、发展及组织活动都起着非常重要的作用，是衡量组织活动成效的标准，为激发组织活动提供了动力，是管理者和组织中一切成员的行动指南。目标管理是一种综合的以工作为中心和以人为中心的管理方法，它先由组织中的上级管理人员与下级管理人员、员工一起制订组织目标，并由此形成组织内每一成员的责任和分目标，明确规定每人的职责范围，最后又用这些目标来进行管理、评价和决定每个部门和成员的奖惩。在目标管理过程中，首先要建立一套完整的目标体系，然后组织实施，检查评价结果，最后开始新的循环。

目标管理与传统管理方法相比有很多优点，它有利于上下级之间的沟通和交流；使权力责任一目了然；有利于排除工作的盲目性；同时目标管理对组织内易于度量和分解的目标会带来良好的绩效。在实际操作中，目标管理也存在目标难以制订、哲学假设前提不一定存在、费时费力、奖惩与目标成果不一定相配合等缺点。在目标管理的操作中，把握好实施原则。

滚动式计划方法是一种编制具有灵活性的、能够适应环境变化的长期计划方法。这种方法是在已编制出的计划的基础上，每经过一段固定的时期（例如一年或一个季度，这段固定的时期被称为滚动期）便根据变化了的环境条件和计划的实际执行情况，从确保实现计划目标出发对原计划进行调整。每次调整时，保持原计划期限不变，而将计划期顺序向前推进一个滚动期。

网络计划技术，也称网络计划法，是利用网络计划进行生产组织与管理的一种方法。网络计划技术适用于各行各业，特别是包含较多项作业，需要多家单位配合完成的大型工程项目。它具有系统性、动态性、可控性以及易掌握性等特点。网络图是网络计划技术的图解模型，是它的基础研究工具。

■ **关键概念**

计划 战略计划 行动计划 目标 目标管理 滚动计划法 网络计划技术
网络图 作业 事件 路线

■ 思考题

1. 什么是计划？计划的基本类型有哪些？
2. 计划制订过程必须注意什么问题？如何制订计划？
3. 管理者为什么要事先进行计划？
4. 目标管理的内容是什么？其优点和缺点是什么？
5. 简述目标管理的现实意义。
6. 你认为政府机构、大学、医院能引进目标管理的方法吗？
7. 简述滚动计划法的优点。
8. 阐述网络计划技术的特点。
9. 下表是一座办公楼的施工作业清单，请画出网络图、确定关键路线并计算建这座办公楼需要多长时间。

办公楼施工作业清单

事件	期望时间	紧前事件
A 审查设计和批准动工	10	—
B 挖地基	6	A
C 立屋架和砌墙	14	B
D 建造楼板	6	C
E 安装窗户	3	C
F 搭屋顶	3	C
G 室内布线	5	D, E, F
H 安装电梯	5	G
I 铺地板和嵌墙板	4	D
J 安装门和内部装饰	3	I, H
K 验收和交接	1	J

■ 案例分析

关于"埃德塞尔"牌汽车的故事

1957 年，福特汽车公司着手生产一种新汽车，牌子叫做"埃德塞尔"。为了激起公众对新汽车的爱好，在"埃德塞尔"实际问世前一年就大肆进行了广告宣传。根据福特公司一位高级经理所说，在第一年中，计划是生产 20 万辆。但在两年后，也就是在实际生产了 11 万辆"埃德塞尔"之后，福特公司无可奈何地宣布，它犯了一个代价昂贵的错误。在花了几乎 2.5 亿美元进入市场之后，"埃德塞尔"在问世两年内估计还亏损了 2 亿多美元。

福特公司的战略是想利用"埃德塞尔"同通用汽车公司和克莱斯勒汽车公司在较高价格的汽车市场进行竞争。在制造分别适合美国社会的各种经济水平的不同类型的汽车方面，通用公司一直是非常成功的。在福特公司决定从大众化"福特"牌车型转向生产比较昂贵的汽车时，福特公司实际上已经失去了很大一部分市场。

有很多理由可以说明为什么"埃德塞尔"未能实现计划目标。其一是"埃德塞尔"在经济衰退时期较高价格汽车市场收缩的情况下进入市场的，其二是当时国外经济型小汽车正开始赢得顾客的赞许。其三是"埃德塞尔"的车型和性能没有达到其他同样价格汽车的标准。

福特公司竭尽全力想出各种办法来防止全面的失败。他们向经销商提供折价出售"埃德塞尔"的方法作为销售额外分红，并且组织了一个有关车型、颜色、大小等方面的经销经验交流系统。并对全国性的广告预算增加了 2 000 万美元。折价出售"埃德塞尔"给州公路局官员，为的使人们能在公路上看到这种汽车。为了招徕顾客，还发动了一次大规模巨大的驾车游行的推销规划，让有可能成为顾客的 50 万人参加。

思考：

"埃德塞尔"计划为什么会失败？

资料来源：由许静：《福特公司在埃德塞尔汽车上失败的原因分析》整理，《现代企业文化》（理论版），2009 年 9 期。

■ 补充阅读书目

1. ［美］斯蒂芬·P. 罗宾斯. 管理学.7 版. 孙健敏，黄卫伟等，译. 北京：中国人民大学出版社，2004.

2. 黄锐，高颖. 管理是什么. 北京：中国经济出版社，2004.

3. ［美］彼得·德鲁克. 管理的实践. 齐若兰，译. 北京：机械工业出版社，2006.

4. 周三多，陈传明，鲁明泓. 管理学——原理与方法.4 版. 上海：复旦大学出版社，2004.

组　织

【学习目的和要求】

1. 掌握组织的含义，理解组织的作用。
2. 了解组织的分类，理解组织设计的原则和内容。
3. 理解组织设计的影响因素，弄清楚管理幅度与管理层次的关系。
4. 掌握各种组织结构的特点、优缺点及适用范围，清楚部门划分的不同方式。
5. 理解直线职权、参谋职权及其相互关系，掌握集权与分权的概念及分权的途径。
6. 理解组织变革的动力和阻力，了解组织变革的过程，讨论组织变革的新趋势。

7.1 组织概述

组织是管理的基本职能之一。社会发展使人们的需求日益复杂化、多样化，要不断地满足这种需求，单靠个人是无法实现的。人们利用组织把资源集中起来，从事经济、政治、文化等社会活动。组织是人类社会最常见、最普遍的现象。

7.1.1 组织的含义

什么是组织？在管理的文献中，我们可以找到关于组织的各种定义，被称为"现代管理理论鼻祖"的巴纳德（C. I. Barnard）将组织定义为"有意识地加强协调的两个或两个以上的人的活动或力量的协作系统"。根据这个定义，组织应该有明确的目标、交流系统、协作过程，以及为完成组织目标进行合作的人员形成的网络。同样，伊兹尼（Etzioni）把组织描述为"组织是一个有计划的单位，是为了完成特定的目标而设计起来的"。最后波特（Portar）、劳拉（Lawler）以及哈克曼（Hackman）指出组织应有五个基本的因素：①社会构成；②目标方向；③差别化的功能；④合理协调；⑤时间上的延续性。哈罗德·孔茨则把组织定义为"正式的有意形成的职务结构或职位结构"。由此可见，组织不仅是人的结合，而且是一种特定的体系。

在管理学中，**组织有**几种不同的含义：①组织是指组织工作或组织职能，这时组织在英文中的表述就是"organizing"，指的是管理者所开展的组织行为、组织活动过程，其主要内容就是进行组织结构的设计与再设计；②组织是指组织工作的对象，这时组织在英文中的表述就是"organizations"或"an organization"，指的是通过组织工作或组织设计，形成具有一定的分工协作关系的、由多种要素构成的实体组织，如企业组织、政府组织、军队组织等；③组织是指组织工作的结果，这时组织在英文中的表述就是"organizaion"，指的是一种组织结构，如直线制组织结构、事业部制组织结构，在这层含义中，组织其实是组织结构的简称。

7.1.2 组织的作用

组织是人的协作体，也是配置资源的过程。组织活动的功能不仅是简单地把个体力量集合在一起，更为重要的是，通过有效的分工和协作，寻求个体力量进行放大的效应。组织主要有以下两个方面的作用：

一、汇聚力量

把分散的个体汇集成为集体，可以实现单个个体无法达到的目标，这就是组

织的力量汇聚作用。用简单的数学公式表示，就是"1＋1＝2"。汇聚力量功能是组织产生和存在的必要前提，由于生理的、物质的、社会的限制，人们为了达到个人的和共同的目标，必须进行合作，于是作为协作群体的组织便应运而生。力量汇聚是组织的基本作用。

二、放大力量

比汇聚作用更进一步，通过组织内部有效的分工与协作，个体力量的集合还可以实现个体力量简单加总无法达到的目标，这就是组织的力量放大作用。用简单的数学公式表示，就是"1＋1＞2"。这种作用是在力量汇聚作用基础上产生的，从某种意义上讲，它比力量汇聚作用更为重要，是组织发展和壮大的根本保障，只有借助于力量放大作用，组织才能取得"产出"大于"投入"的经济效果，才能实现进一步的发展壮大。可见，力量放大是组织的核心作用。

7.1.3 组织的分类

按照不同的标准划分，组织有多种类型。

一、依据组织举办性质的不同可将组织分为营利性组织和非营利性组织

1. 营利性组织

营利性组织是指以经济利益为导向，从事生产经营活动的组织。它提供各类产品和服务，主要履行经济职能。营利性组织在社会中大量存在，如工厂、商店、银行、酒店等。

2. 非营利性组织

非营利性组织是指以社会利益为导向，以维持社会秩序和促进社会发展为己任的组织。它提供社会服务，主要履行社会职能。非营利性组织在保证整个社会的协调稳定和有序发展方面起着不可缺少的作用，如政府、军队、学校、社团等。

二、依据组织形成方式的不同可将组织分为正式组织和非正式组织

1. 正式组织

正式组织是为了有效地实现组织目标而明确规定组织成员之间职责范围和相互关系的一种结构，其制度和规范对成员具有正式约束力。政府组织、企业组织都属于正式组织。

2. 非正式组织

非正式组织是人们在共同的工作或活动中，基于共同的兴趣和爱好，以共同的利益和需要为基础自发形成的群体。除各种类型的正式组织之外，在现实生活中，还存在着大量的非正式组织。例如由兴趣爱好组成的各种俱乐部、协会等群体就是这类组织。

不管我们承认、允许、愿意与否，非正式组织总是存在着。正式组织与非正式组织之间的关系是既相互联系又相互区别的。一方面，正式组织与非正式组织存在紧密联系。在正式组织建立之前，往往要先经过非正式组织的酝酿；而正式组织的建立，又往往促成了非正式组织的形成。另一方面，正式组织与非正式组织又存在重大差别。正式组织以共同目标为维系纽带，非正式组织则以共同情感为维系纽带。

此外，组织还可按不同标准分为生产型组织和服务型组织，小型、中型和大型组织等。

7.1.4 组织设计的原则

一、目标任务原则

组织结构只是实现组织目标的手段，因此，管理者在进行组织结构的设计时，必须服务于组织目标实现的需要。

二、命令统一原则

命令统一原则的实质就是在管理工作中实行统一领导，每个下属应当而且只能有一个上级主管，要求消除多头领导、政出多门的现象。具体要求是：

（1）确定管理层次时，使上下形成一条连续的不间断的等级链，明确职责、权力和联系方法。

（2）任何一级组织只能由一个人负责，实行首长负责制，减少甚至不设副职。

（3）下级只能接受一个上级组织的命令和指挥，防止出现多头领导的现象。

（4）下级只能向直接上级请示工作，不能越级请示工作。

（5）上级可以越级检查工作，但一般不能越级指挥下级。

（6）职能部门一般只能作为同级直线领导的参谋，无权对下级直线部门发号施令。

实例 7 - 1

联想集团组织结构的发展

联想集团自成立开始，组织结构由小到大发展成为今天的"大船结构"管理模式。

1. 从"提篮小卖"到"一叶小舟"。公司刚成立时，通过为顾客维修机器、讲课、帮顾客攻克技术难题和销售维修代理等，筹集了必要的资金，柳传志戏称为"提篮小卖"。1985 年 11 月，"联想式汉

卡"的正式上市开启了联想集团事业的飞速发展。但是，柳传志却认为，联想集团"还只是一叶飘零的小舟，经不起大风大浪的冲击"。

2. 进军海外市场。创建外向型高科技企业是联想集团的目标，为此联想制订了一个海外发展战略。海外发展战略包括三部曲：

（1）在海外建立一个贸易公司。

（2）建立一个集研发、生产和国际经销网点于一体的跨国集团公司。

（3）在海外股票市场上市。

海外发展战略具体是指三个发展战略："瞎子背瘸子"的产业发展战略；"田忌赛马"的研发策略；"汾酒与二锅头酒"的产品经营策略。经过几年进军海外市场的实践，公司决策层清醒地认识到，必须铸造能抗惊涛骇浪的"大船"。

3. "大船结构"管理模式。联想的决策者认识到，没有一支组织严密、战斗力强大的队伍，企业就成不了气候，进军海外市场也就无从谈起。在这样的背景下，他们提出了"大船结构"。

其主要特点是"集中指挥，分工协作"，根据市场竞争规律，企业内部实行目标管理和指令性工作方式，统一思想，统一号令，接近于半军事化管理。

资料来源：倪杰主编：《管理学原理》，清华大学出版社2006年版，第165～166页.

三、权责对等原则

要让管理者对工作完全负责就必须授予其相应的权力，既要明确规定每一管理层次和各个部门的职责范围，又要赋予完成其职责所必需的管理权限。职权与职责必须协调一致。没有明确的权力，或权力的应用范围小于工作的要求，会使管理者的责任无法履行。当然，权力也不能超过其应负的职责，否则会导致不负责地滥用权力，甚至会危及整个组织系统的运行。

四、有效管理幅度原则

一般来说，任何主管人员能够直接有效地指挥和监督的下属人员总是有限的。一个主管人员直接指挥和监督的下属人员的数量称为管理幅度，管理幅度过大，会造成指导监督不力，使组织陷入失控状态；管理幅度过小，又会造成主管人员配备增多，管理效率降低。所以，保持一个合理的管理幅度是组织设计的一条重要原则，对此大部分的管理学者都引用了格兰丘纳斯（V. A. Graincunas）的论证公式：

$$\sum = n(2^{n-1} + n - 1)$$

式中：$\sum$ 表示管理者需要协调的人际关系的数量；n 表示下级人员的数量。

上式说明，随着下属人数的增加，关系急剧增加，管理者之间的协调工作就越来越复杂。一般来说，管理幅度不能太宽，以 4~6 人较为合适。

五、因事设职与因人设职相结合原则

组织设计的根本目的是为了保证组织目标的实现，因此必须确保实现组织目标活动的每项内容都能落实到具体的职位和部门，做到"事事有人做"，而非"人人有事做"，所以，在组织设计中逻辑性地要求从工作特点和需求出发，因事设职，因职用人。当然这并不意味着组织设计可以忽略人的因素，忽视人的特点和能力。组织设计应设法使有能力的人有机会去做他们能胜任的工作，使他们的能力获得不断发展。

7.1.5 组织设计的内容

组织设计是组织工作的核心。它是以组织结构安排为中心，合理配置组织拥有的各种资源，明确各个部门、岗位的职责及其相互关系，以便有效地实现组织目标的一种管理活动。

一般地，组织设计需要完成以下几项任务或工作。

一、职务分析与设计

职务分析与设计是组织设计最基本的工作。它是在对组织目标进行逐级分解的基础上，具体确定出开展组织活动所需设置的职务，以及每个职务的性质、任务、权力、隶属关系及任职人员所应具备的条件。职务分析与设计应该从最基层开始，就是说自下而上进行。职务分析的实质是工作专业化分工。

二、部门划分和层次设计

部门划分和层次设计是根据各个职务的性质、内容及相互联系，依照一定的原则，将它们组合成若干部门。这些部门单位又可以按一定的方式组合成上一层级的更大部门，这样就形成了组织的层次。

三、结构的形成

结构的形成是通过职责权限的分配和各种联系手段的设置，使组织中的各构成部分联结成一个有机的整体。

组织设计的结果通常体现在两份书面文件上。其一是组织结构系统图，一般是以树状形式简洁明了地展示组织内部结构及其等级关系；其二是职务说明书，一般以文字的形式规定各个职位的工作内容、职责和职权，以及各职务担当者所

必须具备的任职条件。

7.1.6 组织设计的影响因素

一、组织规模

组织规模大小是影响组织设计的一个重要变量。一般而言，组织的规模越大，组织内专业化分工要求越高，组织活动的程序化和规范化程度越高，组织的分权化程度越高，管理人员的职业化程度也越高。

二、组织所处的环境

组织环境对组织结构设计的影响主要表现在三个方面：一是对职务和部门设计的影响。社会分工方式的不同决定了组织内部的工作内容，从而所需完成的任务、所需设立的部门也不一样。二是对各部门关系的影响。环境不同使组织中各项工作完成的难易程度各不相同。当产品求大于供时，企业关心的是如何增加产量、扩大生产规模，企业的生产职能、生产部门会显得相对重要，而营销部门、营销人员相对受到冷落；当产品供大于求时，情形则可能正好相反。三是对组织结构总体特征的影响。简单稳定的环境适合"机械式"的组织结构，整个组织像一架高效率的机器，人性和人的随机判断被降低到最低限度；而多变复杂的环境要求"有机式"组织结构，这种结构，规范化程度低，分权化程度高，是一种松散的、灵活的，具有高度适应性的组织结构。

三、组织的战略

组织结构必须服从于组织所选择的战略的需要，随战略的变化而调整。不同的组织战略要求开展不同的业务和管理活动，由此影响到管理职务和部门的设计。战略重点的改变会引起组织业务活动重心的转移和核心职能的改变，从而使各部门、各职务在组织中的相对位置和相互关系发生变化。如采用防守型战略的组织，谋求业务活动的稳定和高效，所以组织结构倾向于高度集权和高规范化。而采用进攻型战略的组织，谋求对外部环境的快速反应和灵活性，组织结构倾向于高度分权和低规范化。

四、组织采用的技术

技术的常规性与复杂性决定着组织的分工和工作的专业化程度，因而会对组织结构形式和总体特征产生相当程度的影响，进而决定着部门的大小、构成、管理层次和管理幅度。

五、组织所处的发展阶段

组织发展阶段不同，与之适应的组织结构也应不同。创业阶段决策主要由最高管理者作出，组织结构相当不规范，对协调只有最低程度的要求，组织内部的信息沟通主要建立在非正式的基础上。进入职能发展阶段，决策越来越多地由其他管理者作出，最高管理者亲自作出决策的数量越来越少，组织结构建立在职能专业化的基础上。在分权阶段，组织采用分权的方法来应付职能结构引起的各种问题，组织结构以事业部为基础，目的是在企业内部建立"小企业"，使后者按创业阶段的特点来管理。在参谋激增阶段，为了增加对各"小企业"的控制，大企业一级的行政主管增加了许多参谋助手，而参谋的增加又会导致参谋职能与直线职能的矛盾，影响组织中的命令统一。在再集权阶段，分权与参谋激增阶段所产生的问题可能诱使高层主管再度集中决策权力。

六、组织的人力资源状况

组织成员的构成以及成员的个性特征、所拥有的技能与职业素养等都会影响组织的规范化和集权化程度。一般地，组织的劳动力技术含量越高，越可能采用分权的组织结构。成就需要高、职业素养好的员工，往往渴望自由和自治，不喜欢被严密地监督。

7.1.7 管理幅度与管理层次

一、不同的管理幅度与层次

管理幅度是指管理人员直接指挥和监督的下属数量。**管理层次**是指从最高管理者到基层工作者的组织层次数目。管理幅度决定管理层次，二者呈反向变化。在组织规模一定的条件下，管理幅度越宽，管理层次越少；反之，管理幅度越窄，则管理层次越多。

管理层次与管理幅度的反比关系决定了两种基本的管理组织结构形态的存在，即扁平型的组织结构形态和锥型的组织结构形态。

1. 扁平型组织结构

扁平型组织结构是指管理幅度较大、管理层次较少的一种组织结构形态。这种形态的优点是：层次少，信息的传递速度快，从而可以使高层尽快地发现信息所反映的问题，并及时采取相应的纠偏措施；同时，由于信息传递经过的层次少，传递过程中的失真程度也较小；此外，较大的管理幅度，使主管人员对下属不可能控制得过多过死，从而有利于下属主动性和创造精神的发挥。但是，较大的管理幅度，也会带来一些局限性，例如，主管人员不一定能对每位下属进行充分、有效的指导和监督；每个主管人员从较多的下属处获得信息，众多的信息量可能淹没了其中最重要、最有价值的部分，从而影响对信息的及时利用。

2. 锥型组织结构

锥型组织结构是指管理幅度较小、而管理层次较多的组织结构形态。其优点与局限性正好与扁平型组织结构相反：较小的管理幅度可以使每位主管仔细地研究从每个下属那儿得到的有限信息，并对每个下属进行详尽的指导；但过多的管理层次，不仅影响了信息从基层传递到高层的速度，而且由于经过的层次太多，

每次传递都被各层主管加进了许多自己的理解和认识，从而可能使信息在传递过程中失真；同时，过多的管理层次，可能使各层主管感到自己在组织中的地位相对低下，从而影响积极性的发挥；最后，过多的管理层次也往往容易使计划的控制工作复杂化。

显然，组织设计要依据实际情况和需要，尽可能地综合两种组织结构形态的优势，克服它们的局限性。

二、管理幅度的影响因素

1. 工作能力

主管人员的综合能力、理解能力、表达能力强，则可以迅速地把握问题的关键，对下属的工作提出恰当的指导建议，并使下属明确地理解自己的意图，从而可以缩短与每一位下属接触所占用的时间。同样，如果下属人员的工作能力较强，受到良好的系统培训，则可以在很多问题上根据自己的主见去解决，从而可以减少向上请示的时间和频率，这样主管人员的管理幅度可宽些。

2. 工作内容和规范性

管理者的工作主要在于决策和用人，但不同层次管理者的决策和用人的要求各不相同。高层管理者的决策相对复杂和困难，因此管理幅度较小。下属从事工作的内容和性质相似，管理幅度可适当大一些。工作的规范性程度高，即工作的考核目标及标准明确，管理幅度可适当大一些。

3. 工作条件

配备必要的助手、工作地点相近、先进的信息处理手段都可以有效增大管理的幅度。

4. 工作环境

环境变化越快，变化程度越大，组织中遇到的新问题就越多，下属向上级的请示就越多；同时上级也必须花更多的时间去关注环境的变化，考虑应变的措施，因而能用于指导下属工作的时间和精力就越少。因此，环境越复杂、越不稳定，管理幅度就越小。

7.2 部门划分和组织结构

7.2.1 部门划分的不同方式

在工作专业化分工的基础上，按照一定的标准将组织划分成若干半自治的管理单位，这就是所谓的部门划分，也称部门化。部门划分的目的是在于确定组织中各项任务的分配与责任的归属，通过部门划分，形成了组织的横向结构。组织中划分部门的方式主要有以下几种：

一、按职能划分部门

按职能划分部门是按业务活动的相同或相似性来设立管理部门的，这种划分方式体现了组织活动的典型特点，所以是一种最自然、最方便、最符合逻辑的划分方式。一个企业的基本职能包括生产、销售、财务、技术、人事等。

按职能划分部门可以带来专业化分工的种种好处。由于各部门只负责一种类型的业务活动，所以它有利于人员的培训和相互交流。各部门在最高主管的领导下只从事组织整体的部分活动，因此有利于维护最高主管的权威和组织的统一性。

职能部门化的局限性主要表现为：决策可能变得更加集权化，决策的速度可能较慢；各职能部门可能只注重依据自己的准则来行动，缺乏对组织整体目标的认识，使部门之间的活动不易协调；对涉及组织全局性的问题难以发现；各部门负责人只从事某种专门业务的管理，不利于对组织高级管理人员的培养。

二、按产品划分部门

如果主要产品的数量足够大，这些不同产品的用户或潜在的用户足够多，那么组织的最高管理层除了保留财务、人事、公关等一些必要部门外，就应该考虑根据产品来设立管理部门，即实施所谓的产品部门化。

产品部门化具有以下优势：有利于本部门内更好地协作；有利于提高决策的效率；有利于专项资金、设备、技术和知识的运用；有利于各部门独立核算和展开竞争；有利于组织及时调整生产方向；有利于培养高层管理人才。

产品部门化的缺点：各部门都把注意力集中在本部门运行上，因而对整个组织的关心有所忽略；每个部门都设有自己的职能部门，导致机构重叠，管理人员庞大，管理费用增加；各部门各自为政，组织高层主管的权威受到削弱；需要更多的具有综合管理能力的人才。

三、按区域划分部门

区域部门化是根据地理区域来设立管理部门，将同一地区的经营活动集中起来，委托给一个主管部门进行管理。这种形式一般多见于经营区域特别广泛的大公司，尤其是跨国公司。组织活动在地理上的分散带来的交通和信息沟通困难曾经是区域部门化的主要原因，但是，随着信息技术和网络化的发展，这个理由已显得不再重要。更为重要的是，人们越来越清楚地认识到社会文化环境对组织活动有着非常重要的影响。不同的文化环境决定了人们不同的价值观，从而使人们的劳动态度、对物质利益和工作成就的重视程度以及消费偏好均不相同，而一定的文化背景总是与一定的地理区域相联系的，因此，根据地理位置的不同设立管理部门，可以更好地针对当地的劳动者和消费者的行为特点来组织生产和经营活动。

按区域划分部门有许多优点。可以将责任下放到低层，鼓励低层参与决策以

及改善协调区域内的活动。管理者能够集中关注当地市场的需求和所出现的问题，也可以充分利用当地的人力资源，能更好地与当地利益各方沟通。从生产的角度看，能降低运输成本和送货时间。同时，也为培训高级管理者提供了场所。按区域划分部门的缺点与产品部门化相类似。

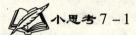小思考 7 - 1

某市农贸进出口公司设有：一名总经理，一名主管生产的副总经理，一名主管营销的副总经理和一名主管财务的副总经理。则该公司的组织结构式属于按（　　　）

A. 区域划分部门

B. 职能划分部门

C. 顾客划分部门

D. 产品划分部门

【答案】B

7.2.2 组织结构的不同形式

一、直线制

直线制形式是一种最古老的组织形式，最初广泛在军事系统中得到应用，后推广到企业管理工作中来，如图 7 - 1 所示。直线制组织形式的突出特点是，组织的一切生产经营活动均由组织的各级主管人员直接进行指挥和管理，不设专门的参谋人员和机构，至多只有几名助理协助最高主管工作。

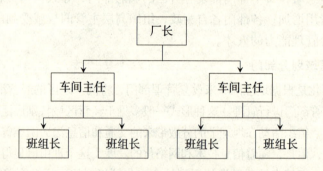

图 7 - 1　直线制组织结构

直线制组织的优点是管理结构简单，管理费用低，指挥关系清晰、统一，权力集中，决策迅速，责任明确，反应灵活，纪律和秩序的维护较容易，工作效率高。但是，这种组织形式要求组织的各级领导者精明能干，具有多种管理专业知识和生产技能知识。现实中，每个管理人员的精力毕竟有限，仅依靠主管个人的力量很难对问题作出深入、细致、周到的思考。因此，管理工作往往显得比较简单和粗放。同时，组织中各部门之间的横向联系比较差。一般说来，这种组织结构形式只适用于技术较为简单、业务单纯、规模较小的企业。

二、职能制

职能制组织结构是科学管理之父泰罗首先提出的。其特点是：按专业分工设置管理职能部门，各部门在业务范围内有权向下级发布命令，每一级组织既服从上级的指挥，也听从几个职能部门的指挥。职能制组织结构形式如图7－2所示。

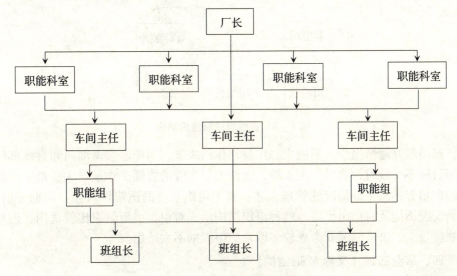

图7－2　职能制组织结构

职能制组织结构的优点是：能够适应现代组织技术比较复杂和管理分工较细的特点，能够发挥职能机构的专业管理作用，减轻上层主管人员的负担。但其缺点也比较明显，即这种结构形式妨碍了组织必要的集中领导和统一指挥，形成了多头领导，不利于明确划分直线人员和职能科室的职责权限，容易造成管理的混乱。

三、直线职能制

直线职能制又称U形结构。它是以权力集中于高层为特征的组织结构。它的基本特征在于，企业的生产经营活动按照功能划分为若干个职能部门，如生产、销售、开发等，每一个部门又是一个垂直管理系统，由企业最高层领导直接进行管理。生产过程的主要决定必须有高层主管和职能部门的同时介入才能作出。直线职能制组织结构如图7－3所示。

直线职能制优点是：领导集中、职责清楚、秩序井然、工作效率较高、整个组织有较高的稳定性。而缺点则是：下级部门的主动性和积极性的发挥受到限

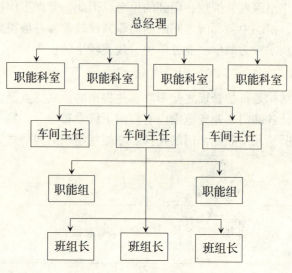

图 7 - 3　直线职能制组织结构

制；部门间互通情报少，不能集思广益地作出决策，当职能参谋部门和直线部门之间目标不一致时，容易产生矛盾，致使上层主管的协调工作量增大；难于从组织内部培养熟悉全面情况的管理人才；整个组织系统的适应性较差，因循守旧，对新情况不能及时作出反应。这种组织结构形式对中、小型组织比较适用，但对于规模较大、决策时需要考虑较多因素的组织则不太适用。

四、事业部制（又称 M 形结构）

事业部制是大型企业普遍采用的一种典型的组织形式，如图 7 - 4 所示。这种组织形式最初由美国通用汽车公司副总裁斯隆创立，故被称做"斯隆模型"，有时也称为"联邦分权制"，因为它是一种分权制的组织形式。

事业部制是在一个企业内对具有独立产品市场或地区市场并拥有独立利益和责任的部门实行分权化管理的一种组织结构形式。其具体做法是，在总公司下按产品、地区、销售渠道或顾客分设若干事业部或分公司，使它们成为自主经营、独立核算、自负盈亏的利润中心。总公司只保留方针政策制订、重要人事任免等重大问题的决策权，其他权力尤其是产、供、销和产品开发方面的权力尽量下放。这样，总公司就成为投资决策中心，事业部是利润中心，而下属的生产单位则是成本中心，并通过实行"集中政策下的分散经营"，将政策控制集中化和业务运作分散化有机地统一起来。

事业部制的优点：公司能把多种经营业务的专门化管理和公司总部的集中统一领导较好地结合起来，既能够保证公司总体目标的实现，也能充分调动中层管理人员的积极性，还有利于培养综合型高级经理人才。其缺点：公司需要有许多全能型人才来运作；各事业部都设立类似的管理机构，造成职能重复，管理费用

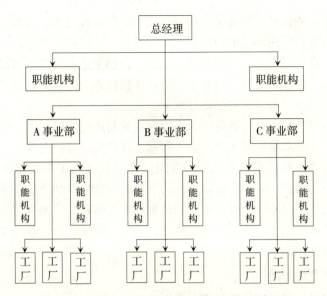

图7-4　事业部制组织结构

上升；各事业部之间对公司资源和共享市场的不良竞争可能引发内耗，加重了总公司的协调任务；总公司和事业部之间的集权与分权关系处理起来难度较大。这种组织结构多适用于规模较大的一些公司的事业部等组织。

五、矩阵制

矩阵制是指在直线职能制垂直指挥链系统的基础上，再增设一种横向指挥系统，形成具有双重职权关系的组织矩阵，如图7-5所示。为了完成某一项目，从各职能部门中抽调完成该项目所必需的各类专业人员组成项目组，配备项目经理来领导他们的工作。这些被抽调来的人员，在行政关系上仍归属于原所在的职能部门，但工作过程中要同时接受项目经理的指挥。项目组任务完成以后，各类人员回到原所属部门等待分派新的任务，所以矩阵制组织通常亦被称为"非长期固定性组织"。

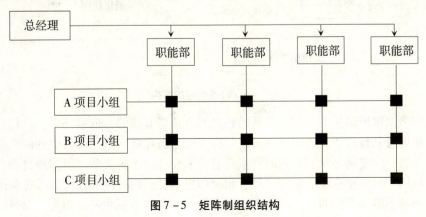

图7-5　矩阵制组织结构

矩阵制组织的优点：加强横向联系，克服了职能部门相互脱节、各自为政的现象；专业人员和专用设备随用随调，机动灵活，不仅使资源保持了较高的利用率，而且也提高了组织的灵活性和应变能力；各种专业人员在一段时期内为完成同一项任务在一起工作，易于培养他们的合作精神和全局观念，且工作中不同角度的思想相互激发，容易取得创新性成果。

矩阵制组织的缺点：成员的工作不固定，容易产生临时观念，也不易树立责任心；组织中存在双重职权关系，出了问题，往往难以分清责任。

根据矩阵结构的基本特点，目前有组织已经开发出了多维立体组织结构形式。如三维组织结构，它由专业职能部门、地区管理机构和产品事业部三重指挥链构成，围绕某种产品的研发、生产和销售等重大问题，协调三方面力量，加强信息联系。这种三维立体结构适用于跨地区从事大规模生产经营而又需要保持较强的灵活反应能力的大型企业。

六、网络型组织结构

网络型组织是采用现代管理理念和生产方式，利用现代信息技术手段而建立和发展起来的新型组织结构。现代信息技术使企业与外界的联系加强了，利用这一有利条件，企业可以重新考虑自己的业务安排和自身机构的边界，并不断缩小内部生产经营活动的范围，相应的扩大与外部单位之间的分工协作。这就产生了一种基于契约关系的新型组织结构形式，即网络型组织，如图7-6所示。

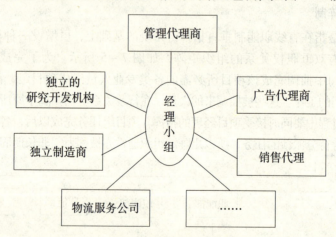

图7-6 网络型组织结构

网络型组织结构是以契约关系的建立和维持为基础的，依靠外部机构进行制造、销售或其他重要业务活动的组织结构形式。被连接在这一结构中的两个或两个以上的单位之间并没有正式的资本所有关系和行政隶属关系，但却通过契约纽带，运用一种互惠互利、相互协作、相互信任和支持的机制来进行密切的合作。

网络型组织结构的特色是将企业内部各项工作（包括生产、销售、财务、物流等），通过承包等契约合同交给不同的专业企业去承担，而总公司只保留为数不多的职员，其主要职责是制订政策和协调与各承包公司的关系。这种结构的优点是，能使企业减少行政开支，并具有较强的应变能力。缺点是，总公司对各承包公司的控制能力有限。

网络型结构可以使企业利用现有的社会资源迅速发展壮大起来，它不仅是小型组织的一种可行的选择，也是大型企业，特别是跨国公司在联结集团松散层单位时通常采用的组织结构形式。

7.3 组织的职权体系

职权是处于某一职位上自主行使作出影响别人的决策的权力。职权是组织环境中的一种权力，其权力主要来自于职位。

7.3.1 直线职权与参谋职权

一、直线职权、参谋职权及其相互关系

在组织中，直线职权与参谋职权是两类不同的职权关系。直线职权是上级对下级行使直接指挥和监督的关系，这种职权是从组织的高层一直延伸到组织的低层，形成一条所谓的"指挥链"。直线人员所拥有的是一种决策和行动的权力。相反，参谋职权属于顾问性质。纯粹的参谋者，职能是进行调查研究，并向直线管理人员提出建议。所以，参谋关系是一种服务和协助的关系，授予参谋人员的只是思考、筹划和建议的权力。参谋和直线之间的界限是模糊的。作为一个主管人员，他既可以是直线人员，也可以是参谋人员，这取决于他所起的作用及行使的职权。当他处在自己所领导的部门中时，他行使直线职权，是直线人员；而当他同上级打交道或和其他部门发生联系时，他又成为参谋人员。例如医院院长在医院内是直线人员，但当卫生局进行计划或决策而征询他的意见时，他便成为参谋人员了。

介于直线职权与参谋职权之间的另一种职权叫做职能职权，它是授予参谋原属于直线主管行使的某些权力。这些权力通常需要具有专业知识的人员来行使。例如，一个公司的总经理统揽全局管理公司的职权，他为了节约时间，加速信息的传递，就可能授权财务部门直接向生产经营部门的负责人传达关于财务方面的信息和建议，也可能授予人事、采购、公关等部门一定的职权，让其直接向直线组织发布指示，等等。职能职权的存在是对直线决策和指挥权的限制。

二、正确发挥参谋人员的作用

要合理利用和正确发挥参谋人员的作用，直线主管人员必须注意如下几点：首先，要求明确直线与参谋的关系和性质，分清双方的职权关系与存在价值，形

成相互尊重、相互配合的良好基础。其次，应该鼓励和要求直线部门的管理人员与参谋部门的人员进行充分协商，在直线部门必须听取参谋部门意见的地方，可采用强制性接受参谋部门建议的做法；必要时授予参谋机构在一定专业领域内的职能职权。再次，直线主管要为参谋人员提供必要的信息条件，让参谋人员时刻了解组织的情况，否则参谋部门是无法开展工作的，直线部门也难以从参谋部门获得有价值的意见。最后，参谋部门应该成为问题的解决者而不是制造者，当参谋部门人员的建议不明确、模棱两可或者错误时，他们就会成为问题的制造者。所以参谋的工作应当脚踏实地，尽可能提出切实可行的意见，而非夸夸其谈。

7.3.2 集权与分权

一、集权与分权的概念

所谓"**集权**"，即职权的集中化，也就是决策权在很大程度上向处于较高管理层次的职位上集中的组织状态和组织过程。所谓"**分权**"，即职权的分散化，也就是决策权在很大程度上向处于较低管理层次的职位上分散的组织状态和组织过程。集权和分权是一对相对的概念，确定一个组织中职权集中或分散的合理程度，需要考虑如下几方面因素：

（1）经营环境条件和业务活动性质。如果组织所面临的经营环境具有较高的不确定性，组织在业务活动过程中必须保持较高的灵活性和创新性，这种情况就要求实行较大程度的分权。反之则可以实行较大程度的集权。

（2）组织的规模和空间分布广度。组织规模较小时，实行集权管理可以取得高效率。但随着组织规模的扩大，其经营领域范围相应扩大，这就要求组织向分权方向转变。

（3）决策的重要性和管理者的素质。一般而言，重大决策，宜实行集权；重要程度较低的决策可实行较大程度的分权。如果管理人员素质高，则分权就具备了较好的基础。

（4）方针政策一致性的要求。鉴于集权有利于确保组织方针政策的一致性，所以在面临重大危机和挑战时，组织往往会采取集权的办法。

（5）组织的历史和领导者个性的影响。

集权过度会带来一系列弊端，主要表现在：降低决策的质量和速度；降低组织的适应能力；使高层管理者陷入日常管理事务中，难以集中精力处理企业发展中的重大问题；降低组织成员的工作热情；妨碍对后备管理队伍的培养。

二、分权的途径

分权可以通过两种途径来实现：一是改变组织设计中对管理权限的制度分配，即制度分权。二是促成主管人员在工作中充分授权。制度分权是对组织中职权关系的一种再设计，是在组织变革过程中实现的。制度分权在考虑组织规模和组织活动的特征后，在工作分析、职务和部门设计的基础上，根据各管理岗位工作任务的要求，规定必要的职责和权限。授权则是在组织运行中，为了充分利用专门人才的知识和技能，或出现新情况时，将部分处理或解决问题的权力委任给某个或某些下属。科学合理的授权过程由四个环节构成：一是任务的分派，管理者首先要明确被授权人应当且能够承担的任务是什么；二是职权的授予，即根据开展工作或实现任务的需要，授予其采取行动或者指挥他人行动的权力；三是职责的明确，被授权人接受了任务并拥有了所必需的权力后，就有责任和义务去完成所接受的任务，并就任务完成情况接受奖励或处罚；四是监督权的确认，授权者对被授权任务的执行情况负有最终的责任，为此授权者必须对被授权者的工作情况和权力的使用情况进行监督和检查，并根据实际情况确定是否需要调整所授的权力或收回权力。制度分权和授权的区别在于：制度分权是在详细、认真论证分析的基础上进行的，因此，具有一定的必然性；而授权则往往与管理者个人的能力和精力、拥有的下属的特长和业务发展情况有关，因此，具有很大的偶然性。制度分权是将权力分配给某个职位，而授权则是将权力委任给某个下属。制度分权是相对稳定的，除非整个组织结构重新调整，否则制度分权不会收回；而授权既可以是长期的，也可以是临时的。制度分权是组织工作的原则，而授权主要是一种领导艺术。制度分权和授权两者应该相互补充，组织设计中往往难以事先详细规定每项职权的运用，也难以预测每个管理部门可能出现的新情况、新问题，因此，需要各层次的领导者在工作中的授权来补充。

7.4 组织变革与组织发展

7.4.1 组织变革

一、组织变革的含义

事实上，不存在一种万能的组织结构。一个组织要生存、发展和壮大，就必须依据外部环境及内部条件的变化适时地调整其结构，否则就会快速的老化和衰弱。因此，组织变革是任何组织都不可回避的现实问题。所谓**组织变革**，就是组织为了适应内外环境和条件的变化，对组织规模、结构及构成要素等适时地进行调整，其目的是为了提高组织对环境的适应能力。

二、组织变革的种类

组织变革按工作的重点可分为三种：一是以组织结构为中心的变革，这种变革以改变组织结构、沟通渠道、奖惩制度、管理政策和工作环境为重点。二是以技术为中心的变革，新技术的应用将会影响组织的分工。三是以人为中心的变革，这种变革致力于通过改变人的态度、价值观、需求等来改变人的行为，达到

提高工作绩效的目的。总之，不论采用哪种变革方式，其最终目标都是为了改变人的行为和提高组织的效能。所以，从本质上讲，贯彻以人为中心的变革是组织变革的共同主线。但是，单纯采用以人为中心的变革往往费时较多，变革成本太高，因此也有人认为不如通过改变组织结构和技术环境，再借以改变人的行为来得更为有效。

三、组织变革的动力和阻力

组织变革的动力指的是发动、赞成和支持变革并努力去实施变革的驱动力。总的说来，它来源于人们对变革的必要性和变革所能带来的好处的认识。组织变革的阻力是指人们反对变革、阻挠变革甚至对抗变革的制约力。这种制约力的来源有个体和群体之分。

个体对组织变革的阻力，主要是因为其固有的工作和行为习惯难以改变、就业安全需要、经济收入变化、对未知状态的恐惧以及对变革的认知存有偏差等而引起的。群体对变革的阻力，则可能来自于群体规范的束缚，群体中原有人际关系可能因变革而受到改变和破坏，群体领导人物与组织变革发动者之间的恩怨和摩擦冲突，以及组织利益相关群体对变革可能有损该团体利益的顾虑等。

组织变革必然遇到来自各个方面的阻力，要使变革取得成功，就需要设法疏导，力求将变革的阻力降至最小，赢得更多人对变革的支持。具体的方法如下：

（1）进行说服宣传，使更多人了解变革的动因及其可能产生的好处。

（2）组织相关人员参与变革方案的设计，以便集思广益，使变革方案切实可行。

（3）认真分析变革的有利因素和不利因素，对变革可能出现的新问题，事先作出妥善的处理，争取绝大多数人对变革的同情和支持。

（4）充分磋商与协调，尽可能使变革方案兼顾各方面利益。

（5）正确选择变革的策略，妥善处理变革与稳定的关系。

（6）及时收集变革信息，评估和确定变革发展趋势，及时纠正偏差。

四、组织变革的过程

通常成功而有效的组织变革，可具体分为以下六个步骤：

（1）发现问题征兆，认识变革的必要。

（2）诊断问题，搞清楚问题的本质及其原因。

（3）根据诊断结果，有针对性地选择变革的方式。

（4）分析变革所受的限制条件。

（5）正确地选择推行变革的策略。

（6）实施变革计划。

实例 7 – 2

"故事"改变了世界

世界银行的前知识管理计划负责人史迪芬·德宁（Stephen Denning）在其 2000 年的作品《跳板：故事如何激发知识时代组织的行为》中详细记述了他在世界银行促进变革的经历，指出"故事"可以为组织变革的准备提供帮助。

德宁于 1996 年发现故事在知识管理和组织变革中的作用，当时，他致力于把世界银行变革成一个知识分享的组织。作为一个世界性的借贷组织，世界银行似乎只愿意把主要精力集中在它的借贷业务上，同时，它也是一个出了名的顽固的、不易变革的组织。

为了改变这种现状，德宁开始他的说服工作。他开始运用以前生涯中所运用到的所有沟通手段，如幻灯片、图表、书面报告、面谈等，试图让世界银行的经理接受知识管理的观念，但都无济于事。怎么办呢？当德宁向世界银行的经理讲述一个关于赞比亚医务工作者故事的时候，情况开始变化了。为此，在以后的工作中他就不断地以故事的方式与高层管理者进行沟通，都取得了非常好的效果。

通过上述经历，德宁发现：事实上，故事成为改变世界银行的一种极其有力的工具。德宁把这种能够使听众对变革的理解提升到一个新层次的故事叫做"跳板故事"（springboard story）。跳板故事的效果不在于它传递了大量的信息，而在于它激发了听众的理解能力，它让听众从故事中看到了在更广范围内进行变革的前景，而且故事叙述的方式有利于听众理解、接受一种新的观点，同时故事也不会侵犯他们的思想领域。

可见，"故事"为组织变革的准备工作起到了积极的作用。

资料来源：倪杰主编：《管理学原理》，清华大学出版社 2006 年版，第 197～198 页。

7.4.2 组织发展

组织发展（Organizational Development，简称 OD）是一种系统的、全面的、长期的、有计划的组织变革途径，其目的是使组织提升到一个更高的层次，同时显著地改进工作人员的工作效率和对工作的满意度。尽管组织发展常常包括结构变革和技术创新，但其重点是改变组织人员及其工作的性质和质量。组织发展的

常用方法有以下几种。

（1）敏感性训练。它是通过非结构化的群体的相互作用来改变人们行为的一种方法。训练中成员处于一个自由奔放的环境中，讨论他们自己的思想、情感以及他们喜欢的任何议题。专业的行为学家（不具领导特色）参与训练，但只进行一些引导，为参与者创造机会和气氛。这种方法能迅速改善沟通技能，提高认知的准确性和个人的参与意愿。

（2）调查反馈。它是对组织成员的态度进行评估，确定其态度和认识中存在的差距，并使用从反馈小组中得到的调查信息帮助消除这些差距的一种方法。调查问卷通常分发给组织所有成员填写。问题包括成员对诸如决策制订、沟通效果、部门间的协调，组织的满意度、工作、同事及直接上司等广泛议题的认识与看法。将调查问卷统计处理后得到的数据制成表格再分发给有关的员工，使所提供的信息成为人们确定问题和解决问题的一个依据。

（3）过程咨询。它是指依靠外部咨询者帮助管理者对其必须处理的过程事件形成认识、理解和行动的能力。这些过程事件包括工作流程、单位成员之间的非正式关系以及正式的沟通渠道等。咨询者帮助管理者更好地认识他的周围以及他和其他人之间正在发生什么事，咨询者不负责解决组织中的具体问题，而只是作为教练，帮助管理者诊断哪些过程需要改进。

（4）团队建设。它是指有意识地在组织中努力开发有效的自我管理的工作小组。

（5）组织协调。它是指试图改变不同工作小组成员之间的态度、成见和观念，从而使组织内外关系得到一种全新的、有效的协调，进而推进组织的发展。

（6）组织再造工程。其含义是管理人员应该从头开始，对组织现在用来进行价值创造和运作的程序方法重新加以考虑和设计，丢弃那些落后于时代的东西。

7.4.3 组织变革和发展的趋势

20世纪80年代以来，在全球化、市场化和信息化三大时代潮流的背景下，组织的发展表现出以下几方面的特征。

一、组织运行高速化

随着信息化和网络化经济的发展，规模经济时代正在向"速度经济"时代转变。谁在剧烈变化的环境中迅速调整，谁就能赢得胜利。在大批量生产的工业经济时代，竞争取胜的法宝是低成本，而未来取胜的要求则是快速。未来社会是"快者生存"的时代。企业必须具有对市场、技术、创新、决策和人才的快速反应机制。

二、组织合作网络化

随着市场竞争的日益激烈，越来越多的大公司认识到，庞大的规模和臃肿的机构设置不利于企业竞争力的提高。因此，许多大公司在大量裁员、精简机构和缩小经营范围的基础上，对企业的组织结构进行重新构造，组建以核心业务单位为中心，以其他众多业务与相关单位广泛合作为基础的网络化组织。

三、组织结构扁平化

随着计算机互联网在组织生产经营中的应用的不断增加，企业信息的收集、整理、传递和经营控制手段的日益现代化，金字塔型的传统层级结构正向少层次、扁平式的组织结构演进。有人甚至预言，未来的时代是不需要中层管理人员的时代。

四、组织构建柔性化

柔性的概念最初起源于柔性制造系统，指的是制造过程的可变性、可调整性，描述的是生产系统对环境变化的适应能力。柔性在这里是指企业组织结构的可调整性，对环境变化、战略调整的适应能力。在知识经济时代，外部环境变化速度大大高于工业经济时代，企业的战略调整和组织结构的调整必须及时，应运而生的就是柔性化的组织构建。

五、组织运作团队化

在知识型企业中，一种被称之为团队的小集体是备受赞誉的结构。这里的团队指的是具有自觉的团结精神、能够独立作战的集体。在团队中，没有拥有制度化权力的管理者，只有组织者；人员不是专业化的，而是多面手，具有多重技能，分工的界限不像传统的分工那么明确，相互协作是最重要的特征。有了团队精神，组织就可能有效地工作。

六、组织管理人本化

要使组织获得高效率，组织内部的成员应该相互信任，对组织目标持充分合作的态度。各成员的创造性和参与性应得到尊重，从而使其在成就感的驱动下，对组织的各项工作显示出足够的积极性、主动性和创造性，从而实现人的全面、自由的发展。

七、学习型组织

组织要保持领先的唯一办法就是比竞争对手更快、更好地学习。彼得·圣吉提出的学习型组织的五项特征已广为流传，它们是自我超越、改善心智模式、建立共同愿景、团队学习和系统思考。学习型组织既是组织持续发展的工具，又是组织变革发展的方向。

7.5 组织文化

7.5.1 组织文化的概念与特征

任何一个组织都有自己特殊的环境条件和历史传统，从而也就形成了自己独特的哲学信仰、意识形态、价值取向和行为方式，于是每种组织都具有自己特定的组织文化。与对文化的定义相类似，对组织文化的定义也众说纷纭，比较经典的是希恩于1984年的定义："组织文化是特定组织在适当处理外部环境和内部整合过程中出现的种种问题时，所发明、发现问题或发展起来的基本假说的规范。这些规范运行良好，相当有效，因此是被用来教导新成员观察、思考和感受有关问题的正确方式。"

就组织特定的内涵而言，组织是按照一定的目的和形式而建构起来的社会集团，其为了满足自身运作的需要，必须有共同的目标、共同的理想、共同的追求、共同的行为准则以及与之相适应的机构和制度，否则组织就会像一盘散沙。而组织文化的任务就是努力创造这些共同的价值观念体系和共同的行为准则。周三多认为："**组织文化**是指在组织长期发展过程中所形成的，为组织成员普遍认可和遵循的，具有本组织特色的价值观念、团体意识、行为规范和思维模式的总和。"

组织文化由来已久，但作为一种理论提出，并揭示了组织文化在管理中的重要地位的是在20世纪70年代以后。1971年，美国著名管理学家彼得·德鲁克首先冲破"理性主义"的约束，把管理看做是一种社会文化。1982年，美国管理学家特伦斯·戴尔和阿伦·肯尼迪出版了《公司文化》一书，使得企业文化成为企业管理中的重要分支。近年来，中国的企业也非常重视企业文化的建设，如海尔集团专门成立了"企业文化中心"，作为职能部门专司企业文化建设，海尔的经验在哈佛商学院的案例中被取名为"海尔文化激活休克鱼"。

组织文化本质上属于"软文化"范畴，是组织的自我意识所构成的精神文化体系。组织文化是整个社会文化的重要组成部分，既具有民族文化的共同属性，又具有自己的不同特点。组织文化的基本特征包括：

一、组织文化的核心是组织的价值观

任何一个组织总是要把自己认为最有价值的东西作为本组织追求的最高目标、最高理想或最高宗旨，一旦这种最高目标和基本信念成为统一本组织成员行为的共同价值观，就会构成组织内部强烈的凝聚力和整合力，成为统领本组织成员共同遵守的行动指南。因此，组织价值观制约和支配着组织的宗旨、信念、行为规范和追求目的。从这一角度说，组织价值观是组织文化的核心。

二、组织文化是一种人本文化

人是组织中最宝贵的资源和财富，也是组织活动的中心和主旋律，组织只有充分重视人的价值，最大限度地依靠人、关心人、使用人、发展人，充分调动人的积极性，发挥人的创造性，努力提高组织全体成员的使命感和责任感，使组织和成员成为真正的命运共同体和利益共同体，才能不断增强组织的内在活力和实现组织的既定目标。

三、组织文化是一种软性管理方式

组织文化是一种以文化形式出现的现代管理方式，也就是说，它通过柔性的而非刚性的文化引导，建立起组织内部合作、友爱、奋进的文化心理环境，以及协调和谐的人际关系，自动调节组织成员的心态和行动，并通过对这种文化氛围的心理认同，逐渐内化为组织成员的主体文化，使组织的共同目标转化为成员的自觉行动，使群体产生最大的协同力。实践证明，这种由软性管理所产生的协同力比组织的刚性管理有着更为强烈的控制力和持久力。

四、组织文化的任务是增强凝聚力

组织的成员来自五湖四海，不同的风俗习惯、文化传统、工作态度、行为方式、目的愿望等都会导致成员之间的摩擦、排斥、对立、冲突甚至对抗，这往往不利于组织目标的顺利实现。组织文化通过建立共同的价值观和寻找观念共同点，不断强化组织成员之间的合作、信任和团结，使之产生亲近感、信任感和归属感，实现文化的认同和融合，在达成共识的基础上，产生一种巨大的向心力和凝聚力，有利于组织共同行动的齐心协力和整齐划一。

7.5.2 组织文化的基本要素

以企业为例，从系统结构上看，组织文化的结构层次有表层文化、里层文化和核心文化三个层次，如图 7 - 7 所示。

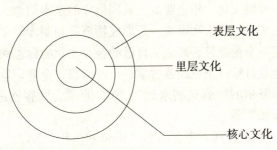

表层文化

里层文化

核心文化

图 7 - 7　组织文化结构

一、表层文化

表层文化是组织创造的器物文化，是制度文化与精神文化的载体和表现，它能折射出组织的管理哲学、经营思想、工作作风和审美意识。对于企业来说，其表层文化主要包括以下几方面：企业标志、标识；厂容厂貌；厂徽、厂旗、厂服等；企业的文体生活设施；企业产品的款式、品质、包装等；企业的纪念品；企业的文化传播网络等。

表层文化稳定性较高，特别是标志、标识，有的延续几十甚至上百年，让人一看到这个标志就知道这个企业及其产品。

在企业形象（Corporate Identity，CI）里，表层文化体现为视觉识别（Visual Identity，VI）。

二、里层文化

里层文化是企业的中间层次，主要指对企业员工和企业组织行为产生规范性、约束性影响的部分，它规定了企业成员在共同的生产经营活动中所应当遵守的行为准则和风俗习惯。里层文化主要包括：

（1）一般制度。指大多数企业共有的带有普遍性的制度，如公司治理结构的制度、薪酬分配制度等。

（2）特殊制度。指该企业独有的一些制度，如领导接待日制度，嘉奖庆功制度，干部"五必访"制度，等等。特殊制度更能反映一个企业管理的特色和文化的特色，一般地说，有优秀企业文化的企业，往往具有一些特殊制度。

（3）企业风俗。这是企业长期沿袭、约定俗成的典礼、仪式、行为习惯、节日、活动等，如厂庆、艺术节、体育节等。企业风俗不表现为规范的文字条目，不具有强制性，它靠习惯、偏好维持，它可自然形成，也可人为开发。

在 CI 里，里层文化体现为行为识别（Behavior Identity，BI）。

三、核心文化

核心文化是精神层文化，指企业员工共同信守的基本信念、价值标准、职业道德等，它是企业文化的核心和灵魂，是形成物质层和制度层文化的基础。有没有精神文化是衡量一个企业是否形成了自己的企业文化的标志和标准。它主要包括：企业精神；企业目标；企业经营哲学；企业道德；企业宗旨；价值标准；团体意识；等等。如海尔的"真诚到永远"，TCL 的"为顾客创造价值"，中国电信的"沟通从心开始"等。

在 CI 里，核心文化体现为理念识别（Mind Identity，MI）。

可见，企业的表层（物质层）文化、里层（制度层）文化和核心（精神层）文化是不可分割的有机整体。精神层是物质层和制度层的思想内涵，是企业文化的核心和灵魂；制度层制约和规范着精神层和物质层的建设，没有严格的规章制度，企业文化建设就无从谈起；物质层是企业文化的外部表现，是制度层和精神层的物质载体。

7.5.3 组织文化的建设

组织文化建设不是一蹴而就的，它是一项长期的系统工程，也是一项艰巨、细致的系统过程。组织应当充分认识到，通过组织文化建设，组织才能获得持续发展的不竭动力。组织只有高度重视组织文化的功能和建设，切实增加组织管理中的文化含量，才能实现组织管理水平的提升。

一、组织文化建设的内容

组织文化的培育和建设需要做好以下六方面的工作。

1. 选择价值标准

组织价值观是整个组织文化的核心和灵魂，因此，选择正确的组织价值观对于组织至关重要。选择组织价值观要立足于本组织的具体特点，选择适合自身发展的组织文化模式，否则就不会得到广大成员和社会公众的认可和理解。组织的价值观决定了组织之间的差别，也决定了组织的不同形象定位。

2. 规范组织行为

组织文化建设的重要内容之一是规范组织行为。组织中的领导者、模范人物以及全体员工的行为都应当有一定的规范。将组织的价值观贯彻到组织日常运作中，贯彻到员工的行为中，最重要的就是确立组织规范并通过管理机制实施这些规范。从人际行为、语言规范到个人仪表等都要严格按照这些规范行事。要做到这一点，很大程度上依赖于组织对全体成员的有效培训和无限沟通。

3. 强化成员认同

组织价值观和组织规范一旦选择并确立下来，就应当通过一定的强化手段使其深入每个成员的心中。组织价值观和组织规范的实施要经过组织全体成员的了解、领悟和实践才能转化为成员的自觉意识和行动。要使组织的价值观和规范内化为成员的信念和自觉行动，必须让全体成员了解组织的宗旨、发展战略、行为准则、组织口号、组织标识等，而这取决于组织信息的沟通渠道和组织领导对组织价值的传播态度。优秀的领导注重通过组织创业史教育、模范人物宣传等手段，让广大成员了解组织价值观及其内容。

4. 设计组织形象

组织的价值观要通过一定的具体形象展示出来，才能为组织成员所真切感受到。组织建筑物设计、卫生状况、办公室环境、组织标识等信息就是组织价值观的重要体现。这些物质符号既可以强化已有的文化，也可以带来新的价值观和行为规范。

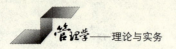
5. 重视文化网络

文化网络能够传递大量的信息，在一个组织中往往起着正式组织无法替代但又必不可少的作用。在组织文化建设中，要重视非正式组织的作用，使之能起到交流信息、提高素质、密切关系、寓教于乐的作用。另外，也要善于利用特定的文化网络，用来传播对组织发展有益的信息，促进组织的稳定发展。

6. 完善组织设计

组织结构设计是组织文化建设的基础。为了使组织成员更有效地工作，通过组织结构设计，领导者可以表达自己的价值观和信念。组织的各项制度和程序可能把组织文化固定下来，因此，组织通过制订各项规章制度、确定各项办事程序，有助于组织文化的形成和维持。此外，组织结构、各种制度、规章、程序等的变化也会引起组织文化的相应变化。

二、组织文化建设中应注意的问题

第一，组织文化建设要坚持以人为中心。人在组织文化建设中具有双重身份，既是文化建设的主体，又是文化建设的客体。坚持以人为中心，就是要从这两方面入手，确立人的中心地位，发挥人的中心功能。

第二，组织文化建设要形成自己的特色。这是目前我国企业文化建设中普遍存在的问题，缺乏个性的企业文化，对员工也就缺乏吸引力，不能给员工以亲切感和认同感。企业文化要形成特色，必须紧密联系本企业实际，突出重点。

第三，组织文化建设是一个系统工程。目前我国企业文化建设中普遍存在的另一个问题是流于表面化。很多企业只重视表层文化，在建设企业文化时请广告设计公司来做一套 VI，设计一些标识，粉饰一下厂貌，做些厂服厂旗，等等；有的企业则满足于喊几句口号，没有教育普及，也没有通过制度将其落到实处。

第四，组织文化建设须重视企业家的作用。作为企业的领导人，企业家在企业文化建设中起着至关重要的作用，他是企业文化的倡导者、塑造者、管理者、变革者，大凡成功的企业都有优秀的企业文化，又都有优秀的企业家。如海尔的文化就同张瑞敏的作用密不可分。

> **实例 7－3**
>
> #### 日本的企业文化
>
> 第二次世界大战后，日本管理思想界对中国儒家管理思想的研究和应用发展到了一个新的阶段。日本企业思想家认为，企业职工具有高度的集体主义精神，对企业的忠诚心、爱社（公司）心、归属意识

的表现本质上是儒家管理思想的反映。日本企业通常用如下三句话概括它们的儒家经营方式：保障职工终身就业，按工作年限和成绩提级增薪，在企业内部设立工会。日本企业的凝聚力，或者说日本人的集体主义，正是上述特殊的儒家企业经营方式的产物。著名的日本企业经营者横山亮次说，终身就业制和年功序列制是"礼"的思想的体现，企业内工会是"和为贵"思想的体现。他自己的经营思想就是以儒家管理的"礼"和"义"为基础的。在同职工的关系上，他贯彻了"爱人者人恒爱之，敬人者人恒敬之"等儒家管理思想。除横山先生外，许多日本企业家也都以"孔孟之道"为经营指导思想。三菱综合研究所高级顾问中岛正树称"中庸之道"为企业管理的最高道德标准；日立集团的创始人小平浪子把"和"、"诚"、"言行一致"列为"社（公司）训"；日立电机公司的创业者立石一真主张"和为贵"，建立"相爱和相互依赖"的夫妻式劳资关系。

　　资料来源：http：//www.whaic.com/news/aic/2003-02-10/1044943149.html.

■ 本章小结

　　组织是为了达到某些特定的目标，经由分工与合作及不同层次的职权和责任制度而构成的结构，是创造和维持这种结构，并使这种结构发挥作用的过程。

　　组织设计是以组织结构安排为核心的一系列组织工作，是一项系统工程。组织设计应遵循的原则包括：目标任务原则、命令统一原则、权责对等原则、有效管理幅度原则和因事设职与因人设职相结合的原则。影响组织设计的主要因素：组织的规模、组织的环境、组织的战略、组织的技术、组织所处的发展阶段和组织的人力资源状况。

　　组织设计需要正确划分部门，妥善处理直线与参谋、集权与分权的关系。常见的组织结构形式有直线制、职能制、直线职能制、事业部制、矩阵制、集团控股型和网络型组织形式等。不同的组织结构各有其优缺点。

　　组织变革是组织发展过程中的一项经常性的活动，是任何组织都不可回避的问题。组织变革可分为以下三种：以组织结构为中心的变革，以技术为中心的变革和以人为中心的变革。不论采用哪种变革的方式，其最终目标都是为了改变组织中人的行为，都是为了提高组织的效能。组织变革必然遇到来自各个方面的阻力，要使变革成功就需要设法疏导，力求将变革的阻力降至最小，赢得更多人对

变革的支持。

组织发展是一种系统的、全面的、长期的、有计划的组织变革途径，其目的是使组织提升到一个更高的层次，同时显著地改进工作人员的工作效率和对工作的满意度。未来组织变革和发展的趋势是：高速化、网络化、扁平化、柔性化、人本化和学习型组织。

组织文化从本质上讲是一种具有强大渗透力和深远影响力的精神力量，它通过影响组织成员的价值观念进而对管理产生重大影响。现实企业管理中，企业文化建设与 CI 建设常常紧密地联系在一起。其中，应特别注重精神层面的文化建设，否则将流于形式而收效甚微。

■ 关键概念

组织　正式组织　非正式组织　管理幅度　管理层次　集权　分权　组织变革　组织文化

■ 思考题

1. 管理层次与管理幅度有什么样的关系？影响管理幅度的因素有哪些？
2. 部门划分的主要标准有哪些？
3. 组织设计的原则和影响因素是什么？
4. 组织结构有哪些基本形式？它们各有什么优缺点？
5. 影响集权与分权程度的主要因素有哪些？过分集权有哪些弊端？
6. 分析组织变革的动力与阻力。
7. 未来组织变革和发展的趋势是什么？
8. 组织文化包括哪些层次？各层次是如何体现的？

■ 案例分析

一、巴恩斯医院

10 月的某一天，产科护士长黛安娜给巴恩斯医院的院长戴维斯博士打来电话，要求立即作出一项新的人事安排。从黛安娜的急切声音中，院长感觉到一定发生了什么事，因此要她立即到办公室来。5 分钟后，黛安娜递给了院长一封辞职信。

"戴维斯博士，我再也干不下去了"，她开始申述："我在产科当护士长已经四个月了，我简直干不下去了。我怎么能干得了这工作呢？我有两个上司，每个人都有不同的要求，都要求优先处理。要知道，我只是一个凡人。我已经尽最大的努力适应这种工作，但看来这是不可能的。让我给你举个例子吧。请相信我，这是一件平平常常的事。像这样的事情，每天都在发生。昨天早上7：45，我来到办公室就发现桌上留了张纸条，是杰克逊（医院的主任护士）给我的。她告诉我，她上午10点钟需要一份床位利用情况报告，供她下午在向董事会作汇报时用。我知道，这样一份报告至少要花一个半小时才能写出来。30分钟以后，乔伊斯（黛安娜的直接主管，基层护士监督员）走进来质问我为什么我的两位护士不在班上。我告诉她雷诺兹医生（外科主任）从我这要走了她们两位，说是急诊外科手术正缺人手，需要借用一下。我告诉她，我也反对过，但雷诺兹坚持说只能这么办。你猜，乔伊斯说什么？她叫我立即让这些护士回到产科部。她还说，一个小时以后，她会回来检查我是否把这事办好了！我跟你说，这样的事情每天都发生好几次的。一家医院就只能这样运作吗？"

问题：

1. 这家医院的组织结构是怎样的？

2. 有人越权行事了吗？

3. 这个案例中，你发现了什么问题？

资料来源：斯蒂芬·P.罗宾斯：《管理学》，中国人民大学出版社2003年版，第250~251页。

二、TCL 的企业文化

TCL集团股份有限公司创办于1981年。经过20年的发展，TCL集团现已形成了以王牌彩电为代表的家电、通信、信息、电工四大产品系列。特别是进入20世纪90年代以来，连续12年以年均50%的速度增长，是全国增长最快的工业制造企业之一。2001年，TCL集团销售总额211亿元，利润7.15亿元，税金10.8亿元，出口创汇7.16亿美元。2001年TCL品牌价值144亿元，在全国知名品牌中排第5名。

TCL的企业宗旨是"为顾客创造价值，为员工创造机会，为社会创造效益"。

"为顾客创造价值"。这是TCL文化生生不息的价值根本，明确企业最重要的工作目标就是用高质量的产品、全方位的服务满足社会广大顾客的需求，通过卓有成效的工作，让更多的顾客认同TCL产品和服务的价值。这就要求TCL人在生产经营的每一个环节，都必须把顾客的需求放在第一位。

"为员工创造机会"。这是TCI文化生生不息的动力源。TCL要建立一个科学、公平的员工考核和价值评价体系，建立员工教育和培训制度，建立合理的薪酬和福利制度，使员工在企业能获得更好的成长和发展机会，实现自己的事业追求，同时也获得合理的回报和生活福利保障。

"为社会创造效益"。这是TCL文化生生不息的生态链。TCI是国有控股企业，企业所创造的效益，在更大程度上是为社会创造效益，是为国家经济的振

兴、为民族工业的发展尽力尽责，这是所有 TCL 人的使命。

TCL 倡导的企业精神是"敬业、团队、创新"。

"敬业"是鼓励为事业而献身的精神，这种敬业实质上是 TCL 过去"艰苦拼搏"精神的延续；追求更高的工作目标，勇于承担工作责任，掌握更好的工作技能，培养踏踏实实和精益求精的工作作风。

"团队"是要求企业内部要有协作和配合的精神，营造企业和谐健康的工作环境，员工不但要对自己的工作负责，而且同时也对集体的工作负责，对整个企业负责，提倡员工间互相鼓励、互相关心和帮助。

"创新"精神一直是 TCL 高速发展的重要动力。创新包含了"开拓"的内涵。

TCL 提出的企业经营目标、宗旨、精神，构成了一个相互支撑的企业文化体系。

问题：

1. 结合案例谈谈你对企业文化在企业管理中的作用的看法。

2. TCL 的企业文化是如何体现组织文化的基本特征的？

资料来源：http：//www. 100guanli. com/HP/20100419/DetailD959144. shtml.

■ 补充阅读书目

1. 哈罗德·孔茨，海因茨·韦里克. 管理学. 北京：经济科学出版社，1993.

2. 斯蒂芬·P. 罗宾斯. 管理学. 4 版. 北京：中国人民大学出版社，1997.

3. 周三多，陈传明，鲁明泓. 管理学——原理与方法. 3 版. 上海：复旦大学出版社，1999.

4. 张德. 管理学是什么. 北京：北京大学出版社，2006.

<table>
<tr><td>第

8

章</td><td></td></tr>
</table>

人力资源管理

【学习目的和要求】

1. 理解人力资源规划含义及制订过程。

2. 掌握内外部提升的优缺点。

3. 理解绩效管理的含义。

4. 了解员工培训的内容和方法。

5. 了解职业生涯管理的意义。

6. 了解薪酬管理的定义和设计程序。

8.1 人力资源管理概述

8.1.1 人力资源的含义

人力资源是指一定时期内组织中的人所拥有的能够被企业所用，且对价值创造起贡献作用的教育、能力、技能、经验、体力等的总称，它既是一个数量概念也是一个质量概念。

一、人力资源数量

人力资源的数量可从微观和宏观两个角度来定义。微观的数量是指企业现有员工（包括雇佣的适龄员工和年老员工，但不包括即将离开的员工）以及潜在员工（欲从企业外部招聘的员工）两部分组成。宏观的数量是指一个国家或地区现实的人力资源数量和潜在的人力资源数量。

我国现行的劳动年龄规定是：男性 16~60 岁，女性 16~55 岁。在劳动年龄上下限之间的人口称为劳动适龄人口。小于劳动年龄下限的称为未成年人口，大于劳动年龄上限的称为老年人口，一般认为这两类人口不具有劳动能力。但是在现实中，劳动适龄人口内部存在一些丧失劳动能力的病残人口；此外，还存在一些因为各种原因暂时不能参加社会劳动的人口，如在校就读的学生。在劳动适龄人口之外，也存在一些具有劳动能力且正在从事社会劳动的人口，如我们经常看到的退休返聘人员。人力资源构成如图 8-1 所示。

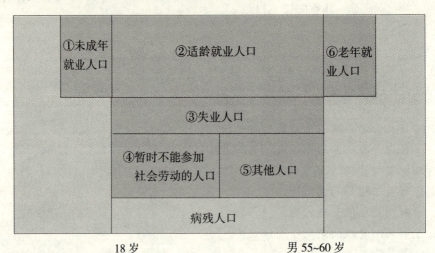

图 8-1　人力资源构成示意图

二、人力资源质量

人力资源质量是指一定范围内（国家、地区或企业等）的劳动力素质的综合反映。它受先天遗传、营养、环境教育和训练等因素的影响，通常可以用健康卫生指标、教育和训练状况、劳动者的技能等级指标和劳动态度指标来衡量。如图8－2所示。

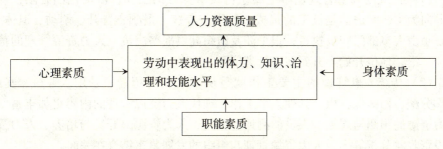

图8－2　人力资源质量构成要素

实例8－1

来自雇主的调查数据

美国统计局与教育部联合主持过一项3 000名雇主参与的抽样调查。其中"您打算雇佣非经理人员时，何种因素最重要（5分制）？"回答结果的平均数是：相关技能3.2，学历2.9，智能考试及学术能力2.5，态度4.6，人际交往能力4.2。

资料来源：根据美国统计局网站资料整理.

8.1.2 人力资源管理的含义

人力资源管理是现代管理学中组织管理理论的重要组成部分。从经济学的角度来看，人力资源的合理配置是现代化生产的根本要求和必然趋势，人力资源的优化组合往往是提高劳动生产率的关键因素。从行为科学的角度，调动和发挥人的主观能动性是组织保持优良生产绩效的前提条件。

具体而言，人力资源管理是指企业根据发展战略的要求，有计划地对人力资源进行合理配置，通过员工招聘、培训、使用、考核、激励、调整等一系列过程，调动员工的积极性，发挥员工的潜能，为企业创造价值，确保企业战略目标的实现。

8.1.3 人力资源管理与传统人事管理

现代人力资源管理，深受经济竞争环境、技术发展环境和国家法律及政府政策的影响。它作为近20年来出现的一个崭新的和重要的管理学领域，远远超出了传统人事管理的范畴，它和传统人事管理的区别如表8－1所示。

（1）传统的人事管理基本上属于行政事务性的工作，活动范围有限，以短期导向为主，考虑的是员工的选拔、使用、考核、报酬、晋升、调动、退休等，主要是由人事部门职员执行，很少涉及组织高层战略决策。人力资源管理的范围更加广泛，地位开始上升到战略管理层面。

（2）传统人事管理的主要工作就是从事人员的招聘、录用、考核、奖惩、工作分配、档案保存以及其他人事工作。现代人力资源管理的内容更加丰富，如人力资源的预测与规划、人员的测评与选拔、人力资源的开发与培养、人力资源的投资收益分析等等，人力资源管理与组织的发展紧密结合在一起。

（3）传统人事管理将人看做是成本，强调管制、监控等方面的功能，关注的是对人的管理而忽略了人的能动性开发。人力资源管理更具有主动性，注重的是塑造人才成长的环境，关注如何从培训、工作设计与工作协调等方面开发人的价值，尊重员工主体地位的态度和发展激励、保障、服务、培训等引导性、开发性的管理功能，实现从消极压缩成本到积极开发才能的转变。

（4）传统人事管理者往往是其他管理部门的"助手"，没有参与到组织的战略管理和战略决策的层面。

（5）传统人事管理关注的是组织成员的现状，它比较注重现有人员的使用，而不重视其素质和能力的进一步开发。人力资源管理强调的是人力资源的使用与开发并重，一方面强调现有人员的指挥才能，另一方面还要充分挖掘人员的潜能，使其在未来的发展中具有较大的弹性，并为未来的发展储备各种人才。

表8－1　人力资源管理与传统人事管理的区别

比较项目	人力资源管理	传统劳动人事管理
管理理念	视员工为第一资源、资产	视员工为成本
管理目的	组织和员工利益的共同实现	组织短期目标的实现
管理内容	以人为中心	以事为中心
管理地位	战略层、决策层	执行层
部门性质	生产效益部门	单纯的成本中心
管理方法	人性化、强调民主和全员参与	命令式、控制式和物质刺激
管理策略	战略性和战术性的结合	战术性、分散性
管理形态	整体动态管理	静态管理

8.2 人力资源规划

一个组织或企业要维持生存和发展，拥有合格、高效的人员结构，就必须进行人力资源规划。人力资源规划处于整个人力资源管理活动的统筹阶段，为下一步的人力资源管理活动制订了目标、原则和方法。人力资源规划的可靠性直接关系着人力资源管理工作整体的成败。所以，制订好人力资源规划是企业人力资源管理部门的一项非常重要和有意义的工作。

8.2.1 人力资源规划的含义

人力资源规划是指企业从战略规划和发展目标出发，根据其内外部环境的变化，预测企业未来发展对人力资源的需求，以及为满足这种需求提供人力资源的活动过程。简单而言，人力资源规划就是对组织中的"人事流"从战略上加以规划和管理，确定出企业在什么时候需要人，需要多少人，需要具备什么样技能的人。

人力资源规划根据时间的长短不同，可分为长期规划、中期规划、年度规划和短期规划四种。长期规划适合于大型企业，往往是 5 年至 10 年的规划；中期规划适合于大型、中型企业，一般的期限是 2 年至 5 年；年度规划适合于所有的企业，它每年进行一次，常常是企业的年度发展规划的一部分。短期规划适用于短期内企业人力资源变动加剧的情况，是一种应急计划。

人力资源规划的目标是建设一支训练有素，运作灵活的劳动力队伍，增强企业适应未知环境的能力；得到和保持一定数量具备特定技能、知识和能力的人员；能够预测企业组织中潜在的人员过剩或人力不足；充分利用现有人力资源；减少企业在关键技术岗位对外部招聘的依赖性。

8.2.2 人力资源规划的内容

组织人力资源规划包括总体规划和业务规划两个层次。

总体规划，即组织人力资源计划的干系统。内容包括：计划期内人力资源开发和利用的总的战略目标、总的政策措施、总的筹划安排和总的实施步骤以及总的预算。业务规划是总体人力资源规划的有机组成部分，即组织内具体的人力资源管理计划，其核心是补充计划、晋升计划、培训计划和薪酬计划。

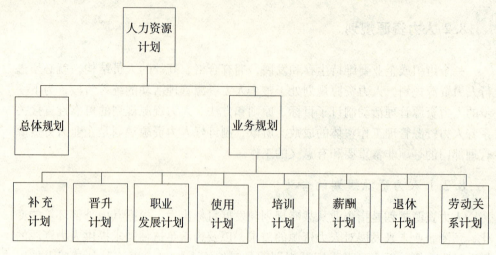

图8-3 人力资源规划的内容

一、补充计划

作出补充计划的目的是合理填补组织中长期内可能产生的职位空缺。补充规划与晋升规划是密切相关的。由于晋升规划的影响，组织内的职位空缺逐级向下移动，最终积累在较低层次的人员需求上。同时这也说明，对低层次人员的吸收录用，必须考虑若干年后的使用问题。

二、晋升计划

晋升计划实质上是组织晋升政策的一种表达方式。对企业来说，有计划地提升有能力的人员，以满足职务对人的要求，是组织的一种重要职能。从员工个人角度来看，有计划的提升会满足员工自我实现的需求。晋升规划一般用指标来表达，例如晋升到上一级职务的平均年限和晋升比例。

三、培训计划

培训目的是为企业中、长期所需弥补的职位空缺事先准备人员。在缺乏有目的、有计划的培训开发规划的情况下，员工自己也会培养自己，但是效果未必理想，也未必符合组织中职位的要求。当我们把培训计划与晋升计划、补充计划联系在一起的时候，培训的目的性就明确了，培训的效果也就明显提高了。培训计划主要包括培训需求、培训内容、培训形式、培训考核等内容。

四、薪酬计划

为了确保未来的人工成本不超过合理的支付限度，工资规划也是必要的。未来的工资总额取决于组织内的员工是如何分布的，不同的分布状况的成本是不同的。

8.2.3 人力资源规划程序

人力资源规划，作为企业人力资源管理的一项基础工作，其核心部分包括人力资源需求预测、人力资源供应预测和人力资源供需综合平衡三项工作。人力资源规划程序如图8-4所示。

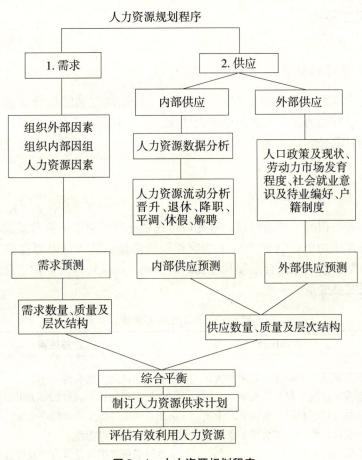

图8-4 人力资源规划程序

一、人力资源需求预测

企业人力资源需求预测是人力资源管理的一项重要工作。需求预测是指企业为实现既定目标而对未来所需员工数量和种类的估算；它可以帮助企业明确未来人力需求趋势，做好人才储备工作；同时也可以帮助企业合理预测未来各部门、各类职位人员的需求情况，做好企业的定岗定编工作。

二、人力资源供应预测

人力资源供给的预测是指为满足组织未来的人力资源需求，对在未来某一特

定时期内组织能够获得的人力资源的数量、质量以及结构进行估计。

三、人力资源供需综合平衡

人力资源供需综合平衡是制订人力资源供求协调平衡的总计划和各项业务计划，并分别提出各种具体的调整的政策措施。

8.3 员工招聘

8.3.1 招聘的概念

招聘是指组织为了发展的需要，根据人力资源规划和工作分析的要求，寻找、吸引那些有能力又有兴趣到本组织任职，并从中选出适宜人员予以录用的过程。招聘的目的是寻找具备最合适技能、具有劳动愿望，能够在本企业相对稳定工作的人员。

8.3.2 员工招聘的来源

一般在着手招募工作的时候，首先应考虑企业内部职工的晋升或调职。据调查显示：许多成功企业中 80% 以上的管理职位都是由从企业内部提拔起来的人担任的。内部提拔人才适合发展状况良好的公司，而从外部招募则适合公司运营出现问题或需要变革的企业。

表 8-2　员工招聘的来源

项目	内部提升	外部招聘
优点	组织对候选人的能力有清醒的认识 候选人了解组织和工作要求 奖励高绩效、有利于鼓舞员工士气 组织仅仅需要在基本水平上雇佣成本低	更大的候选人蓄水池 会把更新的技能和想法带进组织 比培训内部员工成本低 降低徇私的可能性 激励老员工保持竞争力，发展技能
缺点	会导致"近亲繁殖" 会导致为了提升的"政治性行为" 需要有效的培训和评估系统 可能会因操作不公或心理因素导致内部矛盾	增加与招募和甄选相关的难度及风险 需要更长的培训和适应阶段 内部员工可能感到自己被忽视 新的候选人可能并不适合组织文化 增加搜寻成本

8.3.3 招聘的程序

广义的员工招聘内容主要是由招聘、选择、录用、评估等一系列活动构成。招聘的流程如图8-5所示。

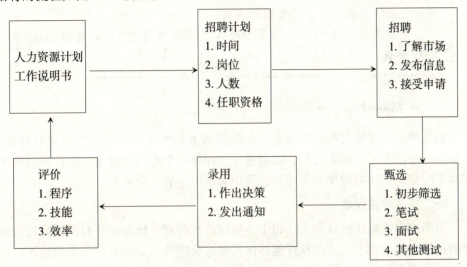

图8-5 招聘流程

实例8-2

北电网络的招聘策略

北电网络是一家有着百年历史的世界著名电信公司，它能够在通信进入网络数据时代的今天，始终保持其行业领先地位，除了它不断创新，快速变革的经营战略外，它的人才战略也是保证其持久竞争力的一个重要原因。

内部招聘一直是公司重要的人事政策。公司提倡从内部选拔高级经理，北电网络在全球的各公司都建立有内部人才库，内部招聘为员工提供了职业发展的机会。这也成为公司吸引人才的重要因素。

北电网络公司会根据招聘需求和招聘人才的特点，选择最有效的招聘方式。例如：报纸广告、员工推荐、猎头、校园招聘等。高级管理人才一般通过猎头公司招聘，一般员工通过广告招聘和员工内部推荐。公司经常到大学进行招聘讲座，在毕业生中选择优秀学生，但是北电网络招聘应届大学生为正式员工的并不多，更多的是有经验的专

业人员。北电网络公司有一个丰富的人才库。凡是到公司求职但没有被录用的人，公司都会给他们建立档案，一些优秀的面试者因为没有相应的位置未被录用，人力资源部通常会跟他们保持不断的联络，一旦有合适的空缺职位立刻与他们联系。

资料来源：苗雨：《世界500强用人之道全集》，地震出版社2005年版．

8.3.4 招聘评估

招聘评估主要指对招聘的结果、招聘的成本和招聘的方法等方面进行评估。一般在一次招聘工作结束之后，要对整个工作作一个总结和评价，目的是进一步提高下次招聘工作的效率，是招聘过程中必不可少的一个环节。

一、成本效益评估

招聘成本效益评估是指对招聘中的费用进行调查、核实，并对照预算进行评价的过程。通过成本与效益核算能够使招聘人员清楚地知道费用的支出情况，区分哪些为应支出部分，哪些是不应支出部分，有利于降低今后的招聘费用，为组织节省开支。

总成本效用 = 录用人数/招聘总成本
招募成本效用 = 应聘人数/招募期间的费用
选拔成本效用 = 被选中人数/选择期间的费用
录用成本效用 = 正式录用的人数/录用期间的费用

二、数量与质量评估

录用比：

录用比 = 录用人数/应聘人数×100%

如果录用比越小，相对来说，录用者的素质越高，反之，则可能录用者的素质较低。

招聘完成比：

招聘完成比 = 录用人数/计划招聘人数×100%

如果招聘完成比等于或大于100%则说明在数量上全面或超额完成招聘计划。

应聘比：

应聘比 = 应聘人数/计划招聘人数×100%

如果应聘比越大，说明发布招聘信息效果越好，同时说明录用人员可能素质较高。

8.4 绩效管理

☞管理故事

阿笨烙饼

有一个国王，看上了平民阿笨的未婚妻，想霸占，又怕有失风度。于是便把阿笨"请"来要他完成一项在国王看来不可能完成的任务，即在一个同时只能烙两张饼的锅中，3分钟内烙好3张饼，每张饼必须烙两面，每面烙1分钟。否则就不能成婚。

按常规最少需要4分钟，可是阿笨改进了工作方法，他先烙两张饼，1分钟后，把一张翻烙，另一张取出，换烙第三张，又过一分钟，把烙好的一张取出，另一张翻转，并把第一次取出的那张放回锅里翻烙，结果3分钟后3张饼全烙好了。

这个简单的故事，解释了绩效的两个方面的含义：第一，必须要有良好的成绩出来，即"绩"，在故事中，烙好了3张饼就是阿笨的成绩。第二，必须要有较高的效率，即"效"。按常理要4分钟，但是故事中的阿笨只用了3分钟。员工不仅要做一条强健的"好鱼"，同时还要做一条迅疾的"快鱼"。

8.4.1 绩效及绩效管理

绩效是指员工围绕其职位应达到的阶段性结果以及在达到过程中的行为表现。

绩效管理是指管理者与员工之间在就目标与如何实现目标达成共识的基础上，通过激励和帮助员工取得优异绩效从而实现组织目标的管理方法。绩效管理的目的在于通过激发员工的工作热情和提高员工的能力和素质，以达到改善公司绩效的效果。通过绩效管理，员工们将知道管理者希望他们做什么，可以做什么样的决策，必须把工作干到什么样的地步。

绩效管理包括绩效目标设定、绩效考核、绩效评估、绩效诊断、绩效改进、绩效沟通辅导、绩效激励等在内的一个完整的系统性管理循环过程。绩效管理过程，既是对员工、管理者的检验过程，又是对公司战略、管理体制的检验过程。

8.4.2 绩效评估

绩效评估又称绩效评价，是绩效管理中不可或缺的一部分，它是通过系统的方法、原理来评定和测量员工在职务上的工作行为和工作成果。绩效评估的结果可以直接影响到员工的薪酬调整、奖金发放及职务升降等诸多切身利益。

绩效评估的类型主要有三种：

一、效果主导型

效果主导型考评的内容以考评结果为主，效果主导型考核着眼于"干出了什么"，重点在结果而不是行为。由于它考评的是工作业绩而不是工作效率，所以标准容易制订，并且容易操作。目标管理考评办法就属于该类考评。它具有短期性和表现性的缺点，对具体生产操作的员工较适合，但对事务性人员不适合。

二、品质主导型

品质主导型考核的内容以考评员工在工作中表现出来的品质为主，着眼于"他怎么干"，由于其考评需要如忠诚、可靠、主动、有创新、有自信、有协助精神等，所以很难具体掌握，操作性与效度较差。品质主导型适合于对员工工作潜力、工作精神及沟通能力的考评。

三、行为主导型

行为主导型考核的内容以考评员工的工作行为为主，着眼于"如何干""干什么"，重在工作过程。行为主导型考评的标准容易确定，操作型强，适合于管理性、事务性工作的考评。

8.5 员工培训与职业生涯管理

8.5.1 员工培训的定义

培训是指企业为了使员工获得或改进与工作有关的知识、技能、动机、态度和行为，以提高员工的绩效以及员工对企业目标的贡献，所作的有计划的、有系统的各种努力。在企业竞争日益表现为人才竞争的今天，培训无疑是企业提高员工素质并增强企业核心竞争力的重要手段。越来越多的企业已经意识到人力资源投入产出比是惊人的。摩托罗拉公司把工资额的4%用于培训，每年用约两亿美元为其14万多名员工中的每一位提供至少40小时的培训。摩托罗拉领导层相信该公司庞大的培训计划已产生了显著的财经效果。他们认为：在培训上每投入1亿美元，就会有30亿美元的回报。

☞**管理故事**

多学一种语言

在一个漆黑的晚上，大老鼠带着小老鼠出外觅食。正当一群老鼠准备在一家厨房的垃圾桶中大吃一顿时，突然传来猫的叫声。老鼠四处逃命，但大花猫穷追不舍，终于有两只小老鼠被大花猫捉到啦。大花猫正要吃老鼠，突然从垃圾桶后传来凶恶的狗吠声，令大花猫手足无措，狼狈逃命。这时大老鼠从垃圾桶后面走出来说道："我早就对你们说，多学一种语言有利无害啊！"

8.5.2 员工培训的内容

一、企业文化的培训

所谓企业文化就是指能体现人本主义管理思想的管理方法，是企业在长期生产经营活动中形成的以全体成员共同价值观为基础的思想观念和行为观念的综合。通过企业文化培训可使积极向上的企业精神植根于员工心中，激发他们的事业心和责任心，使企业目标与员工价值取向趋同，使企业发展拥有无穷的力量源泉。

企业文化培训让新员工了解企业的内外环境、厂容厂貌，单位和部门的地点、性质，企业主要产品、商标、声誉及其反映的企业精神和企业传统。让新员工清楚地了解：企业提倡什么，反对什么，应以什么样的精神风貌投入工作，应以什么样的态度待人接物，怎样看待荣辱得失，怎样做一名优秀职工。组织新员工认真学习企业的一系列规章制度，与生产经营有关的业务制度和行为规范等等。在学习的基础上组织新员工讨论和练习，以求正确地理解和自觉地遵守这些行为规范。

二、员工能力的培训

员工技能培训主要是结合新员工即将上任的工作岗位而进行的专业技能培训。通过培训，提高员工发现和解决工作中出现的实际问题的能力。技能培训有两种培训模式：一是集中培训，即将岗位技能要求相同或相似的新员工集中起来进行培训，这样可以扩大技能的传播范围，节约培训成本，但沟通难以深入，并且要达到一定的人数才适合集中培训；一是分散式培训，即由技能熟练的老员工对相应岗位的新人进行指导，并确定指导责任制，一名老员工可以指导一名或多名新员工。

此外，企业还应更多培养员工的人际交往能力。其内容主要包括：社交礼仪、人际关系、沟通与谈判、科学的工作方法、职业生涯规划、压力管理与情绪控制、团队合作技能等。对于管理者，还应注重判断与决策能力、改革创新能力、灵活应变能力、人际交往能力等的培训。

三、员工态度的培训

态度是影响能力与工作绩效的重要因素，员工的态度与培训效果和工作表现是直接相关的，管理者重视员工态度的转变会使培训成功的可能性增加。通过员工态度培训，建立起公司与员工之间的相互信任关系，培养员工对公司的忠诚，培养员工应具备的精神准备和态度。

8.5.3 组织内不同层次人力资源的培训

组织内不同层次人力资源的培训时间和培训内容如表8-3所示。

表8-3　组织内不同层次人力资源的培训

项目	高层管理和技术人员	中层管理和技术人员	基层员工
培训目标	前瞻性 创业精神 决策能力 指挥领导能力 商业道德和法律	专业知识更新 制订工作计划 职能部门管理和沟通能力 培养合作精神 职业道德	培养自信心 培养合作精神 培养职业道德 掌握职能部门的专业知识
培训内容	国内、国际经济和政治 　竞争与企业发展战略 资本市场发展和运作 　国内、国际市场运作 组织行为和领导艺术 投资项目效益评估 企业社会责任和商法	各职能部门专业知识的 　变化 部门经理工作和挑战 部门间的协调和沟通 部门工作计划的制订和 　实施 计算机和信息技术应用	职能部门的专业知识 工作计划的制订和实施 部门内的协调和沟通及与同 　事的协作 职业道德和职业规范 基础的计算机信息知识

8.5.4 培训方法

一、传统的培训方法

传统的培训根据培训目标和培训内容，在条件许可的范围内，确定最可行的培训方式。培训方式包括讲授、研讨、案例研究、行为示范、工作轮换、角色扮演、管理游戏、现场观摩等。

表8-4　培训方法的选择

培训的内容和目的	培训方法
知识类培训	讲授法、专题讲座法、研讨法
以掌握技能为目的	工作指导法、工作轮换、个别指导法
综合性能力提高与开发	案例研究法、模拟训练
行为调整和心理训练	角色扮演法、行为模仿法、拓展训练

二、现代科技培训方法

1. 电脑化培训

电脑化培训包括电脑辅导指导、电脑管理指导。

2. 互联网培训

互联网培训是指通过公共的或私有的计算机网络来传递，并通过浏览器来展示培训内容的一种培训方法。

3. 远程学习

远程学习通常被一些在地域上较为分散的企业用来向员工提供新产品、企业政策或程序、技能培训以及专家讲座等信息，包括电话会议、电视会议、电子文件会议以及利用个人电脑进行培训。

三、团队建设法

1. 探险性学习

探险性学习也称为野外培训或户外培训，是利用结构性的室外活动来开发受训者的团队协作和领导技能的一种培训方法。

2. 团队培训

团队培训是通过协调在一起工作的不同个人的绩效从而实现共同目标的方法。

3. 行动学习

行动学习法，即给团队或工作群体一个实际工作中所面临的问题，让团队队员合作解决并制订出行动计划，再由他们负责实施该计划的培训方式。

8.5.5 职业生涯管理

职业是从业人员参与社会分工，利用专门的知识和技能，为社会创造物质财富和精神财富，获得合理报酬作为物质生活来源并满足精神需求而从事的社会性工作。职业生涯管理是现代企业人力资源管理的重要内容之一。

职业生涯管理包括个人职业生涯规划和职员职业生涯管理。

个人职业生涯规划是个人对自己一生职业发展道路的设想和规划，它包括选择什么职业，以及在什么地区和什么单位从事这种职业，还包括在这个职业队伍中担负什么职务等内容。一般来说，个人希望从职业生涯的经历中不断得到成长和发展。个人通过职业生涯规划，可以使自己的职业规划有个方向，从而努力地围绕这个方向，充分地发挥自己的潜能，使自己走向成功。

职员职业生涯管理是企业人力资源管理与开发部门了解职员个人的特点，了解他们成长和发展的方向及兴趣，不断地增强他们的满意感，并使他们能与企业组织的发展和需要统一协调起来，制订有关职员个人成长、发展的计划与组织需求和发展相结合的计划。

☞**管理故事**

四只毛毛虫

四只长大了的、爱吃苹果的毛毛虫各自去森林找苹果吃……

第一只毛毛虫根本就不知道这是一棵苹果树，没有目的，不知终点。没想过什么是生命的意义，为什么而活着。

第二只毛毛虫知道这是一棵苹果树，找到了一个大苹果就扑上去大吃一顿，但它发现要是选择另外一个分枝，它就能得到一个大得多的苹果。

第三只毛毛虫知道自己想要的就是大苹果，并制订了一个完美的计划，最后，这只毛毛虫应该会有一个很好的结局，但是真实的情况往往是，因为毛毛虫的爬行相当缓慢，当它抵达时，苹果不是被别的虫捷足先登，就是已经熟透而烂掉了。

第四只毛毛虫做事有自己的规划。它的目标并不是一个大苹果，而是一朵含苞待放的苹果花。它计算着自己的行程，结果它如愿以偿，得到了一个又大又甜的苹果，从此过着幸福快乐的日子。

8.6 薪酬管理

8.6.1 薪酬管理的定义

一、薪 酬

薪酬是企业因使用员工的劳动而付给员工的货币或实物。对于企业而言，薪酬意味着成本，即雇主支付给员工的人工成本。对于员工个人而言，薪酬是他们出卖劳动力之后的所得，是与雇主交换的结果。

薪酬被划分为货币的和非货币的两种。货币薪酬是公司以货币形式支付的报酬，例如基本工资、奖金、补贴、津贴等；非货币薪酬是公司以实物、服务或安全保障等形式支付给员工的报酬，例如员工福利、额外薪酬、保障计划、带薪非工作时间等。

二、薪酬管理

薪酬管理是指企业在经营战略和发展规划的指导下，针对员工所提供的服务，综合考虑内外部各种因素的影响后，确定自身的薪酬体系、薪酬水平、薪酬结构和薪酬形式，并进行薪酬调整和薪酬控制的整个过程。现代企业理想的薪酬制度应达到三个目的：第一是提供具有市场竞争力的薪酬，以吸引有才能的人；第二是确定组织内部的公平，合理确定企业内部各岗位的相对价值；第三是薪酬必须与工作绩效挂钩，激励员工的工作动机，奖励工作业绩优秀的员工，利用金钱奖赏达到激励员工的目的。企业的薪酬水平是否合理，直接影响到企业在人才市场的竞争力。只有对外部环境具有竞争力的薪酬，企业才能吸引发展所需的各类优秀人才。

8.6.2 薪酬设计程序

薪酬设计是对企业薪酬战略、政策、制度的确定、控制和调整过程。

一、确定薪酬策略

薪酬策略由企业文化和企业战略决定，工作主要包括对薪酬体系设计的必要性、激励重点和设计目标等的分析论证，在此基础上，才能确定企业的有关分配政策与策略，如分配的原则、拉开差距的标准、薪酬各组成部分的比例等。

二、岗位分析

在以岗位为基础的薪酬体系设计中，岗位分析是非常重要的一项工作，是薪酬体系设计的基础。根据企业的组织结构，通过工作分析这一活动将获得企业中所有职务的工作说明书（包括任职资格等），这些文件和材料是下一步进行职务评价的依据。

三、岗位评价

岗位评价主要是找出企业内各种岗位的共同付酬因素，并依据一定的评价方法，按每项岗位对企业绩效贡献的大小，确定其具体的价值。岗位评价的作用：使员工和员工之间、管理者和员工之间对薪酬的看法趋于一致并满意，各类工作与其对应的薪酬相适应；使企业内部建立一些连续性的等级，这些等级可以引导员工朝更高的工作效率发展；使企业内部的岗位与岗位之间建立起一种联系，这种联系组成了企业整个的薪酬支付系统；当有新的岗位设置时，可以找到该岗位较为恰当的薪酬标准。

四、等级划分

经过岗位评价得出岗位价值序列后，就可以按照一定的规则来划分岗位等级了。岗位等级的划分没有统一的规定，但通常跟企业采用的薪酬模式相对应，如在等级工资制中，岗位等级的划分较细，如有的大型企业的岗位等级多达二三十级，规模较小些的企业中的岗位等级也可能多达 15～20 级，而在宽泛式的岗位薪酬体系中，一个企业中的岗位等级可能只有 7 级或更少。

五、市场薪酬调查

市场薪酬调查重在解决薪酬的对外竞争力问题。薪酬调查的对象最好选择与自己有竞争关系的公司或同行业的类似公司，重点考虑员工的流失去向和招聘来源。薪酬调查的数据有调查范围内企业上年度的薪资增长状况、不同薪酬结构对比、不同职位和不同级别的职位薪酬数据、奖金和福利状况、长期激励措施以及

未来薪酬走势分析等。

六、确定薪酬结构与水平

薪酬结构管理，即确定不同员工的薪酬构成项目以及各薪酬项目所占的比例；还包括薪酬支付形式管理，即确定薪酬计算的基础，是按照劳动时间计算还是按照生产额（量）、销售额（量）计算。薪酬水平反映了企业薪酬相对于当地市场薪酬行情和竞争对手薪酬绝对值的高低。薪酬要满足内部一致性和外部竞争性的要求，并根据员工绩效、能力特征和行为态度进行动态调整，它对员工的吸引力和企业的薪酬竞争力有着直接的影响，其计算公式为：薪酬水平 = 薪酬总额/在业的员工人数。

七、薪酬体系的实施与修正

薪酬制度在试行一段时间后，必然会反映出当初设计时存在的一些缺陷和问题，薪酬体系设计者有必要对此进行修正和改进。随着时间的推移，当初符合企业实际的薪酬体系也会在某些方面变得不尽合理、有效，因此，为了保证薪酬体系的适用性，企业也必须对薪酬进行适时的调整。

■ 本章小结

人力资源管理是指根据企业发展战略的要求，有计划地对人力资源进行合理配置，通过企业员工的招聘、培训、使用、考核、激励、调整等一系列过程，调动员工的积极性，发挥员工的潜能，为企业创造价值，确保企业战略目标的实现。招聘是指组织为了发展的需要，根据人力资源规划和工作分析的要求，寻找、吸引那些有能力又有兴趣到本组织任职，并从中选出适宜人员予以录用的过程。绩效管理是指管理者与员工之间在就目标与如何实现目标达成共识的基础上，通过激励和帮助员工取得优异绩效从而实现组织目标的管理方法。薪酬管理是指企业在经营战略和发展规划的指导下，针对员工所提供的服务，综合考虑内外部各种因素的影响后，确定自身的薪酬体系、薪酬水平、薪酬结构和薪酬形式，并进行薪酬调整和薪酬控制的整个过程。

■ 关键概念

人力资源规划　招聘　绩效管理　薪酬管理

■ 思考题

1. 简述人力资源管理与传统人事管理的差别？
2. 员工培训的内容主要包含哪些方面？
3. 内部提升有何优缺点？
4. 简述薪酬设计程序。

■　**案例分析**

东风厂的烦恼

东风厂是一家大型机器制造厂，全厂员工一万人左右。最近有件事在厂部开会讨论时出现了分歧，事情是这样的：厂部因最近产品滞销，决定加强销售科的力量，原来的销售科长已退休，现有两位副科长，所以厂里急需一名销售科长。

刘副厂长认为：销售科长最好是由两位副科长中产生，这样一方面业务比较熟悉，另一方面有利于调动组织内部员工的积极性。

周副厂长认为：销售科长最好向社会公开招聘，因为产品滞销，部分反映了现有两位副科长能力有限，从他们之中产生销售科长可能不利于打开销售局面。

人事科长、工会主席也纷纷发表了自己的意见，一时难以形成统一意见。

问题：

1. 分析人员内部招募和外部供给各有什么优势？
2. 如果你是决策者，你会如何处理这一问题？为什么？

■　**补充阅读书目**

1. 吴冬梅．人力资源管理案例分析．北京：机械工业出版社，2008.
2. 白万钢．集团管控之人力资源管控．北京：中国发展出版社，2008.
3. 张德．人力资源开发与管理．3 版．北京：清华大学出版社，2007.
4. 程向阳．人力资源常用法规速查手册．北京：北京大学出版社，2009.

<table>
<tr><td>第

9

章</td><td># 激 励</td></tr>
</table>

【学习目的和要求】

1. 掌握激励的概念，熟悉激励的类型、原则和机制，了解激励的作用及过程。

2. 掌握需要层次理论、双因素理论、公平理论、期望理论、强化理论的概念、波特—劳勒的激励模式等几种基本的激励原理。

3. 熟练运用激励理论分析组织中出现的诸如活力不足、积极性降低等现实问题，并能提出解决问题的方法和手段。

9.1 激励的性质

9.1.1 激励的概念

"**激励**"本来是心理学的一个术语,指的是激发人们动机的心理过程,即通过激发人的动机,使被激励者产生一种内在的动力,向所期望的目标前进的心理活动过程。管理学中的激励主要是指人们在组织管理中的激励,即组织通过对外部奖酬形式和工作环境的适当设计,以一定的行为规范和惩罚性措施,来激发、引导、保持和强化组织成员的行为,以有效地实现组织目标及其成员个人目标的系统活动。这一定义包含以下几方面的内容:

(1)激励必须有激励对象,激励对象有某种或某些尚未得到满足的需要。激励的出发点是满足组织成员的各种需要,即通过系统地设计适当的外部奖酬形式和工作环境,来满足组织成员的需要。

(2)科学的激励措施要求奖励和惩罚并举,既要对员工表现出来的符合组织期望的行为进行奖励,又要对不符合组织期望的行为进行惩罚。

(3)激励贯穿于企业员工工作的全过程,包括对员工个人需要的了解、个性的把握、行为过程的控制和行为结果的评价等。

(4)通过激励调动个体积极性的方法是激发个人的动机。个体动机的产生是个体行为的原始动力。在个体没有行为动机时,组织管理者应想办法激发其动机。个体动机产生之后,管理者则应想办法使动机保持下去。

(5)激励的最终目的是在实现组织预期目标的同时,也能让组织成员实现其个人目标,即达到组织目标和员工个人目标在客观上的统一。

9.1.2 激励的作用

激励对于提高员工的工作效率,实现组织目标,具有十分重要的作用。它是现代管理的主要职能之一。

一、激励可以调动员工的积极性,提高组织绩效

管理学家的研究表明,员工的工作绩效是员工能力和受激励程度的函数,即:

$$绩效 = f(能力 \times 激励)$$

组织要有较高的绩效水平就要求员工有较高的个人绩效水平。但是较高的绩效水平不仅仅取决于员工的个人能力。挖掘员工潜力在生产和管理过程中有着极为重要的作用。研究发现,在缺乏激励的环境中,人的潜力只能发挥出三成,如

果受到充分的激励，他们的能力可发挥八九成。由此可见，激励是挖掘潜力的重要途径。

二、激励有利于组织目标的实现

对员工工作动机的激发与激励，有助于组织目标的实现。组织通过激励可以吸引更多的优秀人才加入到组织中来，而且当人们处于积极状态时，通过激励，还可以使个体的思维活跃并富有创造性，从而进一步激发员工的进取精神和创造性。

三、激励有助于造就良性的竞争环境

科学的激励制度包含有一种竞争精神，它的运行能够创造出一种良性的竞争环境，进而形成良性的竞争机制。在具有竞争性的环境中，组织成员就会感受到环境的压力，这种压力将转变为员工努力工作的动力。正如麦格雷戈所说："个人与个人之间的竞争，才是激励的主要来源之一。"在这里，员工工作的动力和积极性成了激励工作的间接结果。

四、激励有助于增强组织的凝聚力，促进组织内部各组成部分的协调统一

为保证组织整体能够有效、协调地运转，除运用良好的组织结构和严格的规章制度外，还需运用激励的方法，根据职工的不同需要，分别满足他们多方面的要求，进而增强组织的凝聚力和向心力，促进各部门、各单位之间的密切协作。

9.1.3 激励的类型

不同的激励类型对行为过程会产生程度不同的影响，所以激励类型的选择是做好激励工作的一项先决条件。从激励内容的角度可以将激励分为物质激励和精神激励，从激励作用的角度可将其分为正向激励和负向激励，从激励产生原因的角度可以将其分为外附激励和内滋激励。

一、物质激励与精神激励

虽然物质激励和精神激励二者的目标是一致的，但是它们的作用对象却是不同的。前者作用于人的生理方面，是对人的物质需要的满足，后者作用于人的心理方面，是对人的精神需要的满足。随着人们物质生活水平的不断提高，人们对精神与情感的需求越来越迫切，比如期望得到爱、得到尊重、得到认可、得到理解等。

二、正向激励与负向激励

正向激励是一种通过强化积极意义的动机而进行的激励，即当一个人的行为符合组织的需要时，通过奖赏的方式来鼓励这种行为，以达到持续和发扬这种行为的目的。负向激励是通过采取措施抑制或改变某种动机，即当一个人的行为不符合组织的需要时，通过制裁的方式来抑制这种行为，以达到减少或消除这种行

为的目的。

正向激励与负向激励作为激励的两种不同类型，目的都是要对人的行为进行强化，不同之处在于二者的取向相反。正向激励起正强化的作用，是对行为的肯定；负向激励起负强化的作用，是对行为的否定。

三、外附激励和内滋激励

美国管理学家道格拉斯·麦克雷戈把激励分为外附激励和内滋激励两类。外附激励是指掌握在管理者手中，由经理运用，对被激励者来说是外附的一种激励。一般来说，外附激励有赞许、奖赏、竞赛、考试、评定职称等形式；内滋激励，是指被激励对象自身产生的发自内心的一种激励力量，包括学习新知识和技能、责任感、光荣感、成就感等。内滋激励有助于员工"开发自己"，使自己始终保持"一种良好的舞台激情"，主要表现在认同感、义务感等方面。

9.1.4 激励的原则

一、目标结合原则

在激励机制中，设置目标是一个关键环节。目标设置必须同时体现组织目标和员工需要的要求。

二、物质激励和精神激励相结合的原则

物质激励是基础，精神激励是根本。在两者结合的基础上，逐步过渡到以精神激励为主。

三、引导性原则

外部激励措施只有转化为被激励者的自觉意愿，才能取得激励效果。因此，引导性原则是激励过程的内在要求。

四、合理性原则

激励的合理性原则包括两层含义：其一，激励的措施要适度，要根据所实现目标本身的价值大小确定适当的激励量；其二，奖惩要公平。

五、明确性原则

激励的明确性原则包括三层含义：其一，明确。激励的目的是需要做什么和必须怎么做。其二，公开。特别是分配奖金等大量员工关注的问题时，更为重要。其三，直观。实施物质奖励和精神奖励时都需要直观地表达它们的指标。直观性与激励影响的心理效应成正比。

六、时效性原则

要把握激励的时机，"雪中送炭"和"雨后送伞"的效果是不一样的。激励越及时，越有利于将人们的激情推向高潮，使其创造力连续有效地发挥出来。

七、正激励与负激励相结合的原则

正负激励都是必要而且有效的，不仅作用于当事人，而且会间接地影响周围的人。

八、按需激励原则

激励的起点是满足员工的需要，但员工的需要因人而异、因时而异，并且只有满足最迫切需要（主导需要）的措施，其效价才高，其激励强度才大。因此，领导者必须深入地进行调查研究，不断了解员工需要层次和需要结构的变化趋势，有针对性地采取激励措施，才能收到实效。

9.1.5 激励的机制

激励机制就是在激励中起关键性作用的一些因素，由时机、程度、频率、方向等因素组成。它的功能集中表现为对激励的效果有直接而显著的影响，所以认识和了解激励机制，对做好激励工作是非常有益的。

一、激励时机

激励时机是激励机制的一个重要因素。激励在不同时间进行，其作用与效果是有很大差别的。超前的激励可能会使下属感到无足轻重；迟到的激励可能会让下属觉得画蛇添足，失去了激励应有的意义。

激励如同发酵剂，何时该用、何时不该用，都要根据具体情况进行具体分析。根据时间间隔是否规律，激励时机可分为规则激励与不规则激励；根据时间上快慢的差异，激励时机可分为及时激励与延时激励；根据工作的周期，激励时机又可分为期前激励、期中激励和期末激励。既然激励时机存在多种形式，管理者在运用时就不能机械地强调某一种而忽视其他，而是应该根据客观条件，进行灵活的选择，更多的时候还要加以综合的运用。

二、激励程度

所谓激励程度是指激励量的大小，即奖赏或惩罚标准的高低。它是激励机制的重要因素之一，与激励效果有着极为密切的联系。能否恰当地掌握激励程度，直接影响激励作用的发挥。超量激励和欠量激励不但起不到激励的真正作用，有时甚至还会起反作用。比如，过分优厚的奖赏，会使人感到得来全不费工夫，丧失了发挥潜力的积极性；过于吝啬的奖赏，会使人感到得不偿失，多干不如少干；过分苛刻的惩罚，可能会挫伤下属的自尊和自信心，导致受惩罚者产生破罐子破摔的心理；过于轻微的惩罚，可能导致人的无所谓心理，不但原来的毛病改不掉，反而会变本加厉。

所以从量上把握激励，一定要做到恰如其分，激励程度不能过高也不能过低。激励程度并不是越高越好，超出了这一限度，就无激励作用可言了，正所谓

"过犹不及"。

三、激励频率

激励频率是指在一定时间里进行激励的次数，它一般是以一个工作周期为时间单位的。激励频率的高低是由一个工作周期里激励次数的多少所决定的，激励频率与激励效果之间并不完全是简单的正相关关系。

激励频率的选择受多种客观因素的制约，这些客观因素包括工作的内容和性质、激励对象的素质情况、任务目标的明确程度、劳动条件和人事环境等等。一般来说有以下几种情形：

——对于工作复杂性强，比较难以完成的任务，激励频率应当高，对于工作比较简单、容易完成的任务，激励频率就应该低。

——对于各方面素质较差的工作人员，激励频率应该高，对于各方面素质较好的工作人员，激励频率应该低。

——对于任务目标不明确、较长时期才可见成果的工作，激励频率应该低；对于任务目标明确、短期可见成果的工作，激励频率应该高。

——在工作条件和环境较差的部门，激励频率应该高；在工作条件和环境较好的部门，激励频率应该低。

当然，上述几种情况，并不是绝对的划分，通常情况下应该有机地联系起来，因人、因事、因地制宜地确定恰当的激励频率。

四、激励方向

激励方向是指激励的针对性，即针对什么样的具体内容来实施激励，它对激励效果也有显著影响。马斯洛的需要层次理论有力地表明，激励方向的选择与激励作用的发挥有着非常密切的关系。当某一层次的需要基本上得到满足时，就应该调整激励方向，将其转移到满足更高层次的需要上，这样才能更有效地达到激励的目的。比如对一个具有强烈自我表现欲望的员工来说，如果要对他所取得的成绩予以奖励，奖给他货币和实物不如为他创造一次能充分表现自己才能的机会，使他从中得到更大的鼓励。还有一点需要指出的是，激励方向的选择是以优先需要的发现为其前提条件的，所以及时发现下属的优先需要是管理者实施正确激励的关键。

9.2 激励过程

在任何一个组织中，管理者关注的是人的行为产生的结果。但是人们行为的产生不是无缘无故的，必定要经历一个复杂的过程。

首先，任何行为的产生，都是由动机的驱使。人的一切有意识的行为都是由动机所引发、推动和维持的。心理学上把引起个人行为、维持该行为并将此行

为导向满足某种需要的欲望、愿望等心理因素叫做动机。如果从组织的角度来研究动机，简单地讲，动机就是为达到组织目标而愿付出的努力。

由于人们需求的多样性以及个体心理发展水平的不同，人们的动机也是不同的。在日常生活中，常常因为个体满足需要的强烈程度不同，而形成了不同的动机强度。动机强度的不同，又会导致行为结果的差异。而且每个人的动机还可能随时间、地点等条件的变化而有差别，即动机受环境的影响和制约。

其次，动机是以需要为基础的。需要是个体对其生活和发展的某些条件感到缺乏而力求获得满足的一种心理现象。作为一种意识反映，需要是在人与客观环境相互作用的过程中，在人的积极活动中产生和发展的。人的需要很复杂，不同的环境条件下，人会有不同的需要。如：当闻到食物的香味时，人会产生饥饿感；看到某些商品的广告时，会产生购买欲望。

激励的过程就是一个由需要开始，到需要得到满足为止的一连串反应，即激励过程是需要决定动机，动机产生行为的过程。当人产生需要而未得到满足时，会产生紧张，在遇到能够满足需要的目标时，这种紧张就会转化为动机，人会在此动机的驱使下向目标努力，目标达到后，需要得到满足，紧张感就会消除。随后，人又会产生新的需要，新的激励过程又开始了，如此循环往复。激励过程可用图9-1表示。

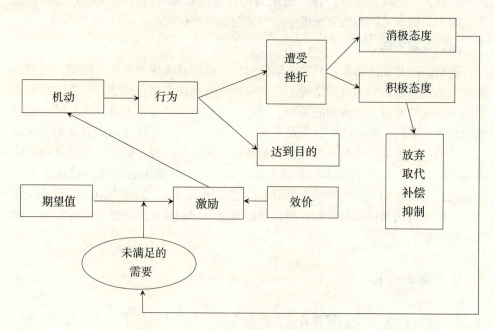

图9-1　激励过程

组织在各项组织活动中要密切注视并认真研究对员工的激励。因为，有时员工的需要可能不是组织的需要，员工的目标也可能不符合组织的目标，其结果是员工的行为与组织需要的行为不一致。因此，在管理过程中，组织必须重视员工的需要，对员工的需要进行积极的引导和激励，使员工出现有利于组织目标的优势动机并按组织所需要的方式行动，最终达到良好的激励效果。

9.3 激励理论

9.3.1 需要层次理论

需要层次理论是美国心理学家马斯洛（A. H. Maslow）1943 年提出的一种关于人的需要结构的理论。该理论基于两个基本假设：

（1）人主要是受满足某种需要的欲望所驱使的需求动物。人类的需要是无止境的，当个人满足一种需求之后，就会产生另一种需求。

（2）人类所追求的需要具有普遍性，这些需要有层次之分。

马斯洛根据研究认为，人是有需要的动物，人的需要可以根据其重要性和发生的先后顺序划分为生理需要、安全需要、归属需要、尊重需要和自我实现的需要等五个层次（如图 9 - 2 所示）。

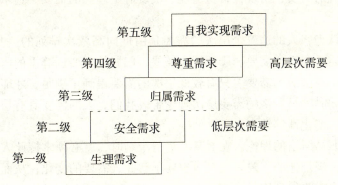

图 9 - 2 不同层次的需要

一、生理需要

生理需要是维持人类自身生存的基本需要，是人类最原始、最基本的需要。如衣、食、住、行等方面的需要。生理需要虽然处于需要层次结构的最底层，但它却是推动人们行动的首要动力。

二、安全需要

安全需要是保护自己免受身体和情感伤害的需要，这种需要又可分为两方面的内容：一是对当前安全的需要；二是对未来安全的需要。对现在的安全的需

要，就是要求自己现在的社会生活的各个方面均能有所保证，如人身安全、收入稳定、健康保障等等。对未来的安全需要，简单地讲，就是希望未来生活能有保障。

三、归属的需要

马斯洛认为，人是社会动物，人不是独立于这个社会而存在的。当生理需求和安全需求得到满足后，归属需求就会突出表现出来，进而产生激励作用。在马斯洛需求层次中，这一层次是与前两层次截然不同的另一层次。人们希望在社会生活中受到别人的注意、接纳、关心和爱护等，在情感上有所归属。同时，也希望别人接受自己所给予的关心和爱护。

四、尊重的需要

尊重的需要分为自尊和他尊。自尊是指在自己取得成功时有一种自豪感；他尊是指当自己作出贡献时能得到别人的承认。自尊与他尊是联系在一起的，人首先要有自尊，并且拥有被别人尊重的条件，才有可能受到别人的尊重。马斯洛认为，尊重需要得到满足，能使人对自己充满信心，对社会满腔热情，体验到自己活着的用处和价值。

五、自我实现的需要

自我实现的需要包括发挥自身潜能、实现心中理想的需要、追求个人能力的极限。

马斯洛认为，人的这五个层次的需要是由低向高依次排列的（见图9-2）。其中，生理需要和安全需要属于低层次需要，归属的需要、尊重的需要和自我实现的需要属于高层次的需要。只有较低层次的需要得到了满足，才能产生更高一级的需要。同时，马斯洛的需要层次理论告诉我们，人的需要具有层次性、多样性、潜在性、变化性等特点。

如果按照马斯洛的理论，在对某人进行激励时，就必须掌握此人所处的需要层次，尽量去满足他的需要。同时，也要了解此人需要的变化，从而运用不同的激励手段使之需要得到满足。

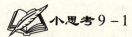 小思考9-1

对大多数企业主管来说，最困扰他们的不是如何与竞争对手抢夺市场，而是如何找到、训练和留住优秀的员工，对高技术企业尤其如此。请你为这些主管在以下几项中找出一种最佳的方法（　　　　）

A. 提供诱人的薪水和福利

B. 提供舒适的工作环境

C. 提供具有挑战性的工作

D. 提供自由工作的便利

【答案】C

9.3.2 双因素理论

双因素理论（Two Factor Theory）又称激励保健理论，是美国的行为科学家弗雷德里克·赫茨伯格（Fredrick Herzberg）提出来的。双因素理论认为引起人们工作动机的因素主要有两个：一是保健因素，二是激励因素。只有激励因素才能够给人们带来满意感，而保健因素只能消除人们的不满，但不会带来满意感。

赫茨伯格批评了传统的观点。他认为满意的反面不是不满意，而是没有满意；不满意的反面也不是满意，而是没有不满意。

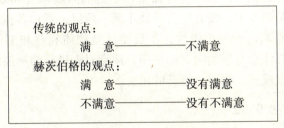

传统的观点：

满　意————————不满意

赫茨伯格的观点：

满　意————————没有满意

不满意————————没有不满意

图 9 - 3　传统观点与赫茨伯格的观点

保健因素是指那些容易导致工作不满意的因素，这些因素常常与工作环境、工作条件密切相关。它主要包括公司政策、人际关系、物质工作条件、工资、福利等。保健因素不能得到满足，则易使员工产生不满情绪、消极怠工，甚至引起罢工等对抗行为；但在保健因素得到一定程度改善以后，无论再如何进行改善的努力往往也很难使员工感到满意，因此也就难以再由此激发员工的工作积极性，它只是消除了不满意，并不会导致积极的态度，所以这些因素不能起到激励作用。

激励因素是指那些能带来积极态度、满意和激励作用的因素，即能导致工作满意的因素。这些因素通常与工作内容和工作性质密切相关。它主要包括：工作富有成就感、工作具有挑战性、责任感，工作成绩得到社会的认可以及成长和发展的机会等等。如果这些因素具备了，就能对人们产生更大的激励。

从这个意义出发，赫茨伯格认为传统的激励假设，如工资刺激、人际关系的改善、提供良好的工作条件等，都不会产生更大的激励；它们能消除不满意，防止产生问题，但这些传统的"激励因素"即使达到最佳程度，也不会产生更大的激励。

表 9-1　激励和保健因素

激励因素	保健因素
工作本身 成就 所获得的承认 责任 晋升	公司政策 工作条件 工资待遇 与监督者的关系 与同事的关系 与下属的关系 个人生活 安全保障

双因素理论告诉我们，满足各种需要所引起的激励深度和效果是不一样的。物质需求的满足是必要的，没有它会导致不满，所以，管理者在管理过程中不能忽视它。但是，要调动人的积极性，不仅要注意物质利益和工作条件等外部因素，更重要的是要注意对激励因素的使用，注意对人进行精神鼓励，给予表扬和认可，注意给人以成长、发展、晋升的机会。

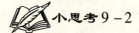小思考 9-2

高级工程师李华在一家研究所工作，该所拥有一流的研究条件。根据双因素理论，你认为下列哪一种措施最能对李华的工作起到激励作用？（　　　）

A. 调整设计工作流程，使李华可以完成完整的产品设计而不是总重复做局部的设计

B. 调整工资水平和福利措施

C. 给李华配备性能更为先进的个人电脑

D. 以上各条都起不到激励的作用

【答案】A

9.3.3 公平理论

公平理论又称社会比较理论，它是美国心理学家 J. 亚当斯于 20 世纪 60 年代提出来的一种激励理论。该理论侧重于研究工资报酬分配的合理性、公平性及其对职工生产积极性的影响。

该理论认为人的工作积极性不仅与个人实际报酬多少有关，而且与人们对报酬的分配是否感到公平更为密切。人们总会自觉或不自觉地将自己付出的劳动代价及其所得到的报酬与他人进行比较，并对公平与否作出判断。公平感直接影响职工的工作动机和行为。因此，从某种意义来讲，动机的激发过程实际上是人与人进行比较，作出公平与否的判断，并据以指导行为的过程。人们通过两个方面的比较来判断其所获报酬的公平性，即横向比较和纵向比较。

所谓横向比较，就是将"自己"与"别人"相比较来判断自己所获报酬的公平性，并据此作出反应，我们以下列关系式来说明：

公平理论可以用公平关系式来表示。设当事人 a 和被比较对象 b，则当 a 感觉到公平时有下式成立：

$$Qa/Ia = Qb/Ib$$

其中：Qa——当事人对所获报酬的感觉；Qb——当事人对他人所获报酬的感觉；Ia——当事人对所作投入的感觉；Ib——当事人对他人所作投入的感觉。

当上式为不等式时，可能出现以下两种情况：

（1）$Qa/Ia < Qb/Ib$。

在这种情况下，当事人可能要求增加自己的收入或减小自己今后的努力程度，以便使左方增大，趋于相等；第二种办法是当事人可能要求组织减少比较对象的收入或者让其今后增大努力程度以便使右方减小，趋于相等。

（2）$Qa/Ia > Qb/Ib$。

在这种情况下，当事人可能要求减少自己的报酬或在开始时自动多做些工作，但久而久之，当事人会重新估计自己的技术和工作情况，终于觉得他确实应当得到那么高的待遇，于是产量便又会回到过去的水平了。

除了横向比较之外，人们也经常做纵向比较，即把自己目前投入的努力与目前所获得报偿的比值，同自己过去投入的努力与过去所获报偿的比值进行比较。只有相等时他才认为公平，如下式所示：

$$Qa/Ia = Qap/Iap$$

其中：Qa——当事人对现在所获报酬的感觉；Qap——当事人对过去所获报酬的感觉；Ia——当事人对个人现在投入的感觉；Iap——当事人对个人过去投入的感觉。

当上式为不等式时，也可能出现以下两种情况：

（1）$Qa/Ia < Qap/Iap$。

当出现这种情况时，当事人也会有不公平的感觉，这可能导致工作积极性下降。

（2）$Qa/Ia > Qap/Iap$。

当出现这种情况时，当事人不会因此产生不公平的感觉，但也不会觉得自己多拿了报偿，从而主动多做些工作。

公平理论可以广泛应用于现实生活中。例如，一个刚大学毕业的人，进入某家公司，年薪为 50 000 元，一开始他很满意，并很努力地工作。可是，半年后，又来了一个与他同等条件的大学毕业生，他的年薪为 55 000 元，这时，先来的

那位大学毕业生就会感觉不公平，会降低工作的努力程度。再如，当你发现一个工作能力明显不如你的人得到与你同样的报酬，或者一个与你能力相当（或不如你）的人获得了晋升，而你没有时，你都会感到不公平。

公平理论告诉我们，员工的积极性不仅受其绝对报酬的影响，而且也受其相对报酬的影响。而且，人们对于公平的评价未必客观，一般来说，人们往往高估自己的付出，低估他人的付出，因此公平与否的感觉往往只是个人的主观判断，难免与客观事实不符，所以，管理者应及时做好必要的说明和引导工作，尽可能调动员工的积极性。同时，既然人们常常在比较中寻找公平感，那么，管理者在激励时就应该力求公平，使等式在客观上成立，尽管有主观判断的误差，也不致造成严重的不公平感。对于那些客观存在的待遇上的差异，管理者应予以公开，并就其原因、依据等作必要的阐述，以避免不必要的误会。

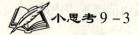小思考 9 - 3

A、B 两人都是同一个企业的职工，两人横向比较结果是 $QA/IA > QB/IB$，则 B 可能的表现是哪些? (　　　)

A. 要求增加报酬

B. 自动减少投入以达到心理上的平衡

C. 离职

D. 没有任何变化

E. 更加努力

【答案】ABC

9.3.4 期望理论

期望理论（Expectancy Theory），是由美国心理学家和行为科学家维克多·弗鲁姆（Victor H. Vroom）于 20 世纪 60 年代中期提出来的。该理论认为，人总是期望满足一定的需要和达到一定的目标的，目标本身对于激发人的动机具有一定的影响，而激发力量的大小又取决于两个方面的因素，一个是期望率，另一个是目标效价。这种需要与目标之间的关系用公式表示即：

$$激励力（激发力量）= 期望值 \times 目标效价$$

弗鲁姆对上式中三个参数的解释是：激励力是指一个人受到激励的强度；目标效价是指这个人对某种成果的偏好程度；期望值则是指个人通过特定的努力达到预期成果的可能性。从上式中可以看出，一个人把目标价值看得越高，估计能实现目标的可能性越大，则被激发出来的力量就越强烈，就越愿意为实现目标而积极努力，反之，则会降低对人的激发力量。

弗鲁姆认为,当人们预期到某一行为能给个人带来既定结果,并且这种结果对个人来说是具有吸引力的,个人才会采取这一特定行为。期望理论涉及以下三种关系:

(1)努力与绩效的关系。它反映了个人感觉到通过一定程度的努力而达到工作绩效的可能性,即必须付出多大的努力才能取得一定的工作绩效。当人们在主观上认为达到目标的期望值很高时,他们就会对目标的实现充满信心,从而积极努力地投入到工作中去。如果目标定得过高,可望而不可即,则人们就会失去信心;反之,如果定得过低,唾手可得,则人们会对目标失去兴趣。因此,组织目标的制订要适度,既要使人们经过努力能够取得一定的绩效,达到既定目标,又要使绩效的取得和目标的实现依赖于一定的努力。

(2)绩效与奖励的关系。它反映了个人对达到一定工作绩效后即可获得理想的奖励结果的信任程度,即当达到理想的工作绩效后能得到什么样的奖励。人们总是希望在达到组织要求的预期绩效后得到相应的物质和精神方面的奖励。为此,组织管理者在处理绩效与奖励的关系时,一方面要严格遵守事先的奖励承诺,另一方面,必须保证所给予的奖励与绩效紧密挂钩,即获得奖励者,必须是创造出绩效的人。

(3)奖励与个人目标的关系。工作完成后,个人所获得的奖励对个人的重要程度应该与个人的目标有关,即该奖励是否有期望的那么高?它是否有利于实现个人目标?由于人们在性别、年龄、生活经历、地位等方面存在差异,导致对于同一种奖励,人们对它的评价可能完全不同,从而产生的激励效应也不一样。因此,组织应该根据人们不同的需要设置不同形式的奖励,采取不同的激励机制,以提高奖励的刺激作用。

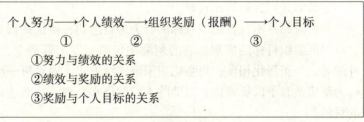

图9-4 期望理论模式

期望理论的基础是个人需要,弗鲁姆强调不同个体的复杂的需要与激励问题,认为只有组织的奖励与个人的需要完全吻合,组织对个人才有激励作用。这种因人、因时、因地而异的价值观假设,比较符合现实生活,但在现实中由于各种客观存在的局限使得组织的奖励与个人的需要以完全相吻合,给管理者的实际应用带来了困难。

📖✏ **小思考 9－4**

从期望理论中，我们得到的最重要的启示是（ ）

A. 目标效价的高低是激励是否有效的关键

B. 期望值的高低是激励是否有效的关键

C. 存在着负效价，应引起领导者注意

D. 应把目标效价和期望值进行优化组合

【答案】D

9.3.5 强化理论

强化理论是由美国哈佛大学的心理学家斯金纳（B. F. Skinner）提出的。该理论主要研究人的行为同外部因素之间的关系。斯金纳认为，当人们因采取某种行为受到奖励时，这种外界的刺激使他们及有可能重复这种行为，而且奖励和处罚只有在紧随行为之后才会最具效果。当人们采取某种行为没有受到奖励或处罚时，他们重复这种行为的可能性极大。

斯金纳把影响人们行为的因素称为强化物，而所谓强化，就其基本形式而言，指的是对一种行为的肯定或否定的结果（奖励或惩罚）。根据强化的性质和目的，强化可以分为正强化和负强化两种类型。

正强化是指对那些符合组织目标的行为给予奖励，以便使得这些行为得到加强，并持续保持下去，从而有利于组织目标的实现。它的刺激物既包括物质方面的奖励，如提高工资、发放奖金等，也包括精神方面的奖励，如表扬、改善工作条件、提升、委以重任、给予学习提高的机会等。正强化采取间断性的、时间和数量上不固定的方式，其效果比较好。

负强化是指对那些不符合组织目标的行为进行惩罚，使这些行为减少或者不再出现，以保证组织目标的实现。它的刺激物包括扣发工资奖金、罚款、批评、降职、开除等。与正强化相反，负强化应采取连续方式，即对每一次不符合组织目标的行为都应及时予以负强化，以消除人们的侥幸心理，从而达到限制这种行为发展的目的。

尽管斯金纳认为奖励可以激励员工的行为，而惩罚可以约束员工的行为，但斯金纳还是主张作为一个管理者应多采用奖励而少采用惩罚。因为虽然惩罚对于消除员工的不良行为实施起来较为方便、见效快，但往往这种效果只是暂时的，惩罚容易引起员工的不愉快，而且过多的惩罚还会导致矛盾冲突。因此，当管理者试图通过强化自己认为理想的行为来影响员工时，其重点应放在正强化上，而不是负强化上。但必要时也要对不良行为给予惩罚，做到奖惩结合。

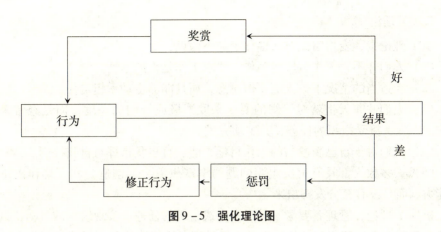

图9-5 强化理论图

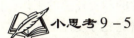 小思考9-5

下列关于强化理论的说法正确的是（　　　）

A. 强化理论是美国心理学家马斯洛首先提出来的

B. 所谓正强化就是惩罚那些不符合组织目标的行为，以使这些行为削弱直至消失

C. 连续的、固定的正强化能够使每一次强化都起到较大的效果

D. 实施负强化，应以连续负强化为主

【答案】D

9.3.6 X理论和Y理论

道格拉斯·麦格雷戈（Douglas McGregor）从人性的角度，提出了两种完全不同的理论，即X理论和Y理论。

一、X理论

在X理论中，麦格雷戈对人性作了如下假设：

（1）人生来就是懒惰的，只要有可能就会逃避工作。

（2）人生来就缺乏进取心，不愿承担责任，宁愿听从指挥。

（3）人天生就以自我为中心，对组织的需要采取消极的、甚至是抵制的态度。

（4）人习惯于守旧，本性就反对变革。

（5）人缺乏理性，容易受外界的影响。

如果按照X理论对员工进行管理，管理者必须对员工进行说服、奖赏、惩罚和严格的控制，才能迫使员工实现组织的目标。所以，在管理过程中强制性的措施是第一位的。

二、Y理论

在Y理论中，麦格雷戈对人性作了如下假设：

（1）人们并不是天生就厌恶工作，要求工作是人的本性。

（2）在适当的情况下，人们不但愿意，而且能够主动承担责任。

（3）人们并非天生就对组织的要求采取消极或抵制的态度，而是经常采取合作的态度，接受组织的任务，并主动完成。

（4）人们对于自己新参与的工作目标，能实行自我指挥与自我控制。

（5）大多数人都具有解决组织问题的丰富想象力、创造力和正确作出决策的能力，而且没有充分发挥出来。

根据Y理论，管理者要激励员工去完成组织的任务、实现组织的目标，只需要改善员工的工作环境和条件，为员工提供富有挑战性的和责任感的工作，让员工参与组织的决策等，员工就会积极工作，将自身的潜能充分发挥出来。

麦格雷戈认为，对于管理者来说，Y理论比X理论更有效。因此他建议管理者应更多地运用Y理论而不是用X理论来管理员工。但是，在现实生活中，Y理论与X理论一样，也是存在局限的。因为人是各种各样的，不可能因为实行了Y理论措施大家就一致地就有积极主动性了，所以加强监控是必须的。总之，就管理方式来讲，以加强薪酬工资、加大福利、改善工作环境、授责授权等Y理论方式应该是推动人们工作积极主动性产生的主体方式，而作为以X理论实施的监控则又是保障Y理论公正实施不可缺少的关键条件。

9.3.7 波特—劳勒的激励模式

波特（Lyman W. Poter）与劳勒（Edward Lawler）于1968年在《管理态度和成绩》一书中就如何激励员工士气提出了"波特—劳勒模式理论"。对员工的满足与其工作绩效间关联的传统看法是，员工满意后才会有良好的绩效。波特与劳勒认为这一看法是倒因为果，他们主张良好的工作绩效才是员工满足的成因。

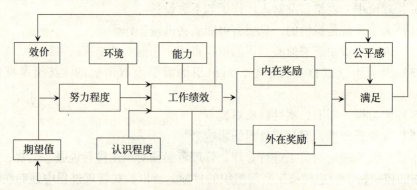

图9-6　波特—劳勒的综合激励模型

此模式的基本内容主要有以下几点：

（1）努力。一个人的努力程度即激励所发挥的作用取决于个人对某项奖酬（例如：工资、奖金、提升、认可、友谊、某种荣誉等）效价的主观看法及个人对努力将导致这一奖酬的概率的主观估计。奖酬对个人的效价因人而异，决定于它对个人的吸引力，而个人每次行为最终得到的满足，又会以反馈的形式影响个人对这种奖酬的估价。每一次的工作绩效也会以反馈形式影响个人对成功期望值的估计。

（2）工作绩效。工作绩效是个人的工作表现和实际成果。它不仅取决于个人所作的努力程度，而且还受其他因素的影响，如个人完成该项工作所需的特定能力与素质（如必要的业务知识、技能等）、员工个人对此项工作的理解程度以及环境的影响等。相对于难度较高、复杂的任务而言，个人能力与对任务的理解对工作绩效的影响更大。工作绩效的取得与否或难易程度又会影响以后个人对该类工作期望值的认识。

（3）奖酬。奖酬是指绩效所带来的各种奖励和报酬，包括内在奖酬，如成就感和自我实现感等；外在奖酬，如工作条件和身份地位的提高等。这两种奖酬和个人对奖酬所感受到的公平感糅合在一起，影响着个人的满足感。

（4）波特和劳勒认为，个人将会对自己所得的报酬进行评估，其最终是否满意及满意的程度如何取决于所得报酬及个人对公平程度的认识，而这个公平性的评估又会影响下一轮工作中对效价的认识，而且内在性奖酬更能带来真正的满足。

（5）满足。满足是个人实现某项预期目标时所体验到的满意感觉。个人是否满意以及满意的程度将会影响个人完成下一个任务的过程，满意会导致工作的进一步努力，不满意会导致工作努力程度的降低。一般人都认为，有了满意才能有绩效，而波特和劳勒却认为，先有绩效才能获得满足。

总之，波特—劳勒模式是对激励系统比较全面和恰当的描述，它告诉管理者，激励与绩效之间并非简单的因果关系，要使激励能产生预期的效果，管理者必须考虑奖励内容、奖励方式、组织分工、考核的公平性等一系列的综合性因素，并注意个人满足感在工作中的反馈。

☞**管理故事**

猎人与狗

一条猎狗把兔子赶出了窝，一直追赶着，但追了很久也没有捉到。

一只羊看见这一情景，讥笑猎狗说："你们两个之间，怎么小的反而跑得快得多呢？"

猎狗回答："你不知道，我们两个跑的目的完全不一样！我呢，只是为了一

顿饭，但是它，却是为了性命！"

猎狗的话被猎人听到了，深受启发，猎人想，"猎狗的话对啊，我要是想得到更多的猎物，就必须好好想法子"！猎人陷入了沉思……

第二天，猎人买了几条猎狗，并规定，在打猎中凡是捉到兔子的均可以获得几条骨头，捉到兔子的数量越多，得到的骨头就越多，捉不到兔子的就没有饭吃！猎人的这套方案非常奏效！猎狗们纷纷努力去追兔子去，因为谁都不想自己没饭吃！就这样，过了一段时间，猎人发现，猎狗们捉到的都是小兔子！为什么呢？原来，大兔子非常难捉，而小兔子则容易多了。捉到一只大兔子和一只小兔子，得到的奖赏一样多，没有任何区别。猎狗们观察到这一点后，纷纷专门捉小兔子去了。

猎人知道后，将分配方式改为依据兔子的总重量决定猎狗的待遇！于是，兔子的数量和重量都增多了！但过了一段时间，猎人又发现，兔子的数量又开始减少了，而且，越有经验的猎狗捉到的兔子的数量下降得越多！猎人很疑惑！他问猎狗。猎狗说："我们把我们最好的时间都奉献给了您，主人，但是我们也有老的时候，当我们老了，我们捉不到兔子的时候，你还会给我们骨头吃吗？"猎人听了，觉得猎狗的话很有道理！于是决定按功行赏，规定捉兔子达到一定数量后，即便捉不到兔子，每顿饭也会有骨头吃。这样，过了一段时间，有一些猎狗达到了猎人规定的数量。其中，一只猎狗说："我们这么努力，却只得到几根骨头，我们捉到的猎物远比我们得到的骨头要多，我们为什么不给自己捉兔子呢？"于是，有些猎狗便决定离开猎人，自己捉兔子去了。

猎人意识到猎狗正在流失，并且那些流失的猎狗像野狗一般和自己的猎狗抢兔子。情况变得越来越糟，猎人不得已引诱了一条野狗，问他到底野狗比猎狗强在那里。野狗说："猎狗吃的是骨头，吐出来的是肉啊！"接着又道："也不是所有的野狗都顿顿有肉吃，大部分最后骨头都没得舔！不然也不至于被你诱惑。"于是猎人进行了改革，使得每条猎狗除基本骨头外，可获得其所猎兔肉总量的 $n\%$，而且随着服务时间加长，贡献变大，该比例还可递增，并有权分享猎人总兔肉的 $m\%$。就这样，猎狗们与猎人一起努力，将野狗们逼得叫苦连天，纷纷强烈要求重归猎狗队伍。

9.4 常用的激励方法

9.4.1 目标激励

目标激励，是指给员工确定一定的目标，以目标作为诱因驱使员工去努力工作，以实现组织的目标。目标激励必须以组织的经营目标作为基础，任何个人在自己需要的驱使下也会具有个人目标，目标激励要求把组织的经营目标与员工的个人目标结合在一起，使得二者相一致。同时，目标一旦得以实现，会在很大程度上激发人们继续努力工作的热情，因为前一个目标实现的结果让人们对自己产生了胜任感、成就感，从而期望实现更高的目标，并对此充满信心。

9.4.2 参与激励

参与激励，就是让员工参与本部门、本单位重大问题的决策与管理，并对领导者的行为进行监督，使员工产生主人翁责任感，从而充分调动员工的积极性。通过对话达到参与激励的目的，员工可提出各种意见和质疑，领导者听取意见、回答质疑。这样就可能在领导者和员工之间架起一座桥梁，达到彼此沟通、交流思想、相互理解的目的。这样，员工就会亲身感受到自己是企业的主人，企业的前途和命运就是自己的前途和命运，个人只有依附于企业才能发展自我，从而激励员工把全身心投入企业的事业中。

9.4.3 关怀激励

关怀激励，是指组织的领导者通过对员工的关心而产生的对员工的激励作用。如果组织领导者经常与下属谈心，时时关心员工的疾苦，了解他们的要求，帮助他们克服种种困难，并为他们的工作创造有利的条件。下属在领导者的支持下，就会干劲倍增，更有勇气和信心克服困难，顺利完成工作任务。现在很多组织领导者给员工赠送生日礼物，解决员工小孩入托、入学难等都属于关怀激励的范畴。

9.4.4 公平激励

公平激励，是指组织领导者在组织的各种待遇上，对每一位员工公平对待所产生的激励作用。人对公平是敏感的，有公平感时，会心情舒畅，努力工作；而感到不公平时，则会怨气冲天，大发牢骚，影响工作的积极性。公平激励是强化积极性的重要手段。所以在工作过程中，领导者在对员工的分配、晋级、奖励、使用等方面要力求做到公平、合理，真正做到多劳多得，少劳少得，在组织中形成一个公平合理的环境。

9.4.5 奖励激励

奖励激励，是指组织以奖励作为诱因，驱使员工采取最有效、最合理的行为实现组织目标。奖励激励通常是从正面对员工进行引导。在奖励激励的过程中，领导者要善于把物质奖励与精神奖励结合起来；奖励要及时，过时的奖励，不仅会削弱奖励的激励作用，而且可能导致员工对奖励产生漠然视之的态度；奖励的

方式要考虑到下属的需要，做到因人而异；奖励的方式要富于变化，奖励的程度要同员工的贡献相当，领导者要根据员工贡献的大小拉开奖励档次。奖励激励能够刺激员工通过对物质利益和精神奖励的追求而产生符合组织需要的行为，为组织创造出佳绩。

9.4.6 惩罚激励

惩罚激励，是指组织利用惩罚手段，诱导员工采取符合企业需要的行为的一种激励。在惩罚激励中，惩罚的方式是多种多样的，包括：物质手段，如扣发工资、奖金，罚款，赔偿等；精神手段，如批评、降级、降职、开除等。一般来说，组织都要制订一系列的员工行为规范，并规定逾越了这一行为规范，将根据逾越程度的不同，确定不同的惩罚标准。同时领导者要注意惩罚合理，达到化消极因素为积极因素的目的。惩罚要和帮教相结合。一方面，人们为避免惩罚，将会督促自己的行为符合特定的规范；另一方面，通过对犯规员工的处罚，将激励未犯规的员工自觉、自愿地去遵守规范。

9.4.7 榜样激励

榜样的力量是无穷的，它具有内在的感染、激励、号召、启迪、警醒等功能，榜样发挥着重要的示范激励作用。在日常的工作、生活中，好人好事的宣传以及给予典型人物以尊重和优厚的待遇，都会产生良好的反响，诱导人们向榜样学习，像典型人物那样以积极的姿态投身于工作中。

总之，组织激励员工的方式方法是多种多样的，每一种方式都从各个不同的侧面对员工进行激励。组织的管理者应在不同的环境条件下，善于分析具体的情况，灵活运用各种激励方式，有效地激励员工。

实例 9-1

索尼公司的内部招聘制度

有一天晚上，索尼董事长盛田昭夫按照惯例走进职工餐厅与职工一起就餐、聊天。他多年来一直保持着这个习惯，以培养员工的合作意识和与他们的良好关系。这天，盛田昭夫忽然发现一位年轻职工郁郁寡欢，满腹心事，闷头吃饭，谁也不理。于是，盛田昭夫就主动坐在这名员工对面，与他攀谈。几杯酒下肚之后，这个员工终于开口了："我毕业于东京大学，有一份待遇十分优厚的工作。但是，进入索尼之前，对索尼公司崇拜得发狂。当时，我认为我进入索尼，是我一生的最佳选择。但是，现在才发现，我不是在为索尼工作，而是为课长干活。坦率地说，我这位课长是个无能之辈，更可悲的是，我所有的行动与建议都得课长批准。我自己的一些小发明与改进，课长不仅不支持，不解释，还挖苦我癞蛤蟆想吃天鹅肉，有野心。对我来说，这名课长就是索尼。我十分泄气，心灰意冷。这就是索尼？这就是我的索尼？我居然要放弃了那份优厚的工作来到这种地方！"这番话令盛田昭夫十分震惊，他想，类似的问题在公司内部员工中恐怕不少，管理者应该关心他们的苦恼，了解他们的处境，不能堵塞他们的上进之路，于是产生了改革人事管理制度的想法。之后，索尼公司开始每周出版一次内部小报，刊登公司各部门的"求人广告"，员工可以自由而秘密地前去应聘，他们的上司无权阻止。另外，索尼原则上每隔两年就让员工调换一次工作，特别是对于那些精力旺盛，干劲十足的人才，不是让他们被动地等待工作，而是主动地给他们施展才能的机会。在索尼公司实行内部招聘制度以后，有能力的人才大多能找到自己较中意的岗位，而且人力资源部门可以发现那些"流出"人才的上司所存在的问题。

资料来源：根据智通人才网《索尼的"内部跳槽"制度》改编.

9.5 激励理论的实践应用

在学习了上述几种激励理论后，大家可能会发现，任何一种激励理论都有一定的局限性，管理者在实际应用中不能仅仅使用某一种激励理论，而应当把各种激励理论综合起来，创造性地加以应用。同时，在应用过程中，应注意以下几个方面：

（1）在满足组织成员需求时，要考虑多数人的意愿。人与人的需求往往是不同的，同时，由于资源的稀缺性，组织通常并不能满足所有组织成员的需求。在管理过程中，对于有些组织成员过分的需求，或者不为多数人认可的需求，管理者不应当满足，否则就会挫伤多数人的积极性。管理者不能因为调动少数人的积极性而挫伤了多数人的积极性。

（2）管理者要教育下属把自己的需求和组织的需求相结合。组织中人们的需求可能各不相同，但组织成员的需求的满足多数要借助组织，因此，组织成员应尽可能地让自身的需求与组织的需求相吻合。当两者出现矛盾时，管理者要做好下属的说服教育工作，尽量使个人的需求服从组织的需求。

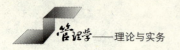

（3）管理者在理论的运用上应注意国外的理论与本国实际相结合。理论的产生往往都有其特定的土壤和环境，有的理论适合我国的情况，有的则不适合。管理者在运用时要注意与本国实际相结合。同时，注意积累和探索适合本国的激励理论。

▆ 本章小结

每个人行为的产生不是无缘无故的，都要经历一个复杂的过程，这个过程就是激励的过程。激励的起点是激发人们未满足的需要，其实质是追求双向满足，即满足组织要求，在实现组织目标的同时，也满足个人需要。

马斯洛按需要发生的先后顺序及其重要性程度，将个人的需要分为五个层次，即生理需要、安全需要、归属需要、尊重需要和自我实现的需要。马斯洛认为，人的五个层次的需要由低级向高级排列，生理需要和安全需要是低级需要，归属需要、尊重需要及自我实现的需要是高级需要。只有当低级需要满足后，才会产生高级需要。

双因素理论认为，能够引起人们产生满意感和不满意感的因素是不同的，前者为激励因素，后者为保健因素。保健因素是指那些容易导致工作不满意的因素，这些因素常常与工作环境、工作条件密切相关。激励因素是指那些能带来积极态度、满意和激励作用的因素，即能导致工作满意的因素。这些因素通常与工作内容和工作性质密切相关。要想调动并保持人的工作积极性，应当努力做好与激励因素有关的工作。

公平理论又称为社会比较理论，它指出，员工在组织中是否具有动力，关键取决于员工是否认为他被组织公平对待，即拿自己的付出和所得与别人的付出和所得进行比较，比较的结果将影响人们的工作状态及其努力程度。

期望理论认为，激励力是目标效价和期望值的函数，即激励力 = 目标效价 × 期望值。目标效价是指这个人对某种成果的偏好程度；期望值则是指个人通过特定的努力达到预期成果的可能性。只有在目标效价和期望值都很高时，才会产生巨大的激励力。同时，要想更好地调动人的积极性，应当在激励时正确处理以下三个方面的关系：努力—绩效的关系、绩效—奖励的关系、奖励—个人目标的关系。

强化理论着重研究人的行为及其结果的相互关系，强调强化对人的行为的重要作用。该理论认为，当人们因采取某种行为而受到奖励时，他们极有可能重复这种行为；反之，当人们采取某种行为受到惩罚时，他们重复这种行为的可能性就很小。根据强化的性质和目的，强化可以分为正强化和负强化两种类型。

麦格雷戈在 X 理论中，对人性作了如下假设：人天生就是懒惰的，以自我为中心，缺乏进取心，不愿承担责任，习惯于守旧，缺乏理性，容易受骗和接受煽动。按照此理论，组织管理者对员工要实行强制性管理。Y 理论则认为，要求工作是人的本性，人们不但愿意，而且能够主动承担责任。乐于接受组织的任务，并主动完成，能实行自我指挥与自我控制，具有丰富的想象力和创造力。按照此理论，组织管理者只需要改善员工的工作环境和条件，为员工提供富有挑战性的和责任感的工作，让员工参与组织的决策等，员工就会积极地工作，将自身的潜能充分发挥出来。

波特—劳勒的激励模型比较全面地说明了各种激励理论的内容，它告诉管理者，激励与绩效之间并非简单的因果关系，要使激励能产生预期的效果，管理者必须考虑奖励内容、奖励方式、组织分工、考核的公平性等一系列的综合性因素，并注意个人满足感在工作中的反馈。

在管理实践中，管理者要了解和掌握激励的相关理论，并用之指导实践。激励的方法有很多，如目标激励、参与激励、关怀激励、公平激励、奖励激励、惩罚激励、榜样激励等，组织管理者需要根据员工的不同的特点等来灵活地采用不同的激励方法，从而达到有效激励的目的。

■ **关键概念**

激励　需要层次理论　双因素理论　期望理论　公平理论　强化理论

■ **思考题**

1. 试述激励及作用。
2. 简述激励过程。
3. 马斯洛需要层次理论的主要观点是什么？如何评价？
4. 应用"双因素理论"进行激励时，应注意哪些问题？
5. X 理论和 Y 理论对人性的假设有何差别？
6. 结合实际谈谈如何应用期望理论来调动人们的积极性？
7. 社会上流传着一句话，叫做"端起碗吃肉，放下筷子骂娘"，这反映了一种什么样的社会心理现象？试用激励理论加以说明。
8. 强化理论的观点是什么？为什么要提倡以奖为主、以罚为辅？
9. 管理者应如何激励员工？

■ **案例分析**

林肯电气公司

林肯电气公司总部设在克利夫兰，年销售额为 44 亿美元，拥有 2 400 名员工，并且形成了一套独特的激励员工的方法，该公司 90% 的销售额来自于生产销售弧焊设备及其辅助材料。

林肯电气公司的生产工人按件计酬，他们没有最低小时工资。员工为公司工作两年后，便可以分享年终奖金。该公司的奖金制度有一套计算公式，全面考虑了公司的毛利润和员工的生产率及业绩，可以说是美国制造业中对工人最有利的奖金制度。在过去的 56 年中，平均奖金额是基本工资的 95%，该公司中相当一部分员工的年收入超过 10 万美元。近几年经济迅速发展，员工年均收入为 44 000 美元左右，远远超过制造业员工年收入 17 000 美元的平均水平，在不景气的年头里，如 1982 年的经济萧条时期，林肯电气公司员工收入降为 27 000 美元，这虽然比其他公司还不算太坏，可与经济发展时期相比就差了一大截。

公司自 1958 年开始推行职业保障政策，从那时候起，他们没有辞退过一名员工。当然，作为对此政策的回报，员工也相应要做到几点：在经济萧条时期他们必须接受减少工作时间的决定；而且要接受工作调换的决定；有时甚至为了维持每周 30 小时的最低工作量，而不得不调整到一个报酬更低的岗位上。

林肯电气公司极具成本和生产率意识，如果工人生产出一个不合标准的部件，那么除非这个部件修改至符合标准，否则这件产品就不能计入该员工的工资中。严格的计件工资制度和高度竞争性的绩效评价系统，形成一种很有压力的氛围，有的员工因此还产生过一定的焦虑感，但这种压力有利于生产率的提高。据该公司的一位管理者估计，与国内竞争对手比，林肯电气公司的总体生产率是他们的两倍。自 20 世纪 30 年代经济大萧条以后，公司年年获利丰厚，没有缺过一次分红。该公司还是美国工业界中工人流动率最低的公司之一。前不久，该公司的两个分厂被《幸福》杂志评为全美十佳管理企业。

问题：

1. 你认为林肯电气公司使用了何种激励理论来激励员工？
2. 为什么林肯电气公司的方法能够有效地激励员工工作？
3. 你认为这种激励系统可能会给管理层带来什么问题？

资料来源：http://zhidao.baidu.com.

■ 补充阅读书目

1. ［美］斯蒂芬·P.罗宾斯，管理学.7 版.孙健敏，黄卫伟.等，译.北京：中国人民大学出版社，2004.

2. 吴照云.管理学.4 版.北京：经济管理出版社，2003.

3. ［美］彼得·德鲁克.管理的实践.齐若兰，译.北京：机械工业出版社，2006.

4. 周三多，陈传明，鲁明泓.管理学——原理与方法.4 版.上海：复旦大学出版社，2004.

5. 黄宇，编译.新管理事典.北京：民主与建设出版社，2004.

领　导

【学习目的和要求】

1. 了解领导的概念以及领导与管理之间的差异。
2. 理解领导者的权力概念、权力来源以及如何有效地使用权力。
3. 学会辨别不同领导风格的基本特征，能够运用权变领导理论思想，分析在不同环境条件下领导方式的适应性，提高领导水平。

10.1 领导的本质

☞**管理故事**

鹦 鹉

一个人去买鹦鹉，看到一只鹦鹉前标着：此鹦鹉会两门语言，售价二百元。另一只鹦鹉前则标着：此鹦鹉会四门语言，售价四百元。该买哪只呢？两只都毛色光鲜，非常灵活可爱。这人转啊转，拿不定主意。突然他发现一只老掉了牙的鹦鹉，毛色黯淡散乱，标价八百元。这人赶紧将老板叫来：这只鹦鹉是不是会说八门语言？店主说：不。这人奇怪了：那这只鹦鹉为什么又老又丑，又不会说八门语言，会值这个数呢？店主回答：因为另外两只鹦鹉叫这只鹦鹉为老板。

10.1.1 领导的本质

一、领导的概念

领导是领导者及其领导活动的简称。领导者是组织中那些有影响力的人员，他们可以是组织中拥有合法职位的、对各类管理活动具有决定权的主管人员，也可能是一些没有确定职位的权威人士。领导活动是领导者指挥、带领、引导和鼓励部下为实现组织目标而努力的过程。领导是管理的基本职能，它贯穿于管理活动的整个过程。

从以上定义可以看出领导需包括四个要素：①领导者必须有部下或追随者；②领导需拥有影响追随者的能力或力量；③领导的目的是通过影响部下来达到组织的目标；④领导职能的过程主要包括领导者的协调、激励和控制等内容。

二、领导与管理

通常，人们都习惯把管理和领导当做同义语来用，似乎管理者就是领导者，领导过程就是管理过程，而实际上，管理者和领导者是两个不同的概念，二者既有联系，又有区别。杰克·维尔奇有一句名言"多一点领导，少一点管理"，美国前国家安全顾问布热津斯基也说："美国不是要做世界的警察管理世界，而是要去领导世界"，翟鸿燊在其《领导的力量》的前言中感叹"我们正处在一个管理者太多，而领导者太少的时代，这是因为太多的领导者，仅仅把自己扮演成管理者，忘记了他是集团前进的领袖，群体行动的导师"。

领导者和管理者都是在组织中拥有权力的个体，在组织中处在举足轻重的位置，他们工作的最终目标都是为了组织发展，他们的工作对组织的发展产生重大影响。从字面上看，汉语词典将管理解释为：负责某项工作使顺利进行；保管和料理；照管并约束，将领导解释为：率领并引导。管理强调理智和控制，是把一群人组织起来完成一个共同的目标。管理者通常会问这样一个问题，什么是我应该做的，应该如何去做。管理既是一种制度也是一种方法，它涉及组织行为学等多种因素。比如我们需要一群人来完成一项任务，那么管理就是要解决问题，让从事这项事业的人在合适的岗位上发挥才能，并且确保日常工作顺利进行。领导者则会问这样的问题，为什么我们要做这些事情？哪些人真正适合做这些事情？领导是要激励这些人，以便使他们完成个体成长并对他人作出贡献的同时，也完成这个共同的目标。领导除了经营管理以外，还包括人的因素。领导有责任去帮助个人发展。组织中的每一个人都有他自己的尊严和价值，每一个人他都具有不同的技能和才华。领导会激励员工，激励创新，并且寻求潜在的机会和回报。

表 10 - 1　领导和管理的区别

类型	领导	管理
产生方式	正式任命，或从群众中自发产生	正式任命
所处理的问题	变化、变革问题	复杂、日常问题
主要行为	开发远景、说服、激励和鼓舞、制订目标和规范、用人	计划、监督、员工雇佣、评价、物资分配、制度实施
影响下属的方式	正式权威或非正式权威	正式权威
目标	变革、建构结构、程序或目标，制订战略	稳定组织秩序，维持组织高效运转

管理者是指组织中行使管理职权的人，是被正式任命的，拥有合法的权力进行奖励和处罚，其影响力来自于职位所赋予的正式权力。领导者（Leaders）是指行使领导职权的人。领导者可以是任命的，也可以是从一个群体中产生出来的，领导者可以不运用正式权力来影响他人的活动，如非正式群体中的领导者。管理者不一定能成为领导者，领导者也不一定能是管理者，但有效的管理者必须是领导者。

10.1.2 领导的功能

一、组织功能

组织功能指领导者为实现组织目标，合理地设置结构、建立体制、分配权力、调配资源等。领导者帮助组织成员认清所处的环境和形势，为组织和下属指明发展方向和要完成的目标。

二、协调功能

协调功能指领导者在领导过程中，团结内部人员，使组织形成凝聚力。具体包括：领导系统与环境的协调，领导系统内部各子系统之间的协调，领导系统内外人际关系的协调，领导活动中不同功能、目标、利益的协调等。

三、激励功能

激励功能指领导者在领导过程中，通过激励方法调动下级和职工的积极性，能够给组织带来活力和动力，使之持续发展。激励功能是领导的主要功能之一，内容主要包括：①提高被领导者接受并执行组织目标的积极性与自觉性；②通过物质环境和心理气氛的营造，提高被领导者的行为效率。

四、控制功能

控制功能是从外部对组织战略与规划的执行过程进行宏观把握，以保证组织相对的稳定和有序发展，防止组织的失控或瓦解。

10.2 领导者的影响力

领导者的影响力就是领导者有效地影响和改变被领导者的心理和行为的能力。构成领导影响力的基础有两大方面：一是权力性影响力；二是非权力性影响力。

心理学家约翰·佛伦奇和柏崔姆·瑞文将影响力分为 5 种：法定权、强制权、奖赏权、专家权和参照权。俞克在此基础上增加了信息权。

表 10 − 2　领导者的影响力

影响力	含义	影响力类型	内容和影响方式
法定权	领导掌握支配下属的职位和责任的权利，期望下属服从法规的要求	权力性影响力	任命、罢免等权力，具有明确的垂直隶属关系
强制权	领导随时可以为难下属，下属避免惹他生气	权力性影响力	对不服从要求或命令的人进行惩罚，使之惧怕
奖惩权	领导能给下属以特殊的利益或奖赏，下属知道与他关系密切有好处	权力性影响力	对合理期望者分配给有价值资源
专家权	领导的知识和经验使下属尊重他，服从他的判断	非权力性影响力	专业知识在决策、运营等方面的影响

续　表

影响力	含义	影响力类型	内容和影响方式
参照权	下属喜欢、拥戴领导，并乐意为他做事	非权力性影响力	人格魅力和社交技能，示范和模仿为主要影响方式
信息权	领导掌握和控制对下属而言非常有价值的信息，下属依赖领导的信息分享而行事	权力性影响力	以是否分享信息作为奖惩的手段，领导掌握分享信息的主动权

10.2.1 权力性影响力

权力性影响力是由社会赋予个人的职务、地位和权力等形成的，带有法定性、强制性和不可抗拒性，属于强制性影响力。它对下属的影响有强迫性，使其心理与行为分别表现为被动和服从，对其激励作用有限。这种影响力的获得与职位和权力的获得是同步的。传统因素、职位因素和资历因素构成权力性影响力因素。

传统因素是指由于长期以来人们怕"官"，认为"官"不同于一般人，这种观念逐步成为某种形式的社会"规范"，影响着被领导者对领导者的服从感。只要你是个领导者，就自然获得了这种力量。职位因素，是组织授予其领导地位和权力的人，由于权力使领导者具有强制下级的力量，可以左右被领导者的行为、处境、前途以至命运，使被领导者产生敬畏感。这种由社会组织赋予领导者的一种力量，与领导者本人的素质条件没有直接关系。资历因素，它是个人历史性的东西。

10.2.2 非权力性影响力

非权力性影响力是由领导干部自身素质形成的一种自然性影响力。它不会导致被管理者受到执权者的奖惩，不随职权地位影响而改变，其影响力比较稳定和持久，是潜移默化的作用，使被管理者从心理上信服、尊敬、顺从和依赖，并改变其行为。这些素质包括领导者的品德、才干、知识、感情和信用。

一、高尚的品德

美国西点军校的校训讲："领导力就是品格。"品格的魅力涉及个人的价值体系：诚实正直、坚忍不拔、尽职尽责、换位思维、宽容仁爱、勇担责任等等，这些品质都是下属愿意追随的。周恩来总理无论生前还是身后，都获得国内外领袖和民众由衷的爱戴，这种感染力就是源于他本人优秀的品质和魅力。

二、超群的才干

才干即我们常说的"本事"，是决定领导者能否胜任其职的关键，可以说是人的素质的核心。在领导者"官德"好的条件下，领导者拥有较强的"本事"更容易获得被领导者发自内心的敬佩和服从，因而能够发挥更大的积极影响力。

三、渊博的学识

知识就是力量，古往今来，高学识提升魅力的例子不胜枚举，一代伟人毛主席就是其中一例。毛主席作为杰出的政治家、军事家、革命统帅和国家元首，他那诗人的才华、对马克思主义哲学观点炉火纯青的运用，无不为他在政治天平上增添了文化人格的几多分量。我们生活工作中所熟悉的那些著名的医生、教授、工程师、科学家、技工等等，都会给下属从内心带来巨大的影响力，因为人们都愿意相信专家的指点。尤其是在知识爆炸的今天，知识更新老化的速度极快，能够拥有别人所不具备的专业知识的人，更容易吸引人们自觉自愿地追随。作为企业的各级领导者，时代虽不强求其"样样精通"，但却更钦佩那些具备"杂家"型学识和广泛欣赏情趣的领导。

四、较高的情商

组织内部之间在工作和学习中建立的深厚感情，是维系一个部门和单位凝聚力的重要因素。有专家分析当今社会大部分事业成功者的成功因素，只需15%的智商，但却同时需要85%的情商。对于领导者而言，提高情商就是要以平等的视角、开放的心态与下属进行适当的情感交流。作为一个领导者，要想赢得部属和群众的爱戴和拥护，就应当以理服人，以情感人，善于用情感来提高自己的影响力，凝聚部属和群众的智慧和力量。领导要做到尊重人、理解人、关心人、体贴人、爱护人，与部属和群众打成一片，对下和蔼可亲；要善于倾听群众呼声，为群众办实事，想群众之所想，急群众之所急，办群众之所需；要体恤民情，关心群众疾苦，时刻把人民群众的冷暖挂在心上，当群众有困难时，能伸出热情的手，及时给予帮助和扶持。有了这种感情，领导和下级以及群众就能同甘共苦，心往一处想，劲往一处使，无往而不胜。

五、牢靠的信用

"诚实"、"守信"是做人的基本准则，是人与人交往的基础。最容易损害领导威信的，莫过于被人发现他在欺骗、吹牛、搞鬼、不守诺言。领导要以自己的诚信换取别人的信任，协调配合，合作共事，带领大家做好工作，就必须做到"言必信，行必果"。所谓"言必信"，就是说话一定要讲信用，不食言，不说空话、大话；说了就要算，信守诺言；对做不到的事，决不要许诺，既已许诺，就一定要兑现；对下级、同级要诚实、坦率，一是一，二是二，不当面一套，背后一套。所谓"行必果"，就是行动一定要坚毅果断、善始善终，不能说了不算，定了不办，虎头蛇尾，半途而废。只有这样，才能获得人们的信赖，形成自己的领导权威。

实例 10 - 1

张伯伦上校与逃兵

有一部电影《葛底士堡》，讲述美国内战时的葛底士堡战役。其中有一个片段描写张伯伦上校如何对待他的一批逃兵。一个逃兵代表向张伯伦抱怨，觉得自己已经作了很大的贡献，但却受到很多虐待，因此很厌恶战争。张伯伦的下属劝他运用手中的权力，惩罚甚至枪毙这些动摇军心的家伙。但张伯伦却诚挚地和这些逃兵对话，跟他们讲述这场战争的重要历史和现实意义——如果北方失败，那么最宝贵的自由将在这个国家失去。他承诺给他们选择去留的自由，同时又用自己的亲身经历和感悟来劝说他们，晓之以理，动之以情。最终这些逃兵都心甘情愿、斗志昂扬地跟他重返战场，取得了战役的胜利。

这个故事给我们的启示是，领导者的权力是外部给予的，但他的非权力性影响力则产生于本人的内在素质和品质。权力的运用往往依靠高压或小恩小惠，非权力性影响力则需要发自内心地打动对方。权力强迫人不得不做某件事，因为你有权有势，但下属往往会口服心不服，或者人在曹营心在汉；非权力性影响力由于触动到下属的内心价值观念，所以让他自觉自愿地追随完成组织目标。权力对下属的影响通常是外在的、暂时的，而非权力性影响力对下属的影响则是内在的、长久的。

资料来源：《再论领导者的权力和影响力》，国研网，http：//www. drcnet. com. cn/DRCnet. common. web.

10.3 领导理论

10.3.1 领导特质理论

领导特质理论又被称为素质理论、品质理论、性格理论。这一理论的出发点是：领导效率的高低主要取决于领导者的特质，那些成功的领导者也一定有某些共同点。根据领导效果的好坏，找出好的领导者与差的领导者在个人品质或特性方面有哪些差异，由此就可确定优秀的领导者应具备哪些特性。领导特质理论按

其对领导特性来源的不同解释，可分为传统的领导性格理论和现代的领导性格理论。前者认为领导者所具有的品质是天生的，是由遗传决定的；而后者则认为领导的品质和特性是在实践中形成的，是可以通过教育训练培养的。在此基础上，许多学者作了大量的研究，提出了许多观点。

一、吉普（吉伯）的观点

吉普在 1969 年的研究报告中指出，天才的领导者应具备以下七项天生的品质特征：善于言辞、外表英俊潇洒、智力过人、具有自信心、心理健康、有支配他人的倾向、外向而敏锐。

二、斯托格蒂的观点

斯托格蒂在 1948 年所写论文《与领导有关的个人因素：文献调查》以及1974 年的《领导手册》一书中，归纳了领导者的品质特征：①身体特征：身高、体重、外貌。这方面的发现迄今还是很矛盾的，不足以服人。②智力特征：判断力、果断性、口才、知识。研究确实发现成功的领导者在这些方面较突出，但相关性还较弱，说明还需要考虑一些附加因素。③社会背景特征：社会经济地位、学位、学历。这方面的发现也缺乏一致性和说服力。④个性特征：自信、正直、独立、进取、民主、创造。⑤工作特征：高成就需要、责任感、主动、创新。有些特性已经被证明具有积极的结果，例如高成就的需要、愿承担责任、毅力、首创性、工作主动、重视任务的完成等。⑥社交特征：合作、诚实、善交际。研究表明，成功的领导者具有善交际、广交游、积极参加各种活动、愿意与人合作等特点。

三、鲍莫尔的观点

鲍莫尔认为领导应具有如下品质：①合作精神，即愿与他人一起工作，能赢得人们的合作，对人不是压服，而是感动和说服。②决策能力，即依赖事实而非想象进行决策，具有高瞻远瞩的能力。③组织能力，即能发掘部属的才能，善于组织人力、物力和财力。④精于授权，即能大权独揽，小权分散。⑤善于应变，即机动灵活，善于进取，而不墨守成规。⑥敢于求新，即对新事物、新环境和新观念有敏锐的感受能力。⑦勇于负责，即对上级、下级的产品用户及整个社会有高度的责任心。⑧敢担风险，即敢于承担企业发展不景气的风险，有创造新局面的雄心和信心。⑨尊重他人，即重视和采纳别人的意见，不盛气凌人。⑩品德高尚，即品德上为社会人士和企业员工所敬仰。

四、鲁德曼的观点

鲁德曼认为领导应绝对诚实、公正，具有自我学习精神、反教条精神，能展现最好的一面，具有幽默感，高瞻远瞩、脚踏实地。

五、日本企业的要求

日本企业要求有效的领导者应具备十项品德和十项才能，如表 10－3 所示。

表 10－3　日本企业对领导者的要求

十项品德				
使命感	责任感	依赖性	积极性	进取心
公平	热情	勇气	忠诚老实	忍耐性
十项才能				
判断能力	创造能力	思维能力	规划能力	洞察能力
劝说能力	调动积极性能力	解决问题能力	培养下级能力	对人理解能力

六、中国企业的要求

中国企业全面融入全球经济体系，逐渐享受到一个更加透明、可以预测的宏观环境以及统一平等的市场体系。然而，在产品和服务竞争、经营模式以及人力资源方面，由于直接面对技术革新的加速和强大的国际对手，他们遭遇的不确定性大大增加了。要成功带领自己的企业战胜新的挑战，中国企业领导必须打造四个维度的领袖特质：①能力维度：用人授权，决策，社会能力，口头文字表达能力；②智力维度：记忆，创造性，思维观察力，注意力；③知识维度：专业知识，政策水平，学历，基本理论知识；④修养维度：组织纪律性，民主性，事业心，群众威信。

10.3.2 领导行为理论

由于领导特性理论忽视下属的需要、没有指明各种特性之间的相对重要性、缺乏对因与果的区分、忽视了情境因素，导致它在解释领导行为方面的不成功。人们转向研究领导有效性的因素以及如何提高领导的有效性。研究集中在两个方面：一是领导者关注的重点是什么，二是领导者的决策方式。由于这两大因素的不同，产生了形形色色的领导方式，主要研究成果包括勒温的三种领导方式理论、管理方格理论等。

一、勒温的三种领导方式理论

心理学家勒温在实验研究的基础上，把领导者的行为方式分为专制式、民主式和放任式三种基本类型。

1. 专制式

所有政策均由领导者决定；所有工作进行的步骤和技术也由领导者发号施令行事；工作分配及组合、多由领导单独决定；领导者对下属较少接触，如有奖

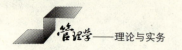

惩，往往对人不对事。

2. 民主式

主要政策由组织成员集体讨论决定，领导者采取鼓励协助态度；通过集体讨论，领导者使团队成员对工作和任务有更全面、更深刻的认识，并就此提出更为切实可行的计划和方案。

3. 放任式

放任式领导者的主要特点是极少运用其权力影响下属，而给下级以高度的独立性，以致达到放任自流和行为根本不受约束的程度。

勒温等人经过实验研究得出的结论：放任式的领导方式工作效率最低，只达到社交的目标，而完不成工作目标；权威式领导方式虽然通过严格管理达到了工作目标，但群体成员没有责任感，情绪消极，士气低落，争吵较多；民主式领导方式工作效率最高，不但完成了工作目标，而且群体成员关系融洽，工作积极主动，有创造性。

二、管理方格理论

管理方格理论是由美国得克萨斯大学的行为科学家罗伯特·布莱克（Robert R. Blake）和简·莫顿（Jane S. Mouton）在1964年出版的《管理方格》（1978年修订再版，改名为《新管理方格》）一书中提出的。管理方格图的提出改变了以往各种理论中"非此即彼"式（要么以生产为中心，要么以人为中心）的绝对化观点，指出在对生产关心和对人关心的两种领导方式之间，可以进行不同程度的互相结合。

这一理论把领导者按他们的绩效导向行为（对生产的关心）和维护导向行为（对人员的关心）进行评估，给出等级分值。两个导向分别分为9个等级，1代表关心程度最小，5代表中间的或平均的关心，9代表最大关心，其他数2到4和6到8代表不同程度的关心。这些数目表示由低到高之间的各个阶梯，组成81个方格的管理方格图，故称为"管理方格理论"（图10-1）。

每一个小方格代表一种领导类型，该理论只分析了坐落于方格的四角及中央的5个基本领导方式：贫乏型，任务型，俱乐部型，中庸型和团队型。其中，团队型管理是统筹满足绩效与人际关系的需求，体现出对人和生产的同时关心，把员工利益和企业目标成功地结合起来；贫乏型管理则是团队型管理的极端反面，对员工和生产都不关心。其他类型对任务和人际的关心居于二者之间。其中，最为有效的是团队型管理，其次是任务型，再次是中庸型和俱乐部型，最后是贫乏型。

下面对五种类型作进一步说明：

（1,9）：俱乐部型。领导者只注重支持和关怀下属而不关心任务和效率。领导者最大特征是重视下级的态度与情感，对下级关怀备至，而这种关怀是无私

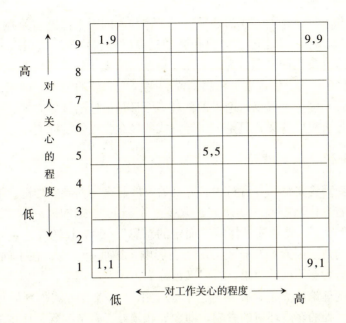

图 10 - 1　管理方格图

的，避免将自己的意志强加于人。它的好处在于提高一部分人的工作满意度。但它的缺点也显而易见。首先是放弃了效率追求，随便为职工减压；其次，滋长起的懒散气氛，使组织严重失控；最后，使存有信心的人失望并离开。

（1，1）：贫乏型。这是一种既不关心生产，也不关心人员的管理方式。贫乏型管理者会用漠不关心的态度、最小的努力去完成必要的工作并维持人际关系。他们所求不多，但付出更少。他们只是按符合规定的标准去做事，且认为多一事不如少一事。他们的心理是要抓住现状，而不是抓住未来。

（5，5）：中庸型。该种类型的领导者对工作和人的因素都保持一定的关心，既要维持足够的工作效率，又要保持一定的员工士气，希望能保持两者的和谐与妥协，以免顾此失彼。但这种领导者往往缺乏进取心，乐于维持现状，所以被称为中庸型的领导。

（9，1）：任务型（血汗工厂型）。只注重任务效果而不重视下属的发展以及士气。任务型管理者往往对等级制度极为重视，他们习以为常的是"命令—服从"关系。在对下级的指示中，他们会尽可能把工作内容细节、时间地点、方法技术都交代清楚，而且在部属工作时总是频繁地检查，流露出几分不放心。在听取部下汇报时，他们往往以怀疑的甚至是挑剔的眼光打量部下，毫不客气地打断他们的发言，要求用翔实具体的数据说话。在任务型管理的支配下，部下要么形成服从的习惯，要么采取对抗的措施。

（9，9）：团队型（协作型）。领导者通过协调和综合工作相关的活动而提高

任务的效率与士气。这种方式的领导者对工作和人的因素都极为关心，既高度重视组织的各项工作，又能通过沟通和激励，和群体合作，下属员工共同参与管理，使工作成为员工的自觉行为，从而获得较高的工作效率与员工满意度。

20世纪60年代，管理者方格培训受到美国工商界的推崇。后来，这一理论逐步受到批评，因为它仅仅讨论一种直观、而且是最佳的领导方式，它并没有对如何培养领导者提供答案，只是为领导方式的概念化提供了框架。

10.3.3 领导权变理论

领导权变理论是继领导者行为研究之后发展起来的领导学理论。这一理论的出现，标志着现代西方领导学研究进入了一个新的发展阶段。"权变"一词有"随具体情境而变"或"依具体情况而定的意思"。领导权变理论主要研究与领导行为有关的情境因素对领导效力的潜在影响。该理论认为，在不同的情境中，不同的领导行为有不同的效果，所以又被称为领导情境理论。

领导权变理论认为不存在一种"普遍适用"的领导方式，领导工作强烈地受到领导者所处的客观环境的影响。即领导和领导者是某种既定环境的产物。认为各种领导方式都可能在一定的环境内有效，这种环境是多种外部环境和内部环境的综合作用体。即：

$$S = f\ (L,\ F,\ E)$$

S：领导方式；L：领导者特征，指领导者的个人品质、价值观和工作经历；F：追随者特征，指追随者的个人品质、价值观和工作能力等；E：环境，指工作特征、组织特征、社会状况、文化影响、心理因素等。

领导权变理论中最具代表性的理论包括菲德勒的权变理论、路径—目标理论和领导生命周期理论。

一、菲德勒的权变理论

菲德勒认为，没有什么一成不变的、普遍使用的最好的管理原则和方法，在管理中，管理者要根据企业所处的内外部环境条件，采用与之相应的计划、组织结构和领导方式，做到随机应变。

1. 领导方式

菲德勒设计了一种测量领导者领导方式的问卷，测量领导者对最不喜欢共事的同事（Least - preferred co - worker，简称为 LPC）的态度和评价（见表10 - 4）。这一问卷由18组对应形容词构成。接受调查者在填表前，先回想一下与自己共过事的所有同事，并找出一个你最不喜欢的同事（这个同事的姓名不必告诉调查人），然后在18组形容词中，每个词汇都要按从1（最消极）到8（最积极）的等级，对这个你最不喜欢的同事进行评估，给出1～8分的分值。不同的 LPC 得分反映了领导者不同的领导风格。菲德勒运用 LPC 问卷将绝大多数领导者划分为两种风格，LPC 分数高的领导者称为人际关系取向型，他们以相对积极的态度描述最难共事者，希望与下属建立一种良好的人际关系；LPC 得分低者被称为工作任务取向型，他们关心的是工作，主要目标是完成任务。但也有一小部分领导者处于二者之间，这些人的领导风格较难确定。

表 10 – 4   最难共事者的测量表

愉快	8 7 6 5 4 3 2 1	不愉快
友好	8 7 6 5 4 3 2 1	不友好
拒绝	8 7 6 5 4 3 2 1	接受
紧张	8 7 6 5 4 3 2 1	放松
疏远	8 7 6 5 4 3 2 1	亲近
冷淡	8 7 6 5 4 3 2 1	热情
支持	8 7 6 5 4 3 2 1	敌对
无聊	8 7 6 5 4 3 2 1	有趣
爱争吵	8 7 6 5 4 3 2 1	和睦
忧郁	8 7 6 5 4 3 2 1	快乐
开朗	8 7 6 5 4 3 2 1	内向
诽谤	8 7 6 5 4 3 2 1	忠诚
不可信	8 7 6 5 4 3 2 1	可信
体贴人	8 7 6 5 4 3 2 1	不体贴
讨人嫌	8 7 6 5 4 3 2 1	惹人爱
合意的	8 7 6 5 4 3 2 1	不合意
不真诚	8 7 6 5 4 3 2 1	真诚
和蔼的	8 7 6 5 4 3 2 1	严酷的

2. 组织环境

菲德勒通过调查研究，认为组织环境中决定领导风格的因素有三种：职位权力、任务结构和上下级关系。

（1）职位权力。职位权力指的是与领导者职位相关联的正式职权和从上级及整个组织各个方面所得到的支持程度，这一职位权力由领导者对下属所拥有的实有权力所决定。领导者拥有这种明确的职位权力时，则组织成员将会更顺从他

的领导，有利于提高工作效率。

（2）任务结构。任务结构是指工作任务的明确程度和有关人员对工作任务的职责明确程度。当工作任务本身十分明确，组织成员对工作任务的职责明确时，领导者对工作过程易于控制，整个组织完成工作任务的方向就更加明确。

（3）上下级关系。上下级关系是指下属对一位领导者的信任、爱戴和拥护程度，以及领导者对下属的关心、爱护程度。这一点对履行领导职能是很重要的。因为职位权力和任务结构可以由组织控制，而上下级关系是组织无法控制的。

二、路径—目标理论

路径—目标理论是领导权变理论的一种，由多伦多大学的组织行为学教授罗伯特·豪斯最先提出，后来华盛顿大学的管理学教授特伦斯·米切尔也参与了这一理论的完善和补充。该理论认为，领导者的工作是帮助他们的下属达到目标，并提供必要的指导和支持，有效的领导者能通过指明工作目标的方式来帮助下属，并为他们清除各种障碍和危险，从而使下属的相关工作容易进行。同以前各种领导理论的最大区别在于，它立足于部下，而不是立足于领导者。

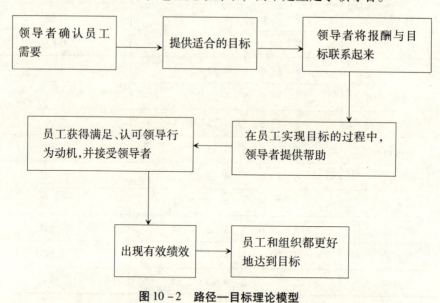

图 10-2 路径—目标理论模型

路径—目标模型根据领导在指导下属建立目标、选择途径过程中的不同表现，区分了四种最基本的领导风格类型：命令型、支持型、参与型和目标导向型。

1. 命令型领导

命令型领导往往会让下属明确知道他的期望，向下属下达各项具体的工作命令；同时，制订下属的工作绩效标准和工作程序，要求下属遵守相应的规章制度和时间进度。在采用命令型领导风格时必须谨慎，只有在绝对需要的情况下才可以使用，诸如一个组织正处于转型期或者危机正在迫近时。如果一个领导人在危机已经过去之后，还仅仅依赖于命令型领导风格或者继续使用这种风格，就会导致对员工士气以及员工感受的漠视，而这带来的长期影响将是毁灭性的。

2. 支持型领导

支持型领导往往表现得非常友好，关心下属的需要和福利，平等对待下属，并且创造出一个公平和融洽的工作情境。

3. 参与型领导

参与型领导往往就工作任务主动与下属协商，采用咨询式的管理方式，征求下属的意见并采纳他们的建议，在工作中建立起一种相互帮助的环境。当一个领导人对组织发展的最佳方向不明确，且须要听取一些能干的员工的意见，甚至需要他们的指导时，运用参与型领导风格，可以从员工中得到一些新的思想来帮助实施。但这种领导风格会导致无数的会议，很难让大家达成一致意见，所以在危机时不应使用。

4. 目标导向型领导

目标导向型领导往往会给下属制订具有挑战性的工作目标，追求较高的工作绩效，期望下属实现自己的最佳水平，并对下属达到较高标准的能力充满信心。

豪斯假定领导者具有变通性，能够根据不同的情况而表现出上述各种不同的领导行为。例如，当领导者面临一个新的工作环境时，他可以采用命令型领导方式，指导下属建立明确的任务结构和明确每个人的工作任务；接着可以采用支持型领导方式，有利于与下属形成一种协调和谐的工作气氛。当领导者对组织的情况进一步熟悉后，可以采用参与型领导方式，积极主动地与下属沟通信息，商量工作，让下属参与决策和管理。在此基础上，就可以采用目标导向型领导方式，领导者与下属一起制订具有挑战性的组织目标，然后为实现组织目标而努力工作，并且运用各种有效的方法激励下属实现目标。

三、领导生命周期理论

领导生命周期理论是由科曼于 1996 年首先提出来的，后由赫西和布兰查得进一步发展，是一个重视下属的权变理论，也称情景领导理论。领导生命周期理论认为下属的"成熟度"对领导者的领导方式起重要作用，所谓**"成熟度"**是指人们对自己的行为承担责任的能力和愿望的大小。它取决于两个要素：工作成熟度和心理成熟度。工作成熟度包括一个人的知识和技能，工作成熟度高的人拥有足够的知识、能力和经验完成他们的工作任务而不需要他人的指导。心理成熟度指的是一个人做某事的意愿和动机。心理成熟度高的个体不需要太多的外部激励，他们主要靠内部动机激励。

成熟度分为四个等级：（图 10 - 3）

不成熟（M1）：缺乏能力、没有愿望。

初步成熟（M2）：缺乏能力、但有积极性。

比较成熟（M3）：有能力、但动机不够。

成熟（M4）：有完成工作的能力、又有愿望。

以领导的工作行为和关系行为，组合成四种具体的领导风格：

命令式：高工作、低关系，对应 M1。

说服式：高工作、高关系，对应 M2。

参与式：低工作、高关系，对应 M3。

授权式：低工作、低关系，对应 M4。

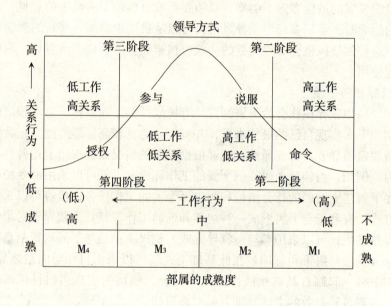

图 10 - 3　领导生命周期理论

对不同"成熟度"的员工采取的领导方式有所不同。对于低成熟度（M1）的下属，由于这些人对于执行某任务既无能力又不情愿，他们既不能胜任工作又不能被信任。因此，这时就应使用命令式的领导风格，领导者可以采取单向沟通的方式，明确规定其工作目标和工作规程，告诉他们做什么，如何做，在何地、何时去完成它。对于较不成熟（M2）的下属，由于这些人刚开始熟悉工作，并愿意担负起工作责任，但目前尚缺乏足够的技能，这时，说服式的领导方式更为有效。领导者应以双向沟通的方式给予直接的指导，并对他们的意愿和热情在感情上加以支持，这种领导方式通常仍由领导者对绝大多数工作作出决定，但领导需把这些决定推销给下属，通过解释和说服以获得下属心理上的支持。此时的管理者应对其下属充分信任，并不断给予鼓励。对于比较成熟（M3）的下属，由于他们不仅具备了工作所需的技术和经验，而且也有完成任务的主动性并乐于承担责任，他们已能胜任工作，因此不希望领导者对他们有过多的控制与约束。这时，领导者运用参与式的领导方式较为恰当。领导者应减少过多的任务行为，以双向沟通和耐心倾听的方式，加强交流，鼓励下属共同参与决策，继续提高对下属感情上的支持，不必再去具体指导下属的工作。对于高度成熟（M4）的下属，由于下属不仅具备了独立工作的能力，而且也愿意并具有充分的自信来主动完成任务并承担责任，此时，领导人应充分授权下属，放手让下属"自行其是"，由下属自己决定何时、何地和如何做的问题。因此，授权式领导方式对于高度成熟的下属更为适用。

小思考 10－1

有一个四岁的孩子要去参加一个生日聚会。尽管这个聚会就在附近，但还是要走过两个街区，并且还要通过一条繁忙的马路。孩子的家长应采用什么样的领导风格帮助孩子顺利参加生日聚会？（　　　）

A. 命令式

B. 说服式

C. 参与式

D. 授权式

【答案】A

西方不少企业在培训其管理者时经常使用领导生命周期理论，如《财富》500 强企业中的北美银行、IBM 公司、美孚石油公司、施乐公司等都采用此理论模型，甚至美国军队中的一些部门也采用这一模型培训其军官。

10.4 领导艺术

10.4.1 领导艺术概述

要实行有效的领导，领导者不仅要掌握基本的领导方法，而且要有高超的领导艺术，才能创造性地完成各项领导任务，达到预期的目的。所谓**领导艺术**是领导者在个人素质修养基础上，以丰富的领导经验，深厚的领导科学造诣，对各种领导条件、方式、方法，纯熟、巧妙并富有创造性地运用，以及通过这种运用表

现出来的领导风格和艺术形象。因此，领导艺术是领导者的一种特殊才能，是领导技巧与风格的巧妙结合。

领导艺术一般具有以下主要特征：

（1）领导艺术离不开领导者的个人素质，一个满足现状、不求上进的人不会成为一个成功的领导者。

（2）领导艺术与实践密切联系，实践是领导艺术的基础，单靠理论永远培养不出有用的人才。

（3）领导艺术的主要特征是创造性。领导者面临的问题复杂多变，层出不穷，不能也无法因循守旧、墨守成规，只能开拓创新，勇于进取。领导艺术的活力和灵魂就在于创新，没有固定不变的模式。

（4）领导艺术的表现形式具有多样性。领导艺术不仅表现在某一具体的领导方式与方法上，而是在任何领导方式与方法上都可能体现出来。也就是说，领导者不论在运用哪种具体领导方式与方法时，都可以使其具有艺术性。

10.4.2 主要的领导艺术

一、用人的艺术

团队领导用人艺术的关键是要建立一种能促进团队工作和激励人的文化，团队领导者对团队内成员的工作进行协调、充当团队建设的促进者和催化剂。领导者用人的艺术主要有：合理选择，知人善任；扬长避短，宽容待人；合理使用，积极培养；用人要正，激励人才。

二、授权的艺术

团队工作目标的实现需要多环节、多渠道、多部门的相互衔接和合作，共同完成。领导起指挥、协调作用，并不是自己身体力行去做每一项具体工作。团队领导艺术的一个重要部分就是授权的艺术，包括合理选择授权方式、授权留责、视能授权、明确责权、适度授权、监督控制、逐级授权等等。

三、协调的艺术

没有人际的信息交流，就不可能有领导。领导人实施指挥和协调的职能时，必须把自己的想法，感受和决策等信息传递给被领导者，才能影响被领导者的行为。同时，为了进行有效的领导，领导者也需了解被领导者的反应，感受和困难。没有协调能力的人当不好领导者。协调，不仅要明确协调对象和协调方式，还要掌握一些相应的协调技巧。

1. 对上请示沟通

平时要主动多向领导请示汇报工作，若在工作中有意或无意得罪了上级领导，靠"顶"和"躲"是不行的。理智的办法，一是要主动沟通，错了的要大胆承认，误会了的要解释清楚，以求得到领导的谅解。二是要请人调解，这个调解人与自己关系要好，与领导的关系更要非同一般。

2. 对下沟通协调

当下属在一些涉及个人利益的问题上与单位或对领导有意见时，领导者应通过谈心、交心等方式来消除彼此间的误解。对能解决的问题一定要尽快解决，一时解决不了的问题，也要向人家说清原因，千万不能以"打哈哈"的方式去对待人或糊弄人。

3. 对外争让有度

领导者在与外面平级单位的协调中，其领导艺术就往往体现在争让之间。大事要争，小事要让。不能遇事必争，也不能遇事皆让。该争不争，就会丧失原则；该让不让，就会影响全局。

四、运时的艺术

做任何事情都需要占用时间，创造财富也同样要耗用时间。实际上，领导者的地位愈高，往往愈不能自由支配自己的时间。领导者要学会做时间的主人，科学地组织管理工作，合理地分层授权，把大量烦琐的工作分给副手、助手、下属去做，腾出时间来做真正应该由自己做的事。

1. 强化时间意识

有人作了统计：一个人一生的有效工作时间大约是一万天。一个领导者的有效当"官"时间就是 10 至 15 年。一旦错过这个有效时间，即使思想再好、能力再强，要领导好也常常是心有余而力不足。所以，领导者要利用这宝贵的时间多做点有意义的事。

2. 合理运用时间

表 10－5 是根据我国一些优秀管理者的经验列出的领导者每周工作时间的分配的情况。

表 10－5　领导者每周工作时间的分配

工作内容	每周小时数	时间使用方式
1. 了解情况，检查工作	6	每天 1 小时
2. 研究业务，进行决策	12	每次 2～4 小时
3. 与主要业务骨干交谈，做人的工作	4	每次 0.5～1 小时
4. 参加社会活动（接待、开会等）	8	每次 0.5～2 小时
5. 处理企业与外部的重大业务关系	8	每次 0.5～1 小时
6. 处理内部各部门的重大业务关系	8	每次 0.5～3 小时
7. 学习与思考	4	集中一次进行

五、激励的艺术

管理重在人本管理，而人本管理的核心就是重激励。领导者要调动大家的积极性，就要学会如何去激励下属。

1. 激励注意适时进行

美国前总统里根曾说过这样一句话："对下属给予适时的表扬和激励，会帮助他们成为一个特殊的人。"一个聪明的领导者要善于经常适时、适度地表扬下属，这种"零成本"激励，往往会"夸"出很多为你效劳的好下属。

2. 激励注意因人而异

领导者在激励下属时，要根据不同员工的个性心理特征，采用相应的激励方法。最好在激励下属之前，要搞清被激励者最喜欢什么？最讨厌什么？最忌讳什么？尽可能"投其所好"，否则，就有可能好心办坏事。

3. 激励注意多管齐下

激励的方式方法很多，有目标激励、榜样激励、责任激励、竞赛激励、关怀激励、许诺激励、金钱激励等，但从大的方面来划分主要可分为精神激励和物质激励两大类。领导者在进行激励时，要以精神激励为主，以物质激励为辅，只有形成这样的激励机制，才是一种有效的激励机制，才是一种长效的激励机制。

4. 重视过程激励

不仅表扬那些作出优异成绩者，而且也要表扬那些尚未成功的努力者，特别是虽遭受挫折但毫不气馁的奋斗者。

实例 10 - 2

领导艺术

有位美国企业主叫查尔斯，有一天中午去他的钢铁厂，看到几个工人正在抽烟，而他们的头上正好有一块大招牌，上写"禁止吸烟"。查尔斯是否怒气冲冲地指着牌子吼叫："你们不识字吗？那里写着什么？"但他没有那样做。他朝那些人走去，递给每人一根雪茄，说："各位，如果你们能到外面抽这些雪茄，我真是感激不尽。"他们立刻知道违反了制度，并立即改正。

指出别人的错误，好比拔牙时先打一针麻醉剂一样。病人虽然要受拔牙之苦，但麻醉却能消除和减轻痛苦。作为管理者应当学会如何在不伤害下属自尊心的前提下让其纠正自己的错误，这也是对下属的一种尊重。要爱护一个人，并使其改错，最主要的是让人家保住面子。其实这也是一种领导艺术。

■ **本章小结**

领导是领导者及其领导活动的简称。领导者的影响力是领导者有效地影响和改变被领导者的心理和行为的能力。构成领导影响力的基础有两大方面，一是权力性影响力；二是非权力性影响力。领导理论的研究成果可分为三个方面，即领导特质理论、领导行为理论和领导权变理论。领导艺术是领导者的一种特殊才能，这种才能表现为创造性地灵活运用已经掌握的科学知识和领导方法，是领导者智慧、学识、胆略、经验、作风、品格、方法、能力的综合体现。

■ **关键概念**

领导　领导者的影响力　领导特质理论　领导权变理论　成熟度　领导艺术

■ **思考题**

1. 什么是领导？领导与管理有哪些联系与区别？
2. 领导的功能体现在哪些方面？
3. 菲德勒权变理论的内容有哪些？
4. 领导生命周期理论的内容有哪些？

■ **案例分析**

亚历山大经理的领导方式

亚历山大是某便利连锁店公司的一位片区经理。他管辖的片区有 7 家分店，由他全面负责它们的经营管理。这些连锁店在每个轮班时间内只有 1 个人当班。有些商店全天 24 小时营业，但市中心的那家商店只是周一至周四全天营业，周五至周末的营业时间为早上 6 点到晚上 10 点。由于该店每周三天的营业时间短，销售得来的现金就放在商店的保险柜里，到下周一早上再统一清点。这样，周一早上当班的店员就要比平常花更多的时间来点这些钱。

公司的一项政策规定，当腾空店里的保险柜时，片区经理必须同当班的店员一起点钱，而且店员必须将钱分成每 1 000 美元一叠置于一棕色袋内，做过标记后搁在保险柜旁的地上让片区经理核实各袋中的钱额。

比尔就在这公司的那家市中心商店当店员。他想在片区经理到来之前预先将保险柜里的钱点好，以便使经理节省些时间。店里的生意很忙。比尔在打包一位顾客购买的商品时，不注意将一钱袋误当做一个包了 3 块三明治的食品袋，放进了顾客的购物袋中。20 分钟以后，片区经理亚历山大来了。在发现差错后，两人开始寻找这一钱袋。过了些时间，那位顾客送回了这袋搁误的钱。可是，公司有政策规定，任何人违背了点钱的程序，都必须立即解雇。

比尔非常地伤心，"我真的需要这份工作"，比尔申辩说，"我的妻子刚生了个婴儿，花了一大笔医疗费。我一定不能够没有这份工作！"

"你是知道公司的政策的。"亚历山大这样提醒道。

"是的，我知道"，比尔回答，"我确实无可争辩。尽管如此，但要是你不解雇我，我保证我会成为你所有的店员中最好的一个。"

在比尔招呼一位顾客的时候，亚历山大给休斯顿总部的上司打了电话。征得上司批准后，亚历山大决定不解雇比尔。

问题：

运用管理方格理论说明亚历山大经理的领导方式？

■ **补充阅读书目**

1. ［美］肯·布兰佳. 更高层面的领导. 张静，译. 北京：东方出版社，2008.

2. 南怀瑾. 南怀瑾讲述领导的艺术. 苏州：古吴轩出版社，2008.

3. ［美］库泽斯（Kouzesm，J），波斯纳（Posner，B）. 领导力. 4 版. 李丽林，张震，杨振东，译. 北京：电子工业出版社，2009.

4. 王乐夫. 领导学：理论、实践与方法. 3 版. 广州：中山大学出版社，2006.

<table>
<tr><td>第
11
章</td><td># 沟　通</td></tr>
</table>

【学习目的和要求】

1. 理解和掌握沟通的含义及其过程。

2. 认识沟通的重要性和沟通的类别。

3. 理解有效沟通的障碍，掌握有效沟通的实现方法。

4. 理解组织冲突及其管理方法。

5. 了解谈判的类型与危机管理。

11.1 沟通原理

沟通是我们生活中必不可少的一部分，每天我们都以书面形式、面对面的形式或打电话等多种方式进行沟通。沟通在企业管理中，有着举足轻重的作用。计划者与企业外部人士的交流，组织者与被组织者的信息传递，领导者与下属的感情联络，控制者与控制对象的纠偏工作，无不与沟通相联系。良好的沟通可以使企业上下一致，形成一个强有力的团队；组织成员间若缺乏相互间的信息沟通，会给组织运行造成障碍，甚至导致组织的失败。据研究，成功的高层经理约有80%的时间花在谈话和倾听意见上；在几乎所有管理层次，约有75%的工作时间花在各类沟通中；而在商务沟通中，大约70%的沟通没能达到目的。这些都说明，沟通对于组织管理具有特殊的重要性。

11.1.1 沟通的含义及作用

一、沟通的含义

沟通简单地说就是信息交流，是人与人之间、人与群体之间思想与感情的传递和反馈，以求思想达成一致和感情通畅的过程。从组织管理角度看，沟通是指围绕组织目标，通过信号、媒介等途径，有目的地交流观点、信息、情报、意见和情感的过程，是完成组织使命或达成任务的一种必要手段。

从对沟通的解释可以看出，沟通必须具备一定的要素：

1. 沟通是双向的，有信息发送者和信息接受者

在实际工作中，经常会出现一种现象——形同一个瞎子同一个聋子的沟通景象，尽管瞎子讲得满头大汗、口干舌燥可是对方却无动于衷，之所以如此，是因为这种沟通是单向的。沟通一定是双向的，是涉及两个及两个以上人的行为或活动，信息的发出者和接受者之间，需彼此了解对方进行信息交流的动机和目的而达成双方共同的意愿，这样才可能实现成功的沟通。

2. 有信息内容

沟通必须有信息内容，即所传递的信息，譬如事实、情感、价值观、意见观点等。信息内容必定是双方接触、联系并产生相互影响的，发送者发出的信息应完整、准确，而接受者也能接受到完整信息并能够正确理解这一信息。

3. 有传递信息的渠道或方法

沟通渠道是由发送者选择的，借以传递信息的媒介物。沟通中恰当的渠道或方法会达到事半功倍的效果，反之则适得其反，会使沟通不欢而散，问题不但得不到解决，还会产生新的矛盾。沟通可通过语言和其他的媒介形式进行信息传递和思想交流。广义的语言既包括口头语言和书面语言，也包括作为"副语言"

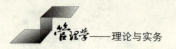

的表情语言和肢体语言等。

二、沟通的作用

沟通是人们社会活动的重要组成部分，沟通几乎伴随着人们各种社会活动而存在。美国著名未来学家奈斯比特曾指出："未来竞争是管理的竞争，竞争的焦点在于每个社会组织内部成员之间及其外部组织的有效沟通。"在各类组织中，管理的有效性在很大程度上取决于良好的沟通，管理与被管理者之间有效沟通是任何管理艺术的精髓。

1. 沟通是组织与外部环境之间建立联系的桥梁

任何组织在生产经营活动中都要与政府、公众、客户、原材料供应商、竞争者等发生各种各样的关系。通过沟通，组织才能了解他们的需要和要求，采取措施分别予以满足。特别是在外部环境不断变化的情况下，企业为了生存就必须适应这种变化，不断地与外界保持持久的沟通，以便把握住成功的机会。

2. 沟通是促进企业员工协调有效地工作，实现科学决策的手段

沟通是协调各个体、各要素，使企业成为一个整体的凝聚剂。管理者要作出决策就必须从下属那里得到相关的信息，而信息只能通过与下属之间的沟通才能获得；同时，决策要得到实施，又要与员工进行沟通。再好的想法，再有创意的建议，再完善的计划，离开了与员工的沟通都是无法实现的空中楼阁。因此，通过沟通管理者可以了解员工的需求、士气、态度与意见，了解各部门之间的关系和工作效果，从而提高决策的质量，缩短决策时间。

3. 沟通能有效激励员工

著名管理顾问尼尔森提出，未来企业经营的重要趋势之一是企业经营管理者不再像过去那样扮演权威角色，而是要设法以更有效的方法，激发员工士气，间接引发员工潜力，创造企业最高效益。管理人员如果掌握了良好的沟通技巧，会有效激发员工的工作积极性，提高员工士气，增强组织内部的凝聚力。

4. 沟通有利于创造一个和谐的氛围

经常性的沟通和交流可以使人们彼此了解，消除彼此的隔阂和误会，消除和解决矛盾与纠纷。通过沟通，领导者能了解下属的需要，下属也能了解领导者的意图和想法，从而利于良好人际关系的形成，创造一个和谐的氛围。对管理者来说，与员工进行沟通是至关重要的。

实例 11 - 1

餐桌的改变

美国一家公司的总经理非常重视员工之间的相互沟通与交流，他曾有过一项"创举"，即把公司餐厅里四人用的小圆桌全部换成多人用的长方形大长桌。这是一项重大的改变，因为用小圆桌时，总是那四个互相熟悉的人坐在一起用餐，信息沟通与交流有限，而改用大长桌情形就不同了，一些不同部门彼此陌生的人就有机会坐在一起互相交换意见，获取各自所需的信息，从而有效扩大了信息沟通与交流的范围。这项"创举"使公司的经营得到了大幅度的改善。

资料来源：魏进：《员工管理完全攻略》，中国纺织出版社 2006年版.

11.1.2 沟通的过程

沟通过程是指一个信息的发送者通过选定的渠道把信息传递给接收者，是一个相互影响、相互作用和协调操作的动态过程。有效沟通需要沟通双方的合作互动，一般要经过几个环节：信息发出者将信息编码，通过一定渠道发出信息；接收者进行解码，获得信息；重新编码，通过一定渠道反馈信息；发出者接收反馈。这个过程的具体步骤如图 11-1 所示。

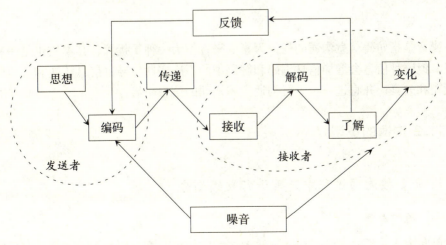

图 11-1 信息沟通的过程

下面对信息沟通过程中的若干重要因素作出说明。

一、明确沟通内容

信息发送者发出信息是希望接受者了解某些事，因此需要明确信息内容。这里所说的信息包括很广，诸如想法、观点、资料等。

二、编　码

编码是发送者把自己的思想、观点、情感等信息根据一定的语言、语义规则编制成可以传递的符号形式的过程。例如，如果媒体是书面报告，符号的形式可选择文字、图表或图像。发送者的词汇和知识在这里起着重要的作用。

三、选择信息传递手段

信息传递手段如书面文件、电话、电报、电脑网络、会议等。有时也可以使用两种以上的传递渠道，例如双方先口头谈判达成一个基本协议，然后再用书面文件予以认可。每种渠道都各有利弊，选择恰当的渠道进行沟通是极为重要的。

四、解　码

解码是信息接收者的思维过程，是信息接收者根据自己已有的经验和参考框架把所接收的符号进行翻译、解释的过程。解码过程关系到接受者是否能正确理解信息，处理不好信息就会被误解。

五、反　馈

反馈是指信息接受者把收到或理解的信息反馈给发送者，供发送者核查。对同一个信息，不同的人会有不同的看法，为了核查和纠正可能发生的某些偏差，就要借助于反馈。信息发送者通过反馈来了解他传递的信息是否被对方准确无误地接受。

六、噪　音

噪音是指妨碍信息沟通的任何因素。噪音作为一种干扰源，其本质也是一种信息。但这种信息会增加信息编码和解码中的不确定性，导致信息传递和接收时的模糊和失真，并将进一步干扰沟通主体之间的信息交流。

11.2 沟通的类型

11.2.1 按沟通过程中是否进行反馈划分

一、单向沟通

单向沟通是指发送者和接受这两者之间的地位不变（单向传递），一方只发送信息，另一方只接收信息。在这种沟通中，不存在信息反馈。例如，大家熟悉的例行公事，对低层的命令传达，可用单向沟通。在规模较小的组织或特定组织中，单项沟通十分重要，甚至占有主导地位。

二、双向沟通

双向沟通是指发送者和接受者两者之间的位置不断交换，且发送者是以协商和讨论的姿态面对接受者，信息发出以后还需及时听取反馈意见，必要时双方可进行多次商谈，直到双方共同明确和满意为止，如交谈、协商等。这种沟通存在着信息反馈。例如处理陌生的新问题，双向沟通的效果会较佳。

11.2.2 按沟通的组织系统划分

一、正式沟通

正式沟通一般指在组织系统内，依据组织明文规定的原则进行的信息传递与交流。例如组织与组织之间的公函往来、组织内部的文件传达、召开会议、上下级之间的定期情报交换等，是组织内部信息传递的主要方式。正式沟通的优点是沟通效果好、严肃可靠、约束力强、易于保密；沟通信息量大，具有权威性；缺点是因为依靠组织系统层层传递，所以很刻板，沟通速度很慢，此外也存在着信息失真或扭曲的可能。

在正式沟通中，信息的流动总是要经过某些人和机构传递，这就形成了一个由各种通道构成的网络。正式沟通网络包括链式、Y式、轮式、环式及全通道式。

1. 链式沟通

链式沟通又称为直线型沟通，是指若干沟通参与者从最初的发信者到最终的受信者，环环衔接，形成信息沟通的链条。在这种组织沟通网络中，上下级信息交流是采取主管领导和底层没有直接联系，通过中间层进行联系的方法。如果一个组织系统过于庞大，需要实行分层授权管理的正式组织，链式沟通是一种行之有效的方法。

图 11 - 2　链式沟通

2. 环式沟通

环式沟通也称圆周式沟通，类似链式沟通，但信息链首尾相连形成封闭的信息沟通的环。环式沟通的沟通成员相互基于平等的沟通地位，与周边的成员互动与沟通，且沟通过程中没有任何一方主控信息的传送与回馈。在这个网络中，组织的集中化程度较低；畅通的渠道不多，组织中成员具有比较一致的满意度，组织士气高昂。

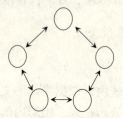

图 11 - 3　环式沟通

3. Y 式沟通

Y 式沟通是指链式沟通的途中变换为环式沟通，是链式沟通与环式沟通的结合，其速度、满意度、失真度等也介于链式沟通与环式沟通之间，主管人员承担的工作任务十分繁重，需要有人选择信息，提供决策依据，节省时间，以对组织实行有效的控制。在企业组织中，这一沟通网络大体相当于从企业上层领导到中层机构，再到基层主管部门，最后到基层工作单位之间的 4 级纵向系统，它适用于企业规模较大而管理要求不高的大中型企业。

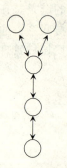

图 11 - 4　Y 式沟通

4. 轮式沟通

轮式沟通是指最初发信者直接将信息同步辐射式发送到最终受信者。轮式沟通过程中有一明显的主导者，凡信息的传送与回馈均需经过此主导者，且沟通成员也通过此主导者才能相互沟通。轮式沟通网络是加强组织控制、争时间、抢速度的一个有效方法。一般生产机构多采用这种沟通模式以便于管理，在某一组织接受了紧急攻关任务，要求进行严格控制时，可采用这种沟通网络。

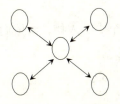

图 11 - 5　轮式沟通

5. 全通道式沟通

全通道式沟通是指所有沟通参与者之间穷尽所有沟通渠道的全方位沟通。这是一种非等级式沟通，满意度高、失真度低，但规模受限、速度低。这是一个开放式的网络系统，其中每个成员之间都有一定的联系，彼此了解。此网络中组织的集中化程度均很低。由于沟通渠道很多，组织成员的平均满意程度高且差异小，所以士气高昂，合作气氛浓厚。这对于解决复杂问题，增强组织合作精神，提高士气均有很大作用。但是，由于这种网络沟通渠道太多，易造成混乱，且又费时，影响工作效率。

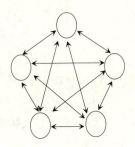

图 11 - 6　全通道式沟通

二、非正式沟通

非正式沟通是指以组织中的非正式组织系统或个人为渠道的信息沟通，主要功能是传播职工（包括管理和非管理人员）所关心和与他们有关的信息，它取决于职工的社会和个人兴趣和利益，与企业正式的要求无关，沟通仅代表个人。例如，一些企业和组织在公司的网站上设立了相关论坛、BBS 公告等多种非正式的沟通渠道或者职工私下交换意见，议论某人某事，等等。同正式沟通相比，非正式沟通信息能够较为真实地反映组织成员的一些思想情感和想法。对于组织领导者来说，掌握了解这些信息资料将有利于他们日后的管理沟通工作。缺点是所传递的信息容易失真，引起组织内部矛盾。

由非正式沟通模式所形成的网络主要有四种形式：集群型、密语型、随机型、单线型。

1. 集群连锁

在沟通过程中，可能有几个中心人物，由他们转告若干人，而且有某种程度的弹性，如图 11 - 7 所示。

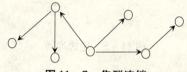

图 11 - 7　集群连锁

2. 密语连锁

由一人告知所有其他人，犹如其独家新闻，如图 11 - 8 所示。

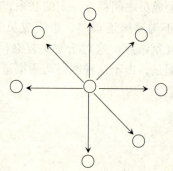

图 11 - 8　密语连锁

3. 随机连锁

碰到什么人就转告什么人，并无一定中心人物或选择性，如图 11 - 9 所示。

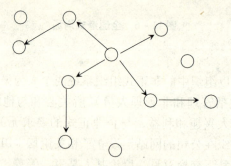

图 11 - 9　随机连锁

4. 单线连锁

由一人转告另一人，他也只再转告一个人，这种情况最为少见，如图 11 - 10 所示。

图 11 - 10　单线连锁

11.2.3 按沟通媒介的不同划分

按沟通媒介的不同，沟通可分为语言沟通、非语言沟通以及电子媒介沟通。

一、语言沟通

语言沟通是借助于语言进行的沟通。人类的社会交往中，语言沟通是人们最广泛使用的沟通方式，人际交往中都离不开它。语言沟通使人们的沟通不受时空的限制，是其他任何沟通方式都不可替代的。语言沟通分为口头沟通和书面沟通。

1. 口头沟通

口头沟通是指借助于口头语言实现的信息交流。它是日常生活中最常采用的沟通形式，主要包括：口头汇报、会谈、讨论、演讲、电话联系等。口头沟通可直接、迅速地交流完整信息，并及时获得对方反馈并据此调整沟通过程。所有沟通形式中，口头沟通是最有效、最富影响力的沟通形式。

2. 书面沟通

书面沟通指采用书面文字形式的沟通，如各种文件、报告等。书面沟通可传递复杂完整的信息，不受时空的限制，是一种比较经济的沟通方式，沟通的时间一般不长，沟通成本也比较低。例如各类合同的签订，广泛采用书面沟通的方式。

在许多重要的沟通中，也采用书面口头混合的沟通方式。如一些重要会议中，报告人的报告既以书面文档形式印发给与会者，报告人又亲自做口头报告，同时还召开有报告人参加的座谈会，以加强信息沟通。

二、非语言沟通

尽管语言是人类最重要、最便捷的沟通工具，但语言并非唯一的沟通工具。许多的生活经验和经历告诉我们，非语言沟通同样不可缺少，而且极为重要。非语言沟通是指通过声音语气（比如音乐）、肢体动作（比如手势、舞蹈、武术、体育运动等）等方式交流信息、进行沟通的过程。例如管理者与其下属交谈时，常常可以通过其眼神和面部表情来判断自己所讲的话是否为对方所理解，是赞同还是反对。许多情况下，信息的内容部分往往通过语言来表达，非语言沟通主要是辅助语言沟通，起进一步强化的作用。

三、电子媒介沟通

电子媒介沟通是以计算机技术与电子通信技术组合而产生的信息交流技术为基础的沟通。它是随着电子信息技术的兴起而新发展起来的一种沟通形式，包括传真、闭路电视、计算机网络、电子邮件等。这些现代信息传递方式的使用越来越普遍，不仅各类组织沟通离不开，而且即使是在人类的生活中它也成为沟通的

主要形式。

表 11 - 1　各种沟通方式的比较

沟通方式	举例	优点	缺点
口头	交谈、讲座、讨论会、电话	快速传递、快速反馈、信息量很大	传递中途经过层次愈多信息失真愈严重、核实越困难
书面	报告、备忘录、信件、文件	持久、有形，可以核实	效率低、缺乏反馈
非语言	声、光信号，体态，语调	信息意义十分明确，内涵丰富，含义隐含、灵活	传递距离有限，界限模糊，只能意会，不能言传
电子媒介	传真、闭路电视、计算机网络、电子邮件（E - mail）	快速传递、信息容量大、一份信息可同时传递给多人、廉价	单向传递，电子邮件可以交流，但看不见表情

11.2.4 按信息传播的方向划分

根据古典管理理论，沟通应遵循指挥或层级系统进行。按信息传播的方向不同，沟通可分为下行沟通、上行沟通、平行沟通三种。

一、下行沟通

下行沟通指上级采取指示、谈话、会议、广播、电话、信函、公司手册、公司政策声明、工作程序以及年度报告等沟通方式向下级进行的信息传递。如上级将工作计划、任务、规章制度向下级传达。通常下行沟通的目的是为了控制、指示、激励及评估。有效的下行沟通不只是传送命令，还能让员工了解公司的政策，计划等内容，并获得员工的信赖、支持，同时有助于组织决策和计划的控制，达到组织之目标。但是如果组织的结构包括有多个层次，通过层层转达，往往使下向信息发生歪曲，甚至遗失，而且传递迟缓，这些都是在下行沟通中经常发现的问题。

表 11 – 2　信息自上而下逐级传递中的损失

层　级	信息接受百分比
董事会	100
↓	
副总经理	63
↓	
高级主管	56
↓	
工厂主管	40
↓	
领班	30
↓	
员工	20

二、上行沟通

上行沟通是指下级机构或人员采取正式报告、汇报会、建议箱、申诉、接待日、员工调查问卷、离职谈话、信访制等方式，按照组织的隶属关系与上级机构或领导者进行的沟通，如下级向上级请示汇报工作、反映意见等。上行沟通的目的是建立一条让管理者听取员工意见、想法和建议的通路；提供员工参与管理的机会；减少员工因不能理解下达的信息造成大的失误；营造企业民主管理文化，提高企业创新能力。然而据调查，这种沟通也经常受到沟通环节上主管人员的阻碍，在向上级传送信息的过程中，他们会把其中不利的信息过滤掉，从而造成沟通信息的失真。

表 11 – 3　信息自下而上逐级传递中的失真过程

管理者	接受到的信息
董事长	管理和工资结构是非常出色的，福利和工作条件是好的，而且会更好。
↑	
副董事长	我们非常喜欢这种工资结构，希望新的福利计划和工作条件将会改善，我们非常喜欢这里的管理工作。
↑	
总经理	工资是好的。福利和工作条件还可以，明年还会进一步改善。
↑	
主管	工资是好的，福利和工作条件勉强可以接受，我们认为应该更好一些。
↑	
员工	我们感到工作条件不好，工作任务不明确，保险计划很糟糕，然而我们确实喜欢竞争性工资结构，我们认为公司有能力解决这些问题。

三、平行沟通

平行沟通是指组织结构中处于同一层次上的成员或群体之间的沟通，这种沟通也称为横向沟通。主要目的是谋求相互之间的理解和工作中的配合，通常带有协商性。

11.3 沟通管理

11.3.1 有效沟通的障碍

所谓**有效沟通**，简单地说就是传递和交流信息的可靠性和准确性高，它表明了组织对内外噪音的抵抗能力，沟通的有效性越明显，说明组织智能越高。达成有效沟通需具备两个必要条件：①信息发送者清晰地表达信息的内涵，以便信息接收者能确切理解；②信息发送者重视信息接收者的反应并根据其反应及时修正信息的传递，免除不必要的误解。两者缺一不可。但在沟通的过程中，由于存在着外界干扰以及其他种种原因，信息失真的现象经常发生，在信息发送者、沟通过程、信息接收者三个环节都可能出现沟通障碍，为了提高沟通效果，必须设法克服这些障碍因素带来的消极影响。

一、信息发送者的沟通障碍

从信息发送者的角度来看，在传递和接收信息时，往往会把自己的主观态度掺杂进去。例如，下级向上级反映情况往往有"打埋伏"的现象，报喜不报忧、夸大成绩、缩小缺点等等；上级向下级传达指示，下级往往不是如实地理解这些指示，而是猜测这种指示的"言外之意"、"弦外之音"等。此外，发送者自身的情绪、表达能力、知识经验的局限，判断力等都会影响信息的完整传递，导致信息内容的模糊、失真。如发送者与接收者在知识水平上相差太大，主管倾向于使用技术性术语，下级对这些术语却一无所知，双方没有"共同的经验区"，致使接收者不能正确理解发送者的信息，则沟通就会出现障碍。

二、信息沟通中的障碍

信息沟通中的障碍主要包括沟通时机不合适或发送过程受到干扰而出现误差等，主要表现为以下几个方面：

第一，由于语言及媒介使用不当、接收者对信息发生误解而造成的沟通障碍。例如对于重要事情而言，口头传达效果较差，因为接受者会认为"口说无凭"，"随便说说"而不加重视；信息中如果包含有多义词，也可能会导致误解。

第二，几种媒介相互冲突而造成的沟通障碍。当信息用几种形式传送时，如果相互之间不协调，那么会使接受者难以理解传递的信息内容。如领导表扬下属时面部表情很严肃，就会让下属感到迷惑。

第三，组织机构庞大，内部层次多，沟通渠道过长而造成的沟通障碍。主管与下级之间中间环节太多，空间距离减少了他们面对面的沟通机会，导致信息损失较大或不能理解所传递的信息。

第四，外部干扰而造成的沟通障碍。信息沟通过程中经常会受到自然界各种物理噪音、机器故障的影响或被另外事物干扰所打扰。一个典型的物理噪音是突然出现的干扰噪音盖过了说话的声音，其他物理障碍包括人和人之间的距离、墙或干扰无线电信号的静电等。

三、信息接收方的障碍

在沟通的过程中，人们在接收一个信息时，符合自己需要的又与自身利益有关的内容容易听进去，而对自己无利的则不容易听进去。这样就会在不经意中产生知觉的选择性，造成沟通障碍。此外，信息接收者对信息的不恰当加工、心理障碍、思维差异等都会导致对信息理解的误差而产生误差。例如一些主管人员漫不经心，或者自高自大，拒绝倾听上下级的意见，这些态度都会阻碍有效的沟通。

11.3.2 有效沟通的实现

对于组织沟通中可能遇到的偏差，需要从多方面采取改进措施，除了改善沟通本身的信息质量，还需要改变沟通者对于信息沟通的理解。

一、明确沟通的目标

在组织里，要进行有效沟通，必须明确目标。对于组织领导来说，目标管理是进行有效沟通的一种解决办法。在目标管理中，领导和成员共同讨论目标、计划、对象、问题和解决方案。由于整个团队都着眼于完成目标，这就使沟通有了一个共同的基础，彼此能够更好地了解对方，同样也能改善沟通。

信息发送者必须清楚进行这个沟通的目的是什么（说什么），掌握好沟通的时间（什么时候说），明确沟通的对象（对谁说），掌握沟通的方法（怎么说），确定了沟通的目标，沟通就容易实现了。明确了沟通的目标，发送者就能够更容易地给出合适的信息，也就能够更容易地接收信息，并对信息作出适当的反应。

二、建立反馈机制

沟通中要进行信息的追踪与反馈。信息传递后必须设法取得积极的、建设性的反馈，以弄清下级是否已确切了解，是否愿意遵循，是否采取了相应的行动等。

三、选择合适的组织结构，拓宽沟通渠道

沟通渠道的正确选择及媒介的恰当利用，是保证信息畅通无阻和信息完整的

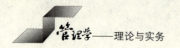

重要途径。信息沟通有多种渠道，各种渠道又有各自的优缺点，选择合适的组织结构，拓宽沟通渠道，必将大大提高信息沟通的效率和效果。组织在沟通中通常使用的媒体可包括通知单、小册子、板报、信函、年度报告、通讯刊物、图表、标语等。在沟通中可采取提出议题、引发沟通的方法，这种方法能及时了解下级的期望和要求，倾听团队成员的意见和关注点。可随时随地自然沟通，在午饭和咖啡厅休息时间里，在超市或街道上，以非正式的方式自然进入话题。同时注意在沟通中保持互动，对上级或下级提出的要求、意见和建议及时反馈、及时答复。

四、积极倾听

倾听是对信息进行积极主动的搜索。积极倾听既是一种管理艺术，也是一种人生境界，它不仅要用耳，而且要用心。有效的倾听有两个层次的功能——既帮助接收者理解字面意思，也理解对方的情感。好的倾听者不仅能够听到对方说的内容，而且能够了解对方的感受和情绪。有效倾听的管理者发出一个重要信号：他们关心员工。虽然许多人并不是富有技巧的倾听者，但可以通过训练提高倾听技能。有效的倾听者表现出以下几种具体行为：使用目光接触；展现赞许性的点头和恰当的面部表情；避免分心的举动或手势；提问；复述避免中间打断说话者；不要多说；使听者与说者的角色顺利转换。

实例 11 - 2

听的艺术

美国知名主持人林克莱特一天访问一名小朋友，问他说："你长大后想要当什么呀？"小朋友天真的回答："嗯……我要当飞机的驾驶员！"林克莱特接着问："如果有一天，你的飞机飞到太平洋上空所有引擎都熄火了，你会怎么办？"小朋友想了想："我会先告诉坐在飞机上的人绑好安全带，然后我挂上我的降落伞跳出去。"当在现场的观众笑得东倒西歪时，林克莱特继续注视着这孩子，想看他是不是自作聪明的家伙。没想到，接着孩子的两行热泪夺眶而出，这才使林克莱特发觉这孩子的悲悯之情远非观众所了解。于是林克莱特问他说："为什么要这么做？"小孩的答案透露出一个孩子真挚的想法："我要去拿燃料，我还要回来！"

你听别人说话时你真的听懂他说的意思吗？如果不懂，就请听别人说完吧，这就是"听的艺术"：听话不要听一半；不要把自己的意思，投射到别人所说的话上。

资料来源：http://forum.home.news.cn/thread/73574057/1.html.

五、加强平行沟通，促进横向交流

通常情况下，企业内部的沟通以垂直沟通居多，部门间、工作小组间的横向交流较少。横向沟通相对上行沟通和下行沟通而言，信息传递环节少，质量高，成本低，具有快速、便捷和高效的优点。它可以使办事程序、手续简化，节省时间，提高工作效率；可以使企业各个部门之间增进相互了解，有助于培养整体观念和合作精神，克服本位主义倾向；可以增加部门之间的互谅互让，培养员工之间的友谊，满足职工的社会需要，使职工提高工作兴趣，改善工作态度。横向沟通可以采取正式沟通的形式，也可以采取非正式沟通的形式。通常是以后一种方式居多，尤其是在正式的或事先拟订的信息沟通计划难以实现时，非正式沟通往往是一种极为有效的补救方式。

11.4 冲突与谈判

据一项对中层和高层管理人员的调查，管理者平均要花费 20% 的时间处理冲突；而大多数的成功企业家认为管理者的必备素质与技能中，冲突管理排在决策、领导、沟通技能之前。由此可见，冲突管理已成为现代企业管理中的一项不可忽视的重要内容。

11.4.1 冲突的原因

一、冲突的概念

冲突是指在沟通中由于某种差异而引起的抵触、争执或争斗的对立状态。冲突可以是内部（自己）或外部（两个或以上的个人）的。在社会生活的许多方面都涉及冲突，如社会分歧、利益冲突，以及个人、团体、企业或组织之间的争斗。目前对组织中存在的冲突有三种不同的观点：第一种为传统的冲突观点，认为冲突是有害的，会给组织造成不利影响。冲突成为组织机能失调、非理性、暴力和破坏的同义词。因此，传统观点强调管理者应尽可能避免冲突。第二种是冲突的人际关系观点，认为冲突是与生俱来的，不一定给组织带来不利的影响，而且有可能成为有利于组织工作的积极动力。管理者应该接纳冲突，并将其维持在较低水平。第三种是冲突的互动作用观点。与人际关系观点只是被动地接纳冲突不同，互动作用观点强调管理者要鼓励有益的冲突，一定水平的有益的冲突会使组织保持旺盛的生命力。只要处理得当，冲突能够给组织带来更多革新，帮助巩固组织内部的关系，帮助组建有效的团队。

二、冲突的原因

对于冲突的影响因素，国外有较多专家已有阐述，如罗宾斯、乔斯沃德等，

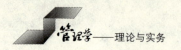

他们都认为引起冲突的原因主要有三类：沟通差异、结构差异、个体差异。

1. 沟通差异

文化和历史背景不同、表达困难、误解及沟通过程中噪声的干扰都可能造成人们之间意见不一致。有效的信息沟通是企业赖以存在和发展的基础，而企业组织信息沟通过程中的误解或传递的无效，极易引起个人或群体之间产生隔阂，引起冲突。

2. 结构差异

管理中经常发生的冲突绝大多数是由组织结构的差异引起的。由于分工造成组织结构中垂直方向和水平方向各系统、各层次、各部门、各单位、各不同岗位的分化。组织愈庞大、愈复杂，组织分化愈细密、组织整合愈困难。由于信息不对称和利益不一致，人们之间在计划目标、实施方法、绩效评价、资源分配、劳动报酬、奖惩等许多问题上都会产生不同看法，这种差异是由组织结构本身造成的。为了本单位的利益和荣誉许多人都会理直气壮地与其他单位甚至上级组织发生冲突。不少管理者，甚至把挑起这种冲突看做是自己的职责，或作为建立自己威望的手段。几乎每个管理者都会经常面临因与同事或下属之间的冲突引起的组织沟通不畅而带来的问题。

3. 个体差异

个体差异是指主体之间在稳定特征上的不同。每个人的社会背景、教育程度、阅历、修养，塑造了每个人各不相同的性格、价值观和作风。个性差异越大，共性就会越少，主体间合作的可能性就越小，存在的分歧、矛盾就越普遍，工作和交往中的阻碍、争执和冲突也就越频繁。

11.4.2 冲突的管理与化解

组织应保持适度的冲突，使组织养成批评与自我批评、不断创新、努力进取的风气，这样组织就会出现人人心情舒畅、奋发向上的局面，组织就有旺盛的生命力。常见的管理冲突的方法有以下几种：

一、交涉与谈判

交涉与谈判是解决问题的较好方法，这是因为通过交涉，双方都能了解、体谅对方的问题，交涉也是宣泄各自情感的良好渠道。具体来讲，要将冲突双方召集到一起，让他们把分歧讲出来，辨明是非，找出分歧的原因，提出办法，最终选择一个双方都能接受的解决方案。

二、强　制

强制即借助或利用组织的力量，利用领导地位的权力，利用来自联合阵线的力量，强制解决冲突。这种解决冲突的方法往往只需要花费很少的时间就可以解决长期积累的矛盾。

三、回 避

当冲突对组织目标的实现影响不大而又难以解决时，组织管理者不妨采取回避的方法。冲突造成的不良后果，会使冲突双方意识到冲突只会造成"两败俱伤"，因此自觉由冲突转向合作。现实生活中，警察就经常采取这种方法处理"扯皮"事件。

四、激发冲突

激发冲突的具体方法有：在设计绩效考评和激励制度时，强调团队的利益和团队之间的利益比较；运用沟通的方式，通过模棱两可或具有威胁性的信息来提高冲突水平；引进一些在背景、价值观、态度和管理风格方面均与当前团队成员不同的外人；调整组织结构，提高团队之间的相互依赖性；故意引入与组织中大多数人的观点不一致的"批评家"。

五、预防冲突

预防冲突的具体方法有：加强组织内的信息公开和共享；加强团队之间正式和非正式的沟通；正确选拔团队成员；增强组织资源；建立合理的评价体系，防止本位主义，强调整体观念；进行工作轮换，加强换位思考；明确团队的责任和权利；加强教育，建立崇尚合作的组织文化；设立共同的竞争对象；拟订一个能满足各团队目标的超级目标；避免形成团队之间、成员之间争胜负的情况。

11.4.3 谈 判

谈判是双方或多方为实现某种目标就有关条件达成协议的过程。广义的谈判是指除正式场合下的谈判外，一切协商、交涉、商量、磋商等等，都可以看做谈判。狭义的谈判仅仅是指正式场合下的谈判。

一、谈判的方法

1. 零和谈判

在零和谈判中，谈判双方争论的是协议中的利益分配，又称为"分配式"谈判。在零和谈判中，你是为你自己"争取"价值——即将价值从对方手中抢过来。合作和透露你方的信息只能给自己带来损失。典型的零和谈判如：房产出售，此时买方和卖方互不了解；商品市场，在市场上买主和卖主针对具体商品的价格进行讨价还价。

2. 双赢谈判

在双赢谈判中，谈判各方通过采取合作的方式获取最大利益，并且在协议中将他们的利益结合在一起，又称为"一体化"谈判。在通常情况下，谈判双方的利益根本就没有什么冲突。双方的任务是达成协议，从而尽可能有效地将双方的利益结合在一起。例如在组成商业联合体、建立长期伙伴关系或者结成其他形

式的联盟时或在一桩交易的财务条款敲定以后经常使用一体化谈判。

二、有效谈判的技能

1. 了解对方是谈判的关键

了解对方即尽可能多地获得有关对手的兴趣和目标方面的信息。比如，他必须满足什么样的客户？他采取什么样的战略？这些信息会帮助你更好地理解对手的行为，预测他对你的报价的反应，并按照他的兴趣构建解决方式。

2. 针对问题，不针对个人

着眼于谈判问题本身，而不针对对手的个人特点。当谈判进行得十分棘手时，应避免攻击对手的倾向。谈判者不同意的是对手的看法或观点，而不是他个人。应把事与人区分开来，不要使差异人格化。

3. 不要太在意最初的报价，进行必要的妥协

许多管理者感到他们不喜欢谈判，认为谈判意味着一系列可恶的相互面对、令人不快的交谈、大声喊叫的对手、辩论以及所有因此引起的不悦感受。他们还可能感觉即使作一点让步也是错误，因为妥协会被视做软弱。在谈判中应把矛盾看做是必须解决的问题，认识到问题是通过协调来解决的，谈判是寻求协作的过程。

4. 重视双赢解决方式

如果条件许可，最好寻求综合的解决办法。按照对手的兴趣构建选择，并寻求能够使你和对手均成功的解决办法。

5. 以开放的态度接纳第三方的帮助

当谈判陷入对峙的僵局时，应考虑求助中立的第三方的帮助。调停人能帮助各方取得和解，但不强求达成协议；仲裁人则听取各方的争论，最后强加一种解决方法；和解人则扮演着沟通管道的作用，在各方之间传递信息、解释信息并澄清误解。

实例 11 - 3

卖画与买画

两位美国人到欧洲向街头的同一个画家买画。

第一个美国人问：这幅画多少钱？

画家说："15 元美金。"说完后发现这个美国人没什么反应，心里想：这个价钱他应该能够承受。于是接着说："15 元是黑白的，如果你要彩色的是 20 元。"这个美国人还是没有什么反应，他又说："如果你连框都买回去是 30 元。"结果这个美国人把彩色画连带相框买了回去，以 30 元成交。

第二个美国人问价时，画家也说15元。

这个美国人立刻大声喊道："隔壁才卖12元，你怎么卖15元？画得又不比人家好！"

画家一看，立刻改口说："这样好了，15元本来是黑白的，您这样说，15元卖给你彩色的好了。"

美国人继续抱怨："我刚刚问的就是彩色的，谁问你黑白的？"结果他15元既买了彩色画，又带走了相框。

通过这个案例你可以清楚地看到，其中的画家是如何根据买主的不同来调整自己的出售策略的，由此可见谈判技巧的重要性。对企业来说，首先要做到的是做好谈判人才的培训工作。

资料来源：王时成：《策略性商务谈判技术》，北京大学音像出版社2009年版．

11.4.4 危机管理

一、危机的出现

企业在生产经营中面临着多种危机，并且无论哪种危机发生，都有可能给企业带来致命的打击。根据美国《危机管理》一书的作者菲克普曾对《财富》杂志排名前500强的大企业董事长和CEO所作的专项调查表明，80%的被调查者认为，现代企业必然面对危机，就如同人们必然面对死亡一样，已成为不可避免的事情。其中有14%的人承认，曾经受到严重危机的挑战。

企业通过危机管理可以把一些潜在的危机消灭在萌芽状态，把必然发生的危机损失降低到最低程度。如何成功地处理危机是每个企业不能回避的问题，也是每个企业必须正视的挑战。国外不少大公司均将目光投向危机管理，我国的企业由于都还比较年轻，对危机管理一直不太重视。因此加强企业的危机管理已迫在眉睫，提高管理者的危机意识更是刻不容缓。

二、危机处理的过程

1. 危机的避免

危机产生的原因是多种多样的，不排除偶然的原因，多数危机的产生有一个变化的过程。如果企业管理人员有敏锐的洞察力，根据日常收集到的各方面信息，能够及时采取有效的防范措施，完全可以避免危机的发生或使危机造成的损害和影响尽可能减少到最低程度。

2. 危机的准备

企业越早认识到存在的威胁，越早采取适当的行动，越可能控制住危机的发展。首先，在企业内部设置危机管理小组；其次，强化危机意识，发现危机前兆，分析预测危机情境，将危机消除于潜伏期；再次，企业要从危机征兆中透视企业生存的危机，预先制订科学而周密的危机应变计划；最后，进行危机管理的培训和实战训练演习。

1985 年，张瑞敏当着全体员工的面，将 76 台带有轻微质量问题的电冰箱当众砸毁，力求消除质量危机的隐患，创造出了"永远战战兢兢，永远如履薄冰"的独具特色的海尔生存理念，给人一种强烈的忧患意识和危机意识，从而成为海尔集团带来打开成功之门的钥匙。

3. 危机的控制与处理

对危机作出适时的反应是危机管理中最重要的组成部分。危机一旦发生，就需要注意以下几点：第一是遏制危机，管理部门要在困难的情况下为决策者提供及时、准确而必要的信息，从而为迅速出击，解决危机创造条件。第二要注意隔绝危机，避免其蔓延，要将危机限定在一定范围之内，隔绝的一种途径是通过有效的危机反应机制防止危机扩大或扩散。第三，加强媒体管理，防止谣言流传，虚假信息散布影响决策。另外，近些年迅速扩张的网络因其优势可以使企业或组织更快地将有利信息传达给尽可能多的公众，但也同样会加快不利信息的传播，带来难以想象的舆论压力。因此，企业必须清楚网络时代危机处理的规则与技巧，才能将不利转化为有利。

4. 危机的恢复

危机一旦被控制住后，管理者和相关部门要着手危机的恢复管理，充分利用有效资源，尽力将企业的财产、设备、工作流程和组织中的人调整到最佳状态。

三、成功的危机管理的要素

成功的危机管理包括三个关键因素：

1. 危机管理制度化

企业内部应该有制度化、系统化的有关危机管理和灾难恢复方面的业务流程和组织机构。在业务流程方面，企业可以针对可能发生的危机进行流程"再造"。例如德勤咨询曾经协助北美一家大型汽车公司对 90 个业务流程进行危机相关分析，对其中的 30 个"至关重要"的业务流程就可能发生的重大危险进行重新设计，使这些流程不仅能满足企业正常运作时的要求，而且能够承受可能发生的一些重大危机，或者可以在危机时进行快速灾难恢复。在人力资源方面也应进行相应储备以进行危机处理准备，招募必要的专业顾问，例如法律顾问、公关顾问、管理顾问、财务顾问等。

2. 高层领导的重视与直接参与

危机处理工作对内涉及从后勤、生产、营销到财务、法律、人事等各个部门，对外不仅需要与政府与媒体打交道，还要与消费者、客户、供应商、渠道商、股东、债权银行、工会等方方面面进行沟通。如果没有企业高层领导的统一指挥协调，很难想象这么多部门能做到口径一致、步调一致、协作支持并快速行动。因此，无论是危机预防还是处理，企业最高领导对危机的重视和直接参与都极其重要，如果领导人意识不到其重要性，则一旦危机发生很有可能会对企业造成灾难性的打击。

3. 完善的信息系统

随着计算机技术、网络技术、通信技术和互联网技术的迅速发展和国际经济一体化进程的加剧，企业面临着高度不确定的经营环境，企业发生危机的可能性大大增加。信息系统作为预警机制的重要工具，能帮助企业搜集那些可能引发危机的内、外部信息，并快速果断地进行处理，从而防患于未然。在危机处理时信息系统有助于有效诊断危机原因、及时汇总和传达相关信息，并有助于企业各部门统一口径，协调作业。

实例 11 - 4

美国强生公司泰诺药片中毒事件

美国强生公司因成功处理泰诺药片中毒事件赢得了公众和舆论的广泛同情，在危机管理历史中被传为佳话。

1982 年 9 月，美国芝加哥地区发生有人服用含氰化物的泰诺药片中毒死亡的严重事故，一开始死亡人数只有 3 人，后来却传说全美各地死亡人数高达 250 人。其影响迅速扩散到全国各地，调查显示有 94% 的消费者知道泰诺中毒事件。

事件发生后，在首席执行官吉姆·博克的领导下，强生公司迅速采取了一系列有效措施。首先，强生公司立即抽调大批人员对所有药片进行检验。经过公司各部门的联合调查，在全部 800 万片药剂的检验中，发现所有受污染的药片只源于一批药，总计不超过 75 片，并且全部在芝加哥地区，不会对全美其他地区有丝毫影响，而最终的死亡人数也确定为 7 人，但强生公司仍然按照公司最高危机方案原则，即"在遇到危机时，公司应首先考虑公众和消费者利益"，不惜花巨资在最短时间内向各大药店收回了所有的数百万瓶这种药，并花 50 万美元向有关的医生、医院和经销商发出警报。

对此《华尔街日报》报道说："强生公司选择了一种自己承担巨大损失而使他人免受伤害的做法。如果昧着良心干，强生将会遇到很大的麻烦。"泰诺案例成功的关键是因为强生公司有一个"做最坏打算的危机管理方案"。该计划的重点是首先考虑公众和消费者利益，这一信条最终拯救了强生公司的信誉。

事故发生前，泰诺在美国成人止痛药市场中占有35%的份额，年销售额高达4.5亿美元，占强生公司总利润的15%。事故发生后，泰诺的市场份额曾一度下降。当强生公司得知事态已稳定，向药片投毒的疯子已被拘留时，并没有将产品马上投入市场。当时美国政府和芝加哥等地的地方政府正在制订新的药品安全法，要求药品生产企业采用"无污染包装"。强生公司看准了这一机会，立即率先响应新规定，结果在价值12亿美元的止痛片市场上挤走了竞争对手，仅用5个月的时间就夺回了原市场份额的70%。

强生处理这一危机的做法成功地向公众传达了企业的社会责任感，受到了消费者的欢迎和认可。强生还因此获得了美国公关协会颁发的银钻奖。原本一场"灭顶之灾"竟然奇迹般地为强生迎来了更高的声誉，这归功于强生在危机管理中高超的技巧。

资料来源：http://cfo.icxo.com/htmlnews/2004/04/25/225316.htm.

■ **本章小结**

沟通是围绕组织目标，通过信号、媒介等途径，有目的地交流观点、信息、情报、意见和情感的过程，是完成组织使命或达成任务的一种必要手段。按沟通的组织系统划分为正式沟通与非正式沟通。对于组织沟通中可能遇到的偏差，需要从多方面采取改进措施，实现有效沟通。冲突是指在沟通中由于某种差异而引起的抵触、争执或争斗的对立状态。冲突本身无所谓好坏，处理冲突的关键在于巧妙得当地处理，并把冲突维持在一个最佳水平上。谈判是双方或多方实现某种目标就有关条件达成协议的过程，通过谈判可实现有效沟通。

■ **关键概念**

沟通　正式沟通　非正式沟通　有效沟通　冲突　谈判

■ **思考题**

1. 什么是沟通？
2. 组织中的沟通有哪些类型？
3. 影响有效沟通的障碍有哪些？
4. 组织为什么会产生冲突？
5. 如何进行冲突管理？

■ **案例分析**

一、一次困难的演讲

最近在机修车间的工人中出现一股明显的不满情绪。起因是工人们听到一种说法：公司即将开展的改革，本车间首当其冲，本车间可能要转产，人员将要被砍掉一半，大批工人将下岗或调离。结果，人心不稳，生产都难以正常进行。车间主任李明正在为此事大伤脑筋。他为此专门找了公司的有关领导打听此事。得到的信息是：改革肯定要涉及人员变动与精简，但是否转产，变动面多大，尚未确定。李明觉得与工人们进行沟通已刻不容缓，他决定召开一次全车间人员参加的说明与沟通会。在会上他将亲自向大家讲清这个问题。可是，这种实际情况就是讲清楚了也难以稳定人心，而如果讲不好，还可能引起更大的波动与混乱。

问题：

1. 你认为可能有哪些因素影响这次说明会的效果？
2. 工人们可能会基于何种心理而相信主任的讲话？
3. 如果你是李明，你将怎样向工人进行说明？

二、亚通网络公司

亚通网络公司是一家专门从事通信产品生产和电脑网络服务的中日合资企业。公司自1991年7月成立以来发展迅速，销售额每年增长50%以上。与此同时，公司内部存在着不少冲突，影响着公司绩效的继续提高。

因为是合资企业，尽管日方管理人员带来了许多先进的管理方法。但是日本式的管理模式未必完全适合中国员工。例如，在日本，加班加点不仅司空见惯，而且没有报酬。亚通公司经常让中国员工长时间加班，引起了大家的不满，一些优秀员工还因此离开了亚通公司。

亚通公司的组织结构由于是直线职能制，部门之间的协调非常困难。例如，销售部经常抱怨研发部开发的产品偏离顾客的需求，生产部的效率太低，使自己错过了销售时机；生产部则抱怨研发部开发的产品不符合生产标准，销售部门的

订单无法达到成本要求。

研发部胡经理虽然技术水平首屈一指，但是心胸狭窄，总怕他人超越自己。因此，常常压制其他工程师。这使得该部门人心涣散，士气低落。

问题：

1. 亚通公司的冲突有哪些？原因是什么？

2. 如何解决亚通公司存在的冲突？

■ **补充阅读书目**

1. ［美］费希尔，布朗. 沟通力. 王燕，译. 北京：中信出版社，2009.

2. ［美］黑贝尔斯，威沃尔. 有效沟通. 李业昆，译. 7 版. 北京：华夏出版社，2005.

3. 周亚男. 有效沟通的 18 种方法. 北京：水利水电出版社，2006.

4. 王怀明，王君南，张欣平. 管理沟通. 济南：山东人民出版社，2000.

控　制

【学习目的和要求】

1. 掌握控制的概念，认识控制的重要性，了解控制与计划的关系。

2. 熟悉控制的过程。

3. 掌握控制的类型。

4. 了解控制的基本方法。

12.1 控制概述

12.1.1 控制的概念

控制就是管理者按既定的标准，对组织内部的管理活动及其效果进行衡量和校正，以确保组织的目标以及为此而拟订的计划得以实现的管理职能。控制职能是每一位负责执行计划的主管人员的主要职责，尤其是直线主管人员的主要职责。

与管理的其他主要职能一样，控制职能也有其原理和方法，正确地运用这些原理和方法，是使控制工作更加有效的重要保证。

12.1.2 控制与计划的联系

计划和控制是一个问题的两个方面。主管人员首先制订计划，然后计划就成为用以评定行动及其效果是否符合需要的标准。计划越明确、全面和完整，控制的效果也就越好。控制与计划的联系体现在以下几方面：

（1）一切有效的控制方法首先就是计划方法，例如我们前面章节已介绍的"计划评审技术"既是计划方法同时也是控制方法。

（2）如果不首先考虑计划以及计划的完善程度，就试图去设计控制系统的话，那是不会有效果的。换句话说，之所以需要控制，就是因为要实现目标和计划。控制到什么程度、怎么控制都取决于计划的要求。

（3）控制职能使管理工作成为一个闭路系统，成为一种连续的过程。在多数情况下，控制工作既是一个管理过程的终结，又是一个新的管理过程的开始。控制职能绝不是仅限于衡量计划执行中出现的偏差，控制的目的在于通过采取纠正措施，把那些不符合要求的管理活动引回到正常的轨道上来，实现预定的目标。但是更多的情况下，纠正措施可能涉及需要重新拟订目标、修订计划、改变组织机构、调整人员配备并对领导方式作出重大的改变等等，这实际上是开始了一个新的管理过程。从这个意义上说，控制工作不仅是实现计划的保证，而且可以积极地影响计划工作。

12.1.3 控制工作的目的及重要性

一、控制的目的

1. 维持现状

"维持现状"即在变化着的内外环境中，通过控制工作，随时将计划的执行结果与标准进行比较，若发现有超过计划容许范围的偏差时，及时采取必要的纠正措施，以确保组织活动趋于相对稳定，从而实现组织的既定目标。

2. 打破现状

在某些情况下，内、外部环境的变化会对组织提出新的要求。例如主管人员对现状不满，要求改革、创新、开拓新局面。这时，就势必要打破现状，修改既定的计划，确立新的现实目标和管理控制标准，使之更先进、更合理。

尽管在日常活动中，控制工作的目的主要是前述两个，但进行控制工作的最佳目的是防止问题的发生。这就要求管理人员的思想应当向前看，把控制系统建立在前馈而不是简单的信息反馈的基础上，在发生偏离计划情况出现以前就能预测到并能及时采取措施来加以防范。

二、控制的重要性

控制的重要性体现在以下两个方面：

1. 任何组织、任何活动都需要进行控制

任何组织、任何活动都需要进行控制是因为即便是在制订计划时进行了全面的、细致的预测，考虑到了各种实现目标的有利条件和影响实现的因素，但由于环境条件是变化的，主管人员受到其本身的素质、知识、经验、技巧的限制，预测不可能完全准确，制订出的计划在执行过程中可能会出现偏差，还会发生未曾预料到的情况。这时控制工作就起到了执行和完成计划的保障作用以及在管理控制中产生新的计划、新的目标和新的控制标准的作用。通过控制工作，能够为主管人员提供有用的信息，使之了解计划的执行进度和执行中出现的偏差及偏差的大小，并据此分析偏差产生的原因。对于那些可以控制的偏差，通过组织机构，查究责任，予以纠正；而对于那些不可控制的偏差，则应立即修正计划，使之符合实际。

2. 控制使管理过程形成系统

控制工作通过纠正偏差的行动与其他四个职能紧密地结合在一起，使管理过程形成了一个相对封闭的系统。在这个系统中，计划职能选择和确定了组织的目标、战略、政策和方案以及实现它们的程序。然后，通过组织职能、领导职能去实现这些计划。为了保证计划的目标能够实现，就必须在计划实施的不同阶段，根据由计划产生的控制标准，检查计划的执行情况。

这就是说，虽然计划工作必须先于控制活动，但其目标是不会自动实现的。一旦计划付诸实施，控制工作就必须穿插其中进行。控制对于衡量计划的执行进度，揭示计划执行中的偏差以及指明纠正措施等都是非常必要的。

12.2 控制的类型

控制按不同的划分标准可分为不同的类型。

12.2.1 反馈控制、现场控制和前馈控制

一、反馈控制

反馈控制是最主要的一种控制方式，其控制作用发生在行动之后，特点是把注意力集中在行动的结果上，并以此作为改进下次行动的依据。反馈控制的过程首先从预期和实际工作成效的比较开始，找出偏差并分析原因，然后制订出纠正的计划并进行纠正，纠正的结果可以改进下一次实际工作的成效或者改变对下一次工作成效的预期。反馈控制的对象可以是行动的最终结果，如企业的产量、销售额、利润等，也可以是行动过程的中间结果，如工序质量、产品库存等。

反馈控制最大的弊端是只能在事后发挥作用，对已经发生的对组织的危害却无能为力；而且在反馈控制中，偏差发生和发现并得到纠正之间有较长一段时滞，这必然对纠正偏差的效果产生很大影响。

二、现场控制

现场控制的作用发生在行动之中，即与工作过程同时进行。它是基层主管人员较多使用的一种控制方法。主管人员通过深入现场亲自监督检查、指导和控制下属人员的活动。它包括的内容有：①向下级指示恰当的工作方法和工作过程；②监督下级的工作以保证计划目标的实现；③发现不合标准的偏差时，立即采取纠正措施。

现场控制的有效性取决于主管人员的个人素质、个人作风、指导的表达方式以及下属对这些指导的理解程度。其中，主管人员的"言传身教"具有很大的作用。

进行现场控制时，要注意避免单凭主观意志开展工作。主管人员必须加强自身的学习，亲临第一线进行认真仔细的观察和监督，以计划及标准为依据，服从组织原则，遵从正式指挥系统的统一指挥。

三、前馈控制

如前所述，反馈控制的最大缺点就是，只有当最终结果偏离目标之后，控制才可能发挥作用，而且发生偏差和纠正偏差之间存在的时滞也往往会影响控制的效果。因此，管理者希望有一个控制系统，能在问题发生之前就告知管理者，使他们能够马上采取措施以使问题不再发生，这种控制系统就是**前馈控制**。

前馈控制的作用发生在行动之前，其特点是将注意力放在行动的输入端，一开始就能将问题的隐患排除，以防患于未然，可见前馈控制的效果正是管理者追求的目标。

12.2.2 直接控制和间接控制

一、直接控制

在企业的经营管理中，直接控制是指对管理人员的工作质量的控制。在企业的生产经营活动中，发生偏差的原因往往是由于管理人员指挥不当、决策失误或本身素质太差造成的。因此重视对管理人员的选拔和培训，对其工作经常加以评审激励，促进他们提高管理水平和控制能力，对保证完成计划具有十分重要的作用。

二、间接控制

间接控制是指对经济活动过程的控制。间接控制往往是在计划实施发生偏差后，才由有关的管理人员对偏差实施控制的。间接控制的特点在于它有一定的弹性和灵活性，通过一定的渠道和手段达到控制的目的。

12.2.3 集中控制和分散控制

一、集中控制

集中控制是决策权高度集中的一种控制方式。一般说来，集中控制将企业中各个部门的决策权集中到高层管理者手中，经济活动由高层管理者的行政指令来推动，纵向信息流强而横向信息流弱。在一些生产经营连续性很强的企业里，集中控制是十分必要的。

二、分散控制

分散控制与集中控制相对应，其特点就是决策权分散。在企业管理中表现为各部门拥有一定决策权，具有一定的经营自主权，横向信息流较强。整个企业显得适应性较强，但难以进行整体协调。

12.3 控制的过程

反馈控制系统基本的控制过程包括三个步骤：

12.3.1 拟订标准

管理控制过程的第一步就是拟订一些具体标准。这里所说的标准，是指评定成效的尺度，它是从整个计划方案中选出的对工作成效进行评价的关键指标。标准的设立应当具有权威性。标准的类型有多种。最理想的标准是以可考核的目标

直接作为标准。但更多的情况则往往是需要将某个计划目标分解为一系列的标准，例如，将利润率目标分解为产量、销售额、制造成本、销售费用等。此外，工作程序以及各种定额也是一种标准。

常用的拟订标准的方法有三种：

一、统计方法

用统计方法拟订的相应的标准称为统计标准。它是根据企业的历史数据记录或是对比同类企业的水平，运用统计学方法确定的。最常用的统计标准有统计平均值、极大（或极小）值和指数等。统计方法常用于拟订与企业的经营活动和经济效益有关的标准。

二、工程方法

用工程方法拟订的相应的标准称为工程标准。它是以技术参数和实测的数据为基础的，例如，确定机器的产出标准，就是根据设计的生产能力确定的。工程方法的重要应用是用来测量生产者个人或群体的产出定额标准。这种测量又称为时间研究和动作研究。

三、经验估计法

经验估计法是由有经验的管理人员凭经验确定的，一般是作为统计方法和工程方法的补充。

12.3.2 评定实际成效

如果有了合理的标准，又有能确切评定下属人员实际工作情况的手段，那么对实际的或预期的执行情况进行评价就会容易得多。事实上，如何评定管理活动成效的问题，在拟订标准时就已经部分地得到了解决。也就是说，通过制订可考核的标准，同时也就将计量的单位、计算的方法、统计的口径等确定下来。因此，对于评定成效而言，剩下的主要问题是如何及时地收集适用的和可靠的信息，并将其传递到对某项工作负责而且有权采取纠正措施的主管人员手中。

12.3.3 分析偏差并予以纠正

通过评定实际成效，如果有较大偏差，则要分析造成偏差的原因并采取措施加以纠正。

偏差可能是由复杂的原因引起的，必须花大力气找出造成偏差的真正原因，而不能头痛医头、脚痛医脚。例如，销售收入的明显下降，无论是用同期比较的方法，还是用年度计划目标来衡量都很容易发现问题，但是引起销售收入下降的原因，却不那么容易一下就找准。销售收入的明显下降的原因到底是销售部门营销工作中存在问题或是对销售部门授权不够；还是生产部门生产质量下降和不能按期交货；是技术部门新产品开发进度太慢致使产品老化、竞争力下降；或是由于宏观经济调整造成的；等等。每一种可能的原因与假设都不可能通过简单的判断确定下来。而如果对造成偏差的原因判断得不准确，那么纠正措施就会是无的放矢，不可能奏效。

在查明造成偏差的原因后，纠正偏差的工作可能涉及一些主要的管理职能。针对偏差产生的原因，主管人员可能采用重新制订计划或修改目标的方法来纠正偏差；也可能利用组织手段来进一步明确职责、补充授权或是对组织机构进行调整；还可能用撤换责任部门的主管或是增配人员的办法来纠正偏差；此外，还可能通过改善领导方式、增加物质激励等办法来纠正偏差。

12.4 控制原理

12.4.1 控制的基本原理

任何一个负责任的主管人员，都希望有一个适宜的、有效的控制系统来帮助他们确保各项活动都符合计划要求。但是，主管人员却往往认识不到他们所进行的控制工作，是必须针对计划要求、组织结构、关键环节和下级主管人员的特点来设计的。他们往往不能全面了解设计控制系统的原理。因此，要使控制工作有效地发挥作用，在建立控制系统时必须遵循一些基本的原理。

一、反映计划要求原理

反映计划要求原理可表述为：控制是实现计划的保证，控制的目的是为了实现计划。因此，计划越是明确、全面、完整，所设计的控制系统越是能反映这样的计划，则控制工作也就越有效。

每一项计划、每一种工作都各有其特点。所以，为实现每一项计划和完成每一种工作所设计的控制系统和所进行的控制工作，尽管基本过程是一样的，但在确定什么标准、控制哪些关键点和重要参数、收集什么信息、如何收集信息、采用何种方法评定成效，以及由谁来控制和采取纠正措施等方面，都必须按不同计划工作的特殊要求和具体情况来设计。例如，质量控制系统和成本控制系统尽管都在同一个生产系统中，但二者之间的设计要求是完全不同的。

二、组织适宜性原理

组织适宜性原理可表述为：控制必须反映组织结构的类型。组织结构既然是对组织内各个成员担任什么职务的一种规定，因而，它也就成为明确执行计划和纠正偏差职责的依据。因此，组织适宜性原理可表述为：若一个组织结构的设计越是明确、完整和完善，所设计的控制系统越是符合组织机构中的职责和职务的要求，就越有助于纠正脱离计划的偏差。

组织适宜性原理的另一层含义是控制系统必须切合每个主管人员的特点。也就是说，在设计控制系统时，不仅要考虑具体的职务要求，而且还应考虑到担当该项职务的主管人员的个性。在设计控制信息的格式时，这一点特别重要。

三、控制关键点原理

控制关键点原理可表述为：为了进行有效的控制，需要特别注意在根据各种计划来衡量工作成效时有关键意义的那些因素。对一个主管人员来说，随时注意计划执行情况的每一个细节，通常是浪费时间精力和没有必要的。他们应当也只能够将注意力集中于计划执行中的一些主要影响因素上。事实上，控制住了关键点，也就控制住了全局。

控制工作效率的要求，则从另一方面强调了控制关键点原理的重要性。所谓控制工作效率，是指控制方法如果能够以最低的费用或其他代价来探查和阐明实际偏离或可能偏离计划的偏差及其原因，那么它就是有效的。对控制效率的要求既然是控制系统的一个限定因素，自然就在很大程度上决定了主管人员只能在他们认为是重要的问题上选择一些关键因素来进行控制。能否实施有效的控制在很大程度上取决于主管人员选择关键控制点的能力。迄今为止，已经开发出了一些有效的方法，帮助主管人员在某些控制工作中选择关键点。

四、控制趋势原理

控制趋势原理可表述为：对控制全局的主管人员来说，重要的是现状所预示的趋势，而不是现状本身。控制变化的趋势比仅仅改善现状重要得多，也困难得多。

一般来说，趋势是多种复杂因素综合作用的结果，是在一段较长的时期内逐渐形成的，并对管理工作成效起着长期的制约作用。趋势往往容易被现象所掩盖，它不易觉察，也不易控制和扭转。当趋势可以明显地描绘成一条曲线，或是可以描述为某种数学模型时，再进行控制就为时已晚了。控制趋势的关键在于从现状中揭示倾向，特别是在趋势刚显露苗头时就敏锐地觉察到。

五、例外原理

例外原理可表述为：主管人员越是只注意一些重要的例外偏差，即越是把控制的主要注意力集中在对那些超出一般情况的特别好或特别坏的情况，控制工作的效能和效率就越高。

质量控制中广泛地运用例外原理来控制工序质量。工序质量控制的目的是检查生产过程是否稳定。如果影响产品质量的主要因素，例如原材料、工具、设备、操作工人等无显著变化，那么产品质量也就不会发生很大差异。这时我们可以认为生产过程是稳定的，或者说工序质量处于控制状态中。反之，如果生产过程出现违反规律性的异常状态时，应立即查明原因，采取措施使之恢复稳定。

需要指出的是，只注意例外情况是不够的，某些微小的偏差可能比某些较大的偏差影响更大。因此，在实际应用当中，例外原理必须与控制关键点原理相结合，我们应把注意力集中在对关键点的例外情况的控制上。例外原理与控制关键点原理的区别在于，控制关键点原理强调选择控制点，而例外原理则强调观察在这些点上所发生的异常偏差。

六、直接控制原理

直接控制原理可表述为：主管人员及其下属的工作质量越高，就越不需要进行间接控制。这是因为主管人员对他所负担的职务越能胜任，也就越能在事先觉察出偏离计划的误差，并及时采取措施来预防它们的发生。这意味着任何一种控制的最直接方式，就是采取措施来尽可能地保证主管人员的质量。

12.4.2 有效控制的要求

要使控制工作发挥作用，取得预期的成效，设计控制系统与技术的系统专家在具体运用上述六条原理时，还要特别注意满足以下几个要求。

一、控制系统应切合主管人员的个别情况

控制系统和信息的作用是为了协助每个主管人员行使其控制职能的。如果所建立（或设计）的控制系统，不为主管人员所理解、信任和使用，那么它就没有多大用处。因此，建立控制系统必须符合每个主管人员的情况及其个性，使他们能够理解它，进而能信任它并自觉运用它。例如，不同的人提供的信息形式是不同的，统计师和会计师喜欢用复杂的表格形式；工程技术人员喜欢用数据或图表形式，甚至还有少数人，如数学家，则喜欢用数学模型；而对主管人员来说，由于知识水平所限，不可能样样精通。因此，提供信息时就要注意他们的个性特点，要提供那些能够为他们所能理解、所能接受的信息形式。

同时，控制技术也是如此，不同的主管人员适用不同的控制技术。因为即使是很聪明的主管人员，也可能由于系统专家的某些复杂技术而被"难倒"。为此，一些明智的专家是不愿向他人去炫耀自己是如何的内行，而宁愿设计一种使人们容易理解的方法，以使人们能够应用它。这样的专家愿意正视一点，即如果他们能从一个虽然粗糙，但却是合理的方法中得到 80% 的好处，那么总比虽然有一个更加完善但不起作用，因而一无所获的方法要好得多。

二、控制应确立客观标准

管理难免有许多主观因素在内，但是对于下属工作的评价，不应仅凭主观来决定。在需要凭主观来控制的那些地方，主管人员或下级的个性也许会影响对工作的准确判断。但是，如能定期地检查过去所拟订的标准和计量规范，并使之符合现时的要求，那么人们客观地去控制他们的实际执行情况也不会很难。因此，

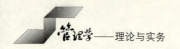

有效的控制要求有客观、准确、适当的标准。这个标准可以是定量的（例如每一个预防对象的费用或每日门诊病人数，或工作完成的日期），也可以是定性的（例如一项专门性的训练计划，或者是旨在提高人员质量的专门培训计划）。关键在于，这个标准在每一种情况下都应该是可以测定和可以考核的。

三、控制应具有灵活性

即使在面临着计划发生了变动，出现了未预见到的情况或计划全盘错误的情况下，控制也应当能发挥它的作用。这就是说，在某种特殊情况下，一个复杂的管理计划可能失常。控制系统应当报告这种失常的情况，同时它还应当具有足够灵活性，以便在出现任何失常情况下，都能保持对运行过程的管理控制。换言之，如果要使控制工作在计划出现失常或预见不到的变动情况下保持有效性的话，所设计的控制系统就要有灵活性。这就要求在制订计划时，要考虑到各种可能的情况而拟订各种备选方案。一般说来，灵活的计划有利于灵活的控制。但要注意的是，这一要求仅仅是应用于计划失常的情况，而不适用于在正确计划指导下人们工作不当的情况。

四、控制应讲究经济效益

控制所支出的费用必须是合算的。这个要求是简单的，但做起来却常常很复杂。因为一个主管人员很难了解哪个控制系统是值得的，以及它所花费的费用是多少。由于控制系统效果的一个限定因素是相对的经济效益，因而自然就在很大程度上决定了主管人员只能在他认为是重要的方面选择一些关键问题来进行控制。因此可以断言，如果控制技术和方法能够以最小的费用或其他代价来探查和阐明偏离计划的实际原因或潜在原因，那么它就是有效的。

五、控制应有纠正措施

一个有效的控制系统，除了应能揭示出哪些环节出了差错，谁应当对此负责外，还应确保能采取适当的纠正措施，否则这个系统就名存实亡。只有通过适当的计划工作、组织工作、领导工作等方法，来纠正那些已显示出的或所发生的偏离计划的情况，才能证明该控制系统是正确的。

六、控制要具有全局观点

在组织结构中，各个部门及其成员都在为实现其个别的或局部的目标而活动着。许多主管人员在进行控制工作时，就往往从本部门的利益出发，只求能正确实现自己局部的目标而忽视了组织目标的实现，因为他们忘记了组织的总目标是要靠各部门及成员协调一致的活动才能实现的。因此，一个合格的主管人员要从整体利益出发来实施控制，使局部目标与组织目标协调一致。

七、控制应面向未来

一个真正有效的控制系统应该能预测未来，及时发现可能出现的偏差，预先采取措施，调整计划，而不是等出现了问题再去解决。

12.5 控制的方法

12.5.1 预算控制

预算控制是使用最广泛的一种控制方法。预算控制最能清楚表明计划与控制的紧密联系，预算是计划的数量表现，预算的编制既作为计划过程的一部分而开始，而预算本身又是计划过程的终点，是一种转化为控制标准的计划。

一、预算的概念和内容

1. 预算的概念

预算就是用数字编制未来某一个时期的计划，也就是用财务数字（例如在财务预算和投资预算中）或非财务数字（例如在生产预算中）来表明预期的结果。编制预算实际上就是控制过程的第一步——拟订标准。由于预算是以数量化的方式来表明管理工作的标准，从而本身就具有可考核性，因而有利于根据标准来评定工作成效。

2. 预算的内容

预算的内容可以简单地概括为三个方面：

（1）"多少"。

为实现计划目标的各种管理工作的收入（或产出）与支出（或投入）各是多少。

（2）"为什么"。

为什么必须收入（或产出）这么多数量，以及为什么需要支出（或投入）这么多数量。

（3）"何时"。

什么时候实现收入（或产出）以及什么时候支出（或投入），必须使得收入与支出取得平衡。

二、预算的分类

按照预算内容的不同，可以将预算分为经营预算、投资预算和财务预算三大类。

1. 经营预算

经营预算是指企业日常发生的各项基本活动的预算。它主要包括销售预算、生产预算、直接材料采购预算、直接人工预算、制造费用预算、单位生产成本预算、推销及管理费用预算等。

2. 投资预算

投资预算是指企业在可行性研究的基础上，对固定资产的购置、扩建、改造和更新等编制的预算。它具体反映在何时进行投资、投资多少、资金从何处取得、何时可获得收益、每年的现金净流量为多少、需要多少时间回收全部投资等。由于投资的资金来源往往是任何企业的限定因素之一，而对厂房和设备等固定资产的投资又往往需要很长时间才能回收，因此，投资预算应当力求与企业的战略以及长期计划紧密联系在一起。

3. 财务预算

财务预算是指企业在计划期内反映有关预计现金收支、经营成果和财务状况的预算。它主要包括"现金预算"、"预计收益表"和"预计资产负债表"。必须指出的是，上述的经营预算和投资预算中的资料，都可以折算成金额反映在财务预算内。因此，财务预算就成为各项经营业务和投资的整体计划，亦称"总预算"。

（1）现金预算。

现金预算主要反映计划期间预计的现金收支的详细情况。在完成了初步的现金预算后，就可以知道企业在计划期间需要多少资金，财务主管人员就可以预先安排和筹措，以满足资金的需求。为了有计划地安排和筹措资金，现金预算的编制期应越短越好。西方国家有不少企业以周为单位，逐周编制预算，甚至还有按天编制的。我国企业最常见的是按季和按月进行编制。

（2）预计收益表。

预计收益表又称为预计利润表，是用来综合反映企业在计划期间生产经营的财务情况，并作为预计企业经营活动最终成果的重要依据，是企业财务预算中最主要的预算表之一。

（3）预计资产负债表。

预计资产负债表主要用来反映企业在计划期末那一天预计的财务状况。它的编制需以计划期间开始日的资产负债表为基础，然后根据计划期间各项预算的有关资料进行必要的调整。

12.5.2 非预算控制

一、视　察

视察是一种最古老、最直接的控制方法，它的基本作用就在于获得第一手的信息。基层主管人员通过视察，可以判断出产量、质量的完成情况以及设备运转情况和劳动纪律的执行情况等。职能部门主管人员通过视察，可以了解到工艺文件是否得到了认真地贯彻，生产计划是否按预定进度执行，劳动保护等规章制度是否被严格遵守，以及生产过程中存在哪些偏差和隐患等。上层主管人员通过视察，可以了解到组织的方针、目标和政策是否深入人心，可以发现职能部门的情况报告是否属实以及员工的合理化建议是否得到认真对待，还可以从与员工的交谈中了解他们的情绪和士气等。所有这些，都是主管人员最需要了解的第一手信息。

此外，视察还能够使上层主管人员发现被埋没的人才，并从下属的建议中获得启发和灵感。而亲临视察本身有一种激励下级的作用，它使下属感到上级在关心着他们。所以，坚持经常亲临现场视察，有利于创造一种良好的组织气氛。

二、报 告

报告是用来向负责实施计划的主管人员全面地、系统地阐述计划的进展情况、存在的问题及原因、已经采取了哪些措施、收到了什么效果、预计可能出现的问题等情况的一种重要方式。

控制报告的主要目的是提供一种如有必要，即可用做纠正措施依据的信息。对控制报告的基本要求是必须做到：适时、突出重点、指出例外情况、尽量简明扼要。通常，运用报告进行控制的效果，取决于主管人员对报告的要求。管理实践表明，大多数主管人员对下属应当向他报告什么，缺乏明确的要求。随着组织规模及其经营活动规模的日益扩大，管理也日益复杂，而主管人员的精力和时间是有限的，从而，定期的情况报告也就越发显得重要。

实例 12-1

美国通用电气公司的报告制度

为了满足上级主管人员的要求，美国通用电气公司建立了一种行之有效的报告制度。报告主要包括以下八个方面的内容：

1. 客户的鉴定意见以及上次会议以来外部的新情况。这方面报告的作用在于使上级主管人员判断情况的复杂程度和严重程度，以便决定他是否要介入以及介入的程度。

2. 进度情况。这方面报告的内容是将工作的实际进度与计划进度进行比较，说明工作的进展情况。通常，拟订工作的进度计划可以采用"计划评审技术"。对于上层主管人员来说，他所关心的是处于关键线路上的关键工作的完成情况，因为关键工作若不能按时完成，那么整个工作就有可能误期。

3. 费用情况。报告的内容是说明费用开支的情况。同样，要说明费用情况，必须将其与费用开支计划进行比较，并回答实际的费用开支为什么超出了原定计划，以及按此趋势估算的总费用开支（超支）情况，以便上级主管人员采取措施。

4. 技术工作情况。技术工作情况是表明工作的质量和技术性能的完成情况和目前达到的水平。其中很重要的问题是说明设计更改情况，要说明设计更改的理由和方案，以及这是客户提出的要求还是我们自己作出的决定等。

以上关于进度、费用和技术性能的报告，从三个方面说明了计划执行情况。下面是要报告的需要上层主管人员决策和采取行动的那些项目，分为当前的关键问题和预计的关键问题两项。

5. 当前的关键问题。报告者需要检查各方面的工作情况，并从所有存在的问题中挑出三个最为关键的问题。他不仅要提出问题所在，还须说明对整个计划的影响，列出准备采取的行动，指定解决问题的负责人，以及规定解决问题的期限，并说明最需要上级领导帮助解决的问题所在。

6. 预计的关键问题。报告的内容是指出预计的关键问题。同样也需要他详细说明问题，指出其影响，准备采取的行动，指定负责人和解决问题的日期。预计的关键问题对上层主管人员来说特别重要，这不仅是为他（们）制订长期决策时提供选择，也是因为他（们）往往认为下属容易陷入日常问题而对未来漠不关心。

7. 其他情况。报告的内容是提供与计划有关的其他情况。例如，对组织及客户有特别重要意义的成就，上月份（或季、年）的工作绩效与下月份的主要任务等。

8. 组织方面的情况，报告的内容是向上层领导提交名单，名单上的人员可能会去找这位上层领导，这位领导也需要知道他们的姓名。同时还要审查整个计划的组织工作，包括内部的研制开发队伍以及其他的有关机构（部门）。

资料来源：MBA 智库百科，http：//wiki. mbalib. com/wiki/% E9% 9D%9E% E9% A2%84% E7% AE%97% E6%8E% A7% E5%88% B6。

三、比率分析

对于组织经营活动中的各种不同度量之间的比率分析，是一项非常有益和必需的控制方法。"有比较才会有鉴别"，也就是说，信息都是通过事物之间的差异传达的。

一般说来，仅从有关组织经营管理工作成效的绝对数量的度量中是很难得出正确的结论的。例如，仅从一个企业年创利 1 000 万元这个数字上很难得出什么明确的概念，因为我们不知道这个企业的销售额是多少；不知道它的资金总数是多少；不知道它所处的行业的平均利润水平是多少；也不知道该企业上年和历年实现利润是多少。所以，在我们作出有关一个组织的经营活动是否有显著成效的结论之前，必须首先明确比较的标准。企业经营活动分析中常用的比率可以分为两大类，即财务比率和经营比率。前者主要用于说明企业的财务状况；后者主要用于说明企业经营活动的状况。

1. 财务比率

财务比率主要用于说明企业的财务状况。通过财务状况的分析可以迅速、全面地了解一个企业资金来源、资金运用情况、资金利用效果以及企业的支付能力和清偿债务的能力。

2. 经营比率

经营比率主要用于说明企业经营活动的状况。常用的有以下几种：

（1）市场占有率。

市场占有率又称市场份额，指的是企业的主要产品在该种产品的市场销售总额中所占的比重。

（2）相对市场占有率。

当缺乏总的市场规模的统计资料时，可以采用相对市场占有率作为衡量的指标。

（3）投入—产出比率。

投入—产出比率是对投入利用效能的直接测量标准。

四、盈亏分析

所谓盈亏分析，就是根据销售量、成本和利润三者之间的相互依赖关系，对企业的盈亏平衡点和盈利情况的变化进行分析的一种方法，又称"量、本、利"分析。盈亏分析是一种很有用的控制方法。

■ **本章小结**

控制是管理的一项基本职能，其作用在于使得计划按照预定的目标和行动方案进行。控制过程可分为三个阶段：拟订控制标准、评定实际成效、分析偏差并予以纠正。控制有三种基本类型：反馈控制是发生在活动结束以后的控制；现场控制是一种发生在一项活动进行过程中的控制；前馈控制是以未来作导向的控制，用来防止产生预期的问题。虽然控制是重要的，但并不总是有效的。为了实现有效控制，在建立控制系统时必须遵循六个基本原理和七个要求。控制方法主要包括预算控制和非预算控制。

■ **关键概念**

控制　反馈控制　现场控制　前馈控制　例外原理

■ 思考题

1. 控制与计划有何联系？
2. 控制的重要性体现在哪些方面？
3. 控制的类型有哪些？分别举例说明。
4. 实现有效控制必须遵循哪些原理和要求？

■ 案例分析

王雷担任某厂厂长已一年多了，他刚看到了工厂今年实现目标情况的统计资料。厂里各方面的工作进展出乎他的意料。记得他任厂长后的第一件事就是亲自制订了工厂的一系列工作目标，例如：为了减少浪费、降低成本，他规定在一年内要把原材料成本降低 10% ~ 15%，把运输费用降低 3%。他把这些具体目标都告诉了下属的有关方面的负责人。现在年终统计资料表明，原材料的浪费比去年更加严重，浪费率竟占总额的 16%；运输费用则根本没有降低。

他找来了有关方面的负责人询问原因。负责生产的副厂长说："我曾对下面的人强调过要注意减少浪费，我原以为下面的人会按我的要求去做的。"而运输方面的负责人则说："运输费用降不下来很正常，我已经想了很多办法，但汽油费等等还在涨，我想，明年的运输费可能要上升 3% ~ 4%。"王雷了解了原因，并作了进一步分析之后，又把这两个负责人召集起来布置第二年的目标：生产部门一定要把原材料成本降低 10%，运输部门即使是运输费用要提高，也绝不能超过今年的标准。

问题：

王雷的控制有什么问题？怎样才能实现他所提出的目标？

■ 补充阅读书目

1. 胡为民. 内部控制与企业风险管理：实务操作指南. 2 版. 北京电子工业出版社，2009.

2. 罗勇. 企业内部控制规范解读及案例精析. 上海：立信会计出版社，2009.

3. 王丽亚. 生产计划与控制. 北京：清华大学出版社，2007.